科学出版社"十三五"普通高等教育本科规划教材
水 产 科 学 系 列 丛 书

水产动物传染病学

吕爱军 胡秀彩 编著

科学出版社
北　京

内 容 简 介

本教材介绍水产动物传染病防治技术，分为绪论、总论和各论三部分。绪论介绍了水产动物传染病学的历史、特点和研究展望。总论包括第一章至第三章，介绍水产动物传染病的发生和发展规律、流行病学、综合防治措施等。各论包括第四章至第八章，介绍病毒性、细菌性、真菌和藻类传染病及立克次体病等的临床症状、病理变化、流行特点、诊断及防治方法；包括鱼类、虾蟹类、贝类、蛙类和鳖类等，特别介绍了一些水产新现传染病研究的最新动态及手段。

本教材适合水产养殖、水生动物医学专业使用，同时也可作为相关专业研究生、研究人员及水产养殖者的参考读物。

图书在版编目(CIP)数据

水产动物传染病学 / 吕爱军，胡秀彩编著. —北京：科学出版社，2018.6
科学出版社"十三五"普通高等教育本科规划教材　水产科学系列丛书
ISBN 978-7-03-057326-1

Ⅰ. ①水… Ⅱ. ①吕… ②胡… Ⅲ. ①水产动物-动物疾病-传染病学 Ⅳ. ①S855

中国版本图书馆 CIP 数据核字（2018）第 092113 号

责任编辑：王玉时 / 责任校对：彭　涛
责任印制：赵　博 / 封面设计：迷底书装

科学出版社 出版
北京东黄城根北街 16 号
邮政编码：100717
http://www.sciencep.com

北京凌奇印刷有限责任公司印刷
科学出版社发行　各地新华书店经销

*

2018 年 6 月第　一　版　开本：787×1092　1/16
2025 年 1 月第六次印刷　印张：12 1/2
字数：296 000

定价：49.80 元
（如有印装质量问题，我社负责调换）

前　言

教育、科技、人才是全面建设社会主义现代化国家的基础性、战略性支撑。必须坚持科技是第一生产力、人才是第一资源、创新是第一动力，深入实施科教兴国战略、人才强国战略、创新驱动发展战略，开辟发展新领域新赛道，不断塑造发展新动能新优势。

近年来，我国水产养殖业发展迅速，但水产动物传染病频繁发生，往往带来巨大经济损失。水产动物传染病是制约水产养殖业持续健康发展的重要因素之一。从某种程度上说，水产养殖的成败与否，与水产动物传染病的流行状况及其能否控制有着很大的关系。日益严峻的现实使我们认识到，控制水产动物疾病的发生，尤其是重大流行性传染病的发生已是一个迫在眉睫的问题。据报道，在我国广为流行的各种水产动物疾病就达 100 种以上，其中较重大流行病每年也有 10 种左右。近几年，水产养殖业正面临着新现传染病的严重威胁，各种新现传染病在世界各地不断出现，其中一些在我国也已陆续被发现，如锦鲤疱疹病毒病、鲫造血器官坏死病、冷水鱼传染性造血器官坏死病、鲤浮肿病、鳗狂游病、对虾早期死亡综合征（又称急性肝胰腺坏死综合征）、黄头病、桃拉综合征、传染性皮下与造血器官坏死病和河蟹颤抖病等。这些新现传染病往往具有传染性强、传播速度快、病死率高的特点，人们对它们还缺乏认识，尚无有效的控制方法。而且，水产动物传染病流行的速度加快、区域扩大、危害增加，很多传染病成了全球性的疫病。因此，水产动物传染病不仅对人类生活、经济发展和水产品安全造成严重影响，而且已成为全球公共卫生领域中的重点和热点问题。

水产动物传染病学其实是水产动物疾病学分支学科之一，也是伴随着水生动物医学、水产养殖医学专业方向而形成。水生动物医学专业是 2013 年教育部在水产学大类下新设立的一个本科专业，也是应农业部要求重点支持培育的特色优势专业。在水生动物医学专业发展背景下，我们萌生了编写《水产动物传染病学》教材的想法，以满足教学所需。本教材主要研究水产动物传染病发生和发展的规律以及综合预防和消灭这些传染病的方法，不仅与渔业生产、人民生活水平和生活质量的提高密切相关，而且直接解决生产实践中水产动物传染病的诊断和防治等问题。本教材的一个明显特点是时代前瞻性，针对当前水产动物传染病频发现状，不以全面收集和介绍现有水产疾病防治为目标，而是以水产动物传染病综合防治技术为重点，将传染源、环境因子、传播途径、水产动物和生态条件等联系起来，从流行病学防治角度阐述和分析综合防治技术。同时，本教材不仅阐述消灭控制传染源的方法、流行病学特征，而且介绍该领域的一些新现传染病的最新研究动态和综合生态防治关键技术。本教材分为总论和各论共 8 章，涵盖了《中华人民共和国进境动物检疫疫病名录》（2013 年）公布的 30 多种水生动物病毒、细菌和真菌性传染病。

在编撰之时，国内外尚未见类似教材出版。编写时我们参考或引用了一些文献资料和书籍，在此，我们谨向原作者和出版单位致以谢意！感谢河南师范大学、天津农学院、天津市水产生态及养殖重点实验室对教材出版项目的资助和支持，感谢科学出版社王玉时编辑在出版过程中给予的大力支持。

限于编者的专业水平，作为国内外第一本《水产动物传染病学》教材，在短时间内编写完成，涉及内容广，阅读的资料多，其中疏漏和缺憾在所难免，恳请读者予以批评指正。

编　者
2018 年 3 月

目　录

前言

绪论 ……………………………………………………………………………………………… 1
　第一节　水产动物传染病学及发展简史 ………………………………………………… 1
　第二节　水产动物新现传染病及流行特点 ……………………………………………… 4
　第三节　水产动物传染病学的研究展望 ………………………………………………… 6

第一章　水产动物传染病发生和发展规律 …………………………………………………… 10
　第一节　传染和传染病 …………………………………………………………………… 10
　　一、传染 ………………………………………………………………………………… 10
　　二、传染病的致病机理 ………………………………………………………………… 13
　　三、传染病及其分类 …………………………………………………………………… 14
　第二节　水生病原体的来源和传播途径 ………………………………………………… 16
　　一、来源 ………………………………………………………………………………… 16
　　二、传播途径 …………………………………………………………………………… 17
　第三节　水产动物传染病发生的原因 …………………………………………………… 19
　　一、病原体 ……………………………………………………………………………… 20
　　二、宿主 ………………………………………………………………………………… 22
　　三、环境条件 …………………………………………………………………………… 25
　　四、病原体、宿主和环境的关系 ……………………………………………………… 26
　第四节　水产动物传染病的发展规律 …………………………………………………… 27
　　一、传染病的特征及必要条件 ………………………………………………………… 27
　　二、传染病的病程发展规律 …………………………………………………………… 29

第二章　水产动物的流行病学 ………………………………………………………………… 31
　第一节　水产动物流行病学及其发展简史 ……………………………………………… 31
　　一、概述 ………………………………………………………………………………… 31
　　二、水产动物流行病学的发展简史 …………………………………………………… 32
　第二节　水产动物流行病学研究的原则和范围 ………………………………………… 33
　　一、水产动物流行病学研究的基本原则 ……………………………………………… 33
　　二、水产动物流行病学的研究范围 …………………………………………………… 35
　第三节　水产动物传染病的流行规律 …………………………………………………… 37

一、水产动物传染病的流行过程 ………………………………………………………… 37
　　二、水生动物传染病的流行特征 ………………………………………………………… 40
　　三、水生动物传染病的分布特征 ………………………………………………………… 43
 第四节　水产动物流行病学的研究方法 …………………………………………………… 46
　　一、描述性研究 …………………………………………………………………………… 46
　　二、分析性研究 …………………………………………………………………………… 48
　　三、流行病学试验 ………………………………………………………………………… 49
　　四、理论性研究 …………………………………………………………………………… 50
　　五、流行病学监测 ………………………………………………………………………… 50
　　六、血清流行病学 ………………………………………………………………………… 51
　　七、分子流行病学 ………………………………………………………………………… 51

第三章　水产动物传染病的综合防治措施 ……………………………………………… 52
 第一节　水产动物传染病防治的原则与一般措施 ………………………………………… 52
　　一、防病的原则 …………………………………………………………………………… 52
　　二、水产动物传染病综合性防治措施的内容 …………………………………………… 56
　　三、水产动物传染病控制的一般性措施 ………………………………………………… 58
 第二节　水产动物传染病的扑灭和消毒 …………………………………………………… 60
　　一、隔离 …………………………………………………………………………………… 61
　　二、封锁 …………………………………………………………………………………… 62
　　三、扑杀 …………………………………………………………………………………… 63
　　四、消毒 …………………………………………………………………………………… 64
 第三节　水产动物传染病的生态防控措施 ………………………………………………… 69
　　一、改善和优化养殖环境 ………………………………………………………………… 70
　　二、提高养殖群体免疫抗病能力 ………………………………………………………… 79
　　三、控制和消灭病原体 …………………………………………………………………… 86
 第四节　水产动物传染病的治疗和生物安全 ……………………………………………… 89
　　一、传染病的治疗及预后 ………………………………………………………………… 89
　　二、生物安全 ……………………………………………………………………………… 91
 第五节　水产动物检疫、疫病监测和疫情报告制度 ……………………………………… 92
　　一、检疫和疫病区划 ……………………………………………………………………… 92
　　二、疫病监测 ……………………………………………………………………………… 95
　　三、疫情报告制度 ………………………………………………………………………… 98

第四章　水产动物病毒性传染病 …………………………………………………………… 100
 第一节　鱼类病毒性传染病 ………………………………………………………………… 100
　　一、草鱼出血病 …………………………………………………………………………… 100
　　二、锦鲤疱疹病毒病 ……………………………………………………………………… 103
　　三、鲤痘疮病 ……………………………………………………………………………… 105

四、斑点叉尾鮰病毒病 106
　　五、鲫造血器官坏死病 107
　　六、鲑疱疹病毒病 109
　　七、大菱鲆疱疹病毒病 109
　　八、淋巴囊肿病 110
　　九、真鲷虹彩病毒病 111
　　十、传染性脾肾坏死病 112
　　十一、流行性造血器官坏死病 113
　　十二、鲤春病毒血症 114
　　十三、传染性造血器官坏死病 116
　　十四、病毒性出血性败血症 117
　　十五、牙鲆弹状病毒病 118
　　十六、传染性胰腺坏死病 119
　　十七、病毒性神经坏死病 120
　　十八、鲑甲病毒病 121
　　十九、传染性鲑贫血病 122
　　二十、鲤浮肿病 123
　　二十一、鳗狂游病 124
　第二节　虾蟹类病毒性传染病 125
　　一、对虾白斑症病毒病 125
　　二、对虾杆状病毒病 127
　　三、斑节对虾杆状病毒病 128
　　四、桃拉综合征病毒病 129
　　五、传染性皮下和造血组织坏死病 130
　　六、黄头病 131
　　七、罗氏沼虾白尾病 132
　　八、偷死野田村病毒病 133
　　九、传染性肌肉坏死病 134
　　十、河蟹颤抖病 135
　第三节　贝类病毒性传染病 136
　　一、鲍病毒性死亡病 136
　　二、三角帆蚌瘟病 137
　　三、栉孔扇贝的病毒病 138
　　四、牡蛎疱疹病毒病 138

第五章　水产动物细菌性传染病 140
　第一节　鱼类细菌性传染病 140
　　一、细菌性败血症 140
　　二、赤皮病 143

三、细菌性肠炎病 …………………………………………………………………………… 144
　　四、打印病 ………………………………………………………………………………… 145
　　五、体表溃疡病 …………………………………………………………………………… 146
　　六、烂尾病 ………………………………………………………………………………… 147
　　七、疖疮病 ………………………………………………………………………………… 147
　　八、鲤白云病 ……………………………………………………………………………… 148
　　九、竖鳞病 ………………………………………………………………………………… 149
　　十、细菌性烂鳃病 ………………………………………………………………………… 150
　　十一、白皮病 ……………………………………………………………………………… 152
　　十二、白头白嘴病 ………………………………………………………………………… 152
　　十三、腐皮病 ……………………………………………………………………………… 153
　　十四、鲖类肠败血症 ……………………………………………………………………… 154
　　十五、迟缓爱德华氏菌病 ………………………………………………………………… 155
　　十六、弧菌病 ……………………………………………………………………………… 157
　　十七、链球菌病 …………………………………………………………………………… 158
　　十八、诺卡菌病 …………………………………………………………………………… 159
　　十九、分枝杆菌病 ………………………………………………………………………… 161
　　二十、巴斯德氏菌病 ……………………………………………………………………… 161
　　二十一、细菌性肾病 ……………………………………………………………………… 162
　　二十二、鳗赤鳍病 ………………………………………………………………………… 163
　　二十三、鳗红点病 ………………………………………………………………………… 164
　第二节　虾蟹类细菌性传染病 ………………………………………………………………… 165
　　一、虾蟹红腿病 …………………………………………………………………………… 165
　　二、对虾瞎眼病 …………………………………………………………………………… 165
　　三、甲壳溃疡病 …………………………………………………………………………… 166
　　四、荧光病 ………………………………………………………………………………… 166
　　五、对虾急性肝胰腺坏死病 ……………………………………………………………… 167
　第三节　贝类细菌性传染病 …………………………………………………………………… 168
　　一、鲍脓疱病 ……………………………………………………………………………… 168
　　二、文蛤弧菌病 …………………………………………………………………………… 169
　　三、牡蛎幼体弧菌病 ……………………………………………………………………… 169

第六章　水产动物真菌和藻类传染病 …………………………………………………………… 171
　第一节　真菌和藻类传染病 …………………………………………………………………… 171
　　一、水霉病 ………………………………………………………………………………… 171
　　二、鳃霉病 ………………………………………………………………………………… 172
　　三、流行性溃疡综合征 …………………………………………………………………… 173
　　四、鱼醉菌病 ……………………………………………………………………………… 174
　　五、虹鳟内脏真菌病 ……………………………………………………………………… 175

六、嗜酸性卵甲藻病 175
第二节　甲壳类真菌性传染病 176
一、链壶菌病 176
二、镰刀菌病 177

第七章　水产动物立克次体病及衣原体感染 178
一、鱼立克次体病 178
二、类立克次体病 179
三、上皮囊肿病 180

第八章　蛙、鳖类动物传染病 182
第一节　蛙类传染病 182
一、蛙病毒病 182
二、蛙脑膜炎败血金黄杆菌病 183
三、箭毒蛙壶菌病 184
第二节　鳖传染病 184
一、鳖病毒病 184
二、鳖细菌病 185

参考文献 189

绪 论

第一节 水产动物传染病学及发展简史

水产动物传染病学是一门研究鱼、虾蟹和贝类等养殖动物传染病的发生与流行规律，及其综合防治体系的科学。具体研究内容包括病毒、细菌和真菌引起水生传染病发生的病因与传播方式、临床症状与流行情况、病理变化、诊断方法及防治措施等。它是一门水产动物疾病学分支学科，也是一门理论性和实践性更强的学科。一方面以水产微生物学、鱼类生理学、病理学、药理学和水环境学等学科为基础，另一方面同水产动物养殖生产密切地结合起来，是在水产动物疾病的预防和治疗实践中建立并发展起来的一门新兴科学。

水产动物传染病学主要研究水产动物传染病发生和发展的规律以及预防和消灭这些传染病的方法，直接解决生产实践的水产动物传染病的诊断和防治等问题，与渔业生产、人民生活水平和生活质量的提高密切相关。水产动物传染病学的任务就是运用传染病学的知识，去正确地诊断和防治传染性疾病，推广和普及水生动物传染病的生态综合防治技术，推广健康养殖，更好地为养殖生产服务，使养殖产量达到稳产、高产，使水产养殖业得以快速、健康、可持续发展。同时，水产动物传染病学还要提高和加强本学科基础理论的研究，采用新技术和新方法扩大其研究的外延，加深其研究的内涵，提高水产动物传染病学的理论水平。通过水产动物传染病学课程学习，了解掌握水产动物传染病的诊断、综合防治体系及生态防控技术，以及水产新现传染病研究的最新动态及手段，搞清楚水产传染源、宿主与环境的关系，从而进一步领会水产动物传染病的综合生态防控体系。

水产动物传染病学的发展历程，实际上是与水产动物疾病学的发展密不可分的，最早都起源于鱼病学相关研究。水产动物传染病学作为动物疾病学的一门分支学科，相对来说是一门非常年轻的学科，它是伴随鱼类疾病学的发展而逐渐成熟起来的。尽管医学、兽医学、动物病理学已经有相当悠久的历史，但17世纪国内外才有了鱼类疾病学的记载。

水产动物传染病学形成相对更晚一些，国外记载鱼类传染病学概念的产生是在18世纪的末叶。1790年，在意大利发现鳗鲡赤斑病暴发流行，在池塘、河流、湖泊和海湾等引起大量死亡。1874年，当时Tidona等对鱼类淋巴囊肿病的描述是有关鱼类病毒病的最早文字记载。1894年，Emmerich和Weibel正式发表了对鱼类疖疮病病原细菌的分离研究报道，至此开启了水产动物传染病学研究。1904年德国鱼类学家Hofer创建了鱼病学，开始研究不同鱼类的疾病与病原。此后水产动物传染病学经历漫长的50年，直到1956年Wolf首次利用鱼类细胞培养技术分离出鱼类病毒，鱼类病毒性传染病研究才步入快速发展轨道。1914年首次报道淋巴囊肿病病原为病毒。1916年多姆拉切夫编写的《鱼类疾病》报道了鲤赤斑病。1922年后，苏联学者主要研究池塘鱼类疾病，并积累了一些重要的传染病学资料。1960年，利亚伊曼编著了《鱼病学讲义》。1988年Wolf编著了《鱼类病毒及鱼类病毒病》专著，至此形成了鱼类病毒性传染病学的雏形。随后，鱼类病毒性传染病学研究进程加快，水生动物病毒病逐渐受到人们的广泛关注。自1988年开始，以研讨水生动物病毒病为主题、由国际著名专家倡导并组织的"国际低等脊椎动物病毒学术会议"每4年召开一次，至2017年共举行了10届，促进了水生动物病毒性传染病学的全面发展。

我国是世界上淡水养鱼最早的国家。在商代晚期就有池塘养鱼"在圃鱼"的记载，距今已有3000多年的历史。公元前460年左右的春秋末期，政治家范蠡著有《养鱼经》，这是世界上最早的一部养鱼专著。《养鱼经》中强调养鱼环境条件必须适合于鱼类的生活习性，记载"以六亩地为池，池中有九洲"，"（鱼）在池中绕九洲无穷"，这在养鱼防病技术上具有重要的理论和实践意义。此后，北宋大文学家苏轼（1037～1101年）所著的《物类相感志》中，描述有"鱼瘦而生白点者名虱，用枫树皮投水中则愈"，这是我国最早记载小瓜虫病治疗经验。

明代，文学家杨慎（1488～1559年）写于1554年的《异鱼图赞》中说"滇池鲫冬月可荐，中含腴白"，"北客乍餐，认为面缆"，这是我国对舌状绦虫的最早记载。明代科学家徐光启（1562～1633年）编著的《农政全书》中记载："凡凿池养鱼必以二，有三善焉"，"不可以沤麻，一日即汛"，"汛"就是池鱼浮头或泛池。徐光启总结分析了池鱼浮头、中毒的死亡原因，并找出了一些解决办法。他在书中总结认为"池瘦伤鱼，令生鱽"，"有（鱽），则以松毛遍池中浮之则除"，这是我国全面总结鱼类养殖和疾病防治方法的记载，可见当时池塘养鱼已很兴盛。实际上这比国外记载要早38年，1666年欧洲Balder才发现记述鱼鱽寄生虫病。

清朝（1636～1912年），在水产动物疾病方面很少有研究记载。我国对鱼类细菌性传染病的研究开展得较晚，起步于王德铭先生1956年对荧光假单胞菌引起青鱼赤皮病的研究。1959年，中国科学院水生生物研究所编写了《鱼病学讲义》，这是我国第一本鱼病学教程，至此真正把鱼病学作为一门学科比较系统全面地建立起来了。

中华人民共和国成立之后，水产动物疾病学和其他生命学科一样，得到了快速发展。我国水产动物疾病学的发展史，大致可分为初创期、发展期、维持期、成熟期4个发展阶段。第一个阶段是1950～1955年，这是中国水产动物疾病学的初创阶段。这一时期开创鱼病学研究，倪达书（1907～1992年）作出了巨大贡献，倪先生是我国鱼病学的创始人。1951年，倪达书等研究人员在江苏省无锡太湖进行青鱼、鲢、鳙等四大家鱼寄生虫学调查。1953年，在浙江省菱湖镇成立我国第一个鱼病工作站，在研究鱼病病原体及防治方面取得一些重要成绩。例如，硫酸铜治疗草鱼鳃隐鞭虫病、磺胺胍治疗青鱼和草鱼肠炎；发现青鱼、草鱼多数肛门红肿，肠道全部或大部发炎充血和化脓溃烂，病鱼死亡很快，同时有很大的传染性，但当时毫无办法，这就是草鱼出血病的最早发现；开展了草鱼烂鳃病、青鱼和草鱼赤皮病的研究。同时，提出了用生石灰清塘消毒，混合堆肥饲养鱼苗，漂白粉在食台周围挂篓和硫酸铜挂袋等一系列简便易行、效果显著的防治鱼病的方法；在一般饲养管理方面提出了"三消"（池塘、鱼体和饵料消毒）、"四定"（定时、定点、定质、定量）等具体技术措施，沿用至今仍不失为防治水产动物传染病的良方。

第二个阶段是1956～1966年，这是我国水产动物疾病学的发展时期。1955年，中国科学院水生生物研究所鱼病组人员不断增加，为水产疾病学发展的第二阶段奠定了坚实的基础。1961年，水生生物研究所成立了鱼病学研究室，分设鱼类微生物学、寄生虫学和药物药理3个研究组，开展了水产病原生物学、病理学、流行病学及防治研究。当时一些水产院校也开设了《鱼病学》课程,从而建立了具有中国特色的水产动物疾病学体系,进一步丰富和完善了水产疾病学内容。这一时期,"鱼病的预防和治疗"和"鲩、青鱼传染性肠炎病的研究"等都取得了重要成果。"中国淡水鱼类鱼病防治"和"青鱼赤皮病致病菌的研究"成果均获得1956年国家自然科学奖。1962~1964年,由鱼病学研究室编著完成了《湖北省鱼病病原区系图志》书稿,1973年由科学出版社出版。

第三个阶段是1967~1977年,这一时期是水产动物疾病学维持阶段。1966年,中国科学院水生生物研究所,改名为湖北省水生生物研究所。1972年,鱼病学研究室改称为养殖鱼病班。1973年又恢复了鱼病学研究室建制,下设草鱼出血病、烂鳃病与肠炎病组等。1977年恢复以学科建设为主线的建制,下设出血病、细菌病、寄生虫病、免疫和病理等研究组。这一时期,尽管鱼病学研究成果不多,但在草鱼烂鳃病、白头白嘴病、鲢疯狂病、卵甲藻病、草鱼出血病原生物学、土法疫苗的使用等方面的研究有较大进展。

第四个阶段是1978年至今,是水产动物疾病学研究持续发展成熟阶段。1978年以后,水产疫病严重地制约着我国水产养殖业的持续发展。随着改革开放和国民经济发展,我国水产疾病学研究的资金投入和范围不断扩大,使水产动物疾病学研究成为活跃的研究学科,特别在水产病原生物学、传染病学、流行病学、病理学、药物学和免疫学等领域,都有较大的发展。1985年12月,在武汉市成立了中国水产学会鱼病研究会,挂靠在中国科学院水生生物研究所,现更名为中国水产学会鱼病专业委员会。近年来,水产养殖业蓬勃发展,但水生动物传染病频繁发生,呈逐年加重的趋势,水产传染病问题已成为制约水产业发展的主要因素之一。这一时期,如草鱼出血病的病原、疫苗防治研究取得突破(1978~1984年);淡水鱼细菌性败血症的出现暴发流行、病原分离鉴定及其综合防治措施研究全面展开(1989~1991年)。20世纪90年代之后,分子生物学技术的发展与应用给水产业带来巨大的影响。分子生物学技术在水产动物疾病诊断及预防中得到广泛应用,如聚合酶链反应(polymerase chain reaction, PCR)、原位杂交(in situ hybridization, ISH)、16S rRNA检测技术,以及酶联免疫吸附试验(enzyme linked immunosorbent assay, ELISA)、间接荧光抗体技术(indirect fluorescent antibody assay, IFA)等。分子生物学技术诊断鱼病有着传统的形态学等诊断技术无法比拟的优点,能在水产动物感染病原菌但又未出现明显症状或大规模暴发前给予准确的预测和预报。近年来由于施用化学药物后会存在鱼体药物残留、出现抗药性菌株及破坏生态环境等许多不利因素的影响,水产业面临着种质退化、疫病猖獗等挑战。因此,将分子生物学技术应用于水产动物病原检测、疾病预防及环境修复是水产业高效、持续、稳定发展所必不可少的,更是未来水产业发展的热点。可以预料在我国水产养殖中,随着科技投入的增加,分子生物学的诊断手段将得到越来越广泛的应用。

目前,水产动物疾病学特别是水产动物传染病学已全面发展,在许多高等院校、科研机构、水产系统的技术推广站和生产单位的技术人员等均开展了水产医学研究,鱼病科研工作遍及全国,已形成了一个水产医学学科研究网,并培养造就了一支强大的科研队伍。总而言之,水产医学学科在我国是从无到有、从小到大发展起来的。我国已建立了具有中国特色的水产医学学科,它包括基础水产医学(微生物学、组织胚胎学、生理学)、预防水产医学(传染病学、寄生虫病学、流行病学、免疫学)、临床水产医学(诊断学、药理学、病理学)等分支学科。2011年全国执业兽医资格考试分为兽医全科类和水生动物类两类,其中报考水生动物类考试且成绩合格的,可以申请注册从事水生动物疫病防治服务。2013年,教育部在水产学大类下新设立一个水生动物医学本科专业,也是应农业部要求重点支持培育的特色优势专业,由此水产动物传染病学应运而生,并迅速跨入更广、更精、更深入的蓬勃发展时期。迄今,国内一些水产高校相继开设了水产动物传染病学课程,不仅具有重要的学术理论意义,而且对水产传染病的防治实践非常及时和必要。

第二节 水产动物新现传染病及流行特点

我国是世界渔业大国,2013年水产品总产6172万t,其中水产养殖产量4542万t,占水产品总量的74%。我国水产养殖业的发展,不仅为国民提供了大量优质的蛋白质源,改善了城乡居民的营养结构,推动了国民体质的提高;也为繁荣农村经济,增加农民收入作出了重要贡献。但是,如此高的水产养殖产量,加上相对粗放的养殖方式和相对分散的经营方式,必定带来养殖病害的发生、蔓延和传播,给水产品质量安全带来严重威胁。水产动物疾病伴随着水产养殖的开始而发生,随着水产养殖的强化而严重。从某种程度上说,水产养殖的成功与否,与水产动物传染病的流行状况及其能否控制有着很大的关系。水产养殖动物疾病是制约水产养殖持续、稳步、健康发展的重要因素之一。近年来随着水产养殖的迅猛发展,水产动物疾病也逐年加剧,目前,在中国广为流行的各种水产动物疾病就达100种以上,其中较重大流行的疾病每年也有10种左右,每年因疾病所造成的产量损失达到20%以上,总的经济损失超过100亿元人民币。日益严峻的现实,使我们认识到,控制水产动物疾病的发生,尤其是重大流行性传染病的发生已是一个迫在眉睫的问题。

近几年,水产养殖业正面临着各类重要传染病特别是新现传染病(emerging infectious diseases,EID)的严重威胁,各种新现传染病在世界各地不断出现,其中一些在我国也已陆续被发现。这些新现传染病往往具有传染性强、传播速度快、病死率高的特点,对人类生活、经济发展和水产品安全造成严重影响。水产新现传染病(aquatic emerging infectious diseases)或称新发和再发传染病是指在某个水产动物种群首次出现的,或者此前业已存在但是发生频率正在加快,或者地理范围正在迅速扩大的疾病。目前,新现传染病已成为全球公共卫生领域中的重点和热点。水产新现传染病有以下几个显著特点及发展趋势。

一是水产新现传染病出现的频率、流行的速度加快。水产疾病发生不仅是发病的养殖动物种类增多,而且发生疾病的种类、区域也增多。近年来,水产养殖疾病已从鱼类迅速扩散到甲壳类、两栖类、爬行类,鱼类养殖的品种也日益增多,特别是一些以海洋为栖息环境的品种。这些品种从野生到家养,生态环境发生了较大的变化,因而导致很多新的传染病发生,如河蟹颤抖病、锦鲤疱疹病毒病、鲫造血器官坏死病、冷水鱼传染性造血器官坏死病、鲤浮肿病、鳗狂游病、对虾早期死亡综合征、黄头病、桃拉综合征、传染性皮下与造血器官坏死病等。水产动物疫病流行的速度加快,区域扩大,危害增加,很多传染病成了全球性的疾病。例如,中华鳖的出血性肠道坏死症几乎在中国所有的鳖养殖区均有发生;对虾的白斑病、鲑鳟鱼类的传染性胰脏坏死症、传染性造血器官坏死症已经是全球性的疾病。这些新的疫病由于发生快,人们对它还缺乏认识,尚无有效的控制方法,因此造成了较大的损失。

二是水产动物传染病发生的不确定性增加。水产养殖动物疫病发生的不确定性表现在以下几个方面:多个病原性的混合感染增加,并发、继发性疾病普遍。例如,中华鳖的出血性肠道坏死症,病毒性感染是原发性的,而嗜水气单胞菌等多种细菌的感染是继发性的;河蟹颤抖病发生时，往往伴有黑鳃、腐壳等多种症状等。同一疾病感染对象发生变化，如白斑综合征，前些年感染对象主要是南美白对虾，目前扩展到克氏原螯虾，近年湖北、江苏等地均有养殖克氏原螯虾发生该病。同一养殖对象感染疾病发生变化，如对虾病害，前些年南美白对虾养殖监测到的疾病主要为白斑综合征，近几年还监测到桃拉综合征、黄头病、传染性皮下与造血器官坏死病和对虾早期死亡综合征，并呈现暴发和流行态势，对虾早期死亡综合征给广东省南美白对虾养殖业造成严重危害，主养区2012年和2013年发病率高达80%，发生排塘的虾池达60%，虾产量损失超过30%。同一疾病发病季节发生变化，主要表现为季节性发病变为全年均可发病，典型的为罗非鱼链球菌病。2011年我国福建、广东、广西、海南等省、自治区罗非鱼主养区的各个不同流域都出现了链球菌病暴发流行情况，3月投苗开始出现零星发病，6月出现大面积发病，7~8月进入发病高峰，水温下降后转为慢性病，持续全年。发病面积达33.9万亩[①]，占四地罗非鱼养殖面积的19.4%，造成直接经济损失5.87亿元人民币。

三是急性暴发型传染病的数量比例变多，经济损失大。从水产动物传染病流行与危害的情况分析，大致可分为三种类型：急性暴发型、周年季节性流行型与波动流行型。目前水产动物传染病以急性暴发型为主，如草鱼出血病、淡水鱼类细菌性败血症、鲫造血器官坏死病，鳗狂游病、河蟹颤抖病、中华鳖出血性肠道坏死症等。由于它们的流行无规律性，并且区域性的大范围发生，可在短期内造成养殖成体大批量死亡，其危害较大。例如，对虾的暴发性流行病，自1993年在我国流行以来，沿海虾塘发病率达70%以上，有一半以上的虾塘绝收，年直接经济损失达35亿元人民币。据测算，2013年因全国水产养殖病害造成的经济损失约为145亿元人民币。近几年，水产动物传染病由零散发病向集中暴发变化。典型的当属鲫鱼鳃出血病，主要感染100g以上鱼种或成鱼，表现为鳃部严重充血，解剖见肝脏出血，脾脏、肾脏肿大，严重时鱼鳔分布大量出血点，也有出现鳍条尖发白、尾鳍白边等特征，死亡后会在鳃盖骨处出现明显红色出血斑块。鱼患上此病后，摄食亢奋，死亡率高。该病2009年开始在江苏射阳出现，2012年4月开始，江苏省淮安市、盐城市、扬州市等异育银鲫主要养殖区相继发生大面积病害，受灾面积约45万亩，其中绝收塘口面积约2.38万亩，病害造成水产品损失约2.96万t，直接经济损失约4亿元人民币。2014年8月下旬，天津宁河区内某河北养殖场养殖鲫鱼短短几天出现集中性死亡，一周内共死鱼4万kg，经农业部组织专家现场采样检测确诊为鲫鱼鳃出血病。随后，河北省报告另一养殖场也发生养殖鲫鱼短时间内集中性死亡，死鱼10万kg，分析认为疑似鲫鱼鳃出血病。另一案例为虹鳟鱼传染性造血器官坏死病。2009年底，甘肃省永登县、永昌县、临泽县鲑鳟鱼养殖场发生虹鳟鱼批量死亡现象，经确诊为传染性造血器官坏死病。三县发病面积183.54亩，占养殖面积的92.9%，至翌年3月底，三县鲑鳟鱼死亡量约491t，直接经济损失2000多万元人民币。传染性造血器官坏死病死亡率较高，成鱼达50%以上，鱼种达90%以上，鱼苗100%死亡。虹鳟鱼传染性造血器官坏死病也给该地养殖户造成重大经济损失，曾经因养殖虹鳟鱼致富盖楼的渔民，现池塘闲置，这些对一个养殖户可以说是"灭顶之灾"。

四是水产动物传染病防控的难度增大。近年来，虽然在全国范围内没有暴发重大水生动物疫情，但局部地区水产养殖病害时有发生，水生动物传染病防控形势依然严峻。对于水生

---

① 1亩≈667m²，下同。

动物传染病，尤其是病毒性病，可以说目前尚没有很好的治疗方法，加之一些非常不健康的养殖方式，导致养殖水生动物疾病多发、频发。以鲫鱼鳃出血病为例，该病病原虽已确定，但目前尚难以控制，发病区域已经从长江流域扩大到北方地区。对虾早期死亡综合征，目前对其病原尚未确定，业内专家对其发病原因还存在不同看法。白斑综合征，已发生多年，但目前也还没有很好的治疗措施。河蟹颤抖病，目前虽然发现了引起该病的某种病原，但业内专家学者认为其可能不是由一种病原所引起，可以说在病原上还没有完全搞清楚。冷水鱼传染性造血器官坏死病，据了解，除青海水库深水风箱养殖虹鳟鱼没有发病外，其他养殖地区几乎都有发病。世界上其他国家养殖冷水鱼也都发生该病，目前尚没有好的解决办法，可以说是一个世界性难题。因此，当前我国水生动物疫病防控形势依然严峻。

第三节　水产动物传染病学的研究展望

我国水产养殖业发展迅速，养殖规模不断扩大，养殖品种增多，产量迅猛增加，已成为世界第一水产养殖大国。近年来，我国水产动物疾病研究者和水产养殖工作者取得了显著的成果，持续发展了水产动物传染病学，并在国际上占有重要的地位。但是，水产动物传染病学作为一门新兴学科还有许多基础的内容需要去研究，还有许多新问题需要去探索。随着水产养殖业的发展，水产动物传染病流行出现了一些新的动向（见第二节内容），在这种形势下，水产动物传染病学面临着更多的机遇及挑战，未来将会在水产病原生物学、水产动物免疫学、新型实用渔药、生态防治鱼病和健康养殖与综合防治等几个方面取得更大发展。

一是水产动物病原生物学研究。病原生物学是一项很重要的基础性研究，随着养殖新品种的增多，有许多新的传染病急需研究，对已经发生的传染性疾病的病原体、流行病学、防治方法的研究应更加深入，对水产动物细菌学的研究应由目前的光学显微镜水平逐步向亚显微结构和分子细菌学方面发展。加强水产动物的流行病学调查，弄清严重致病病原体的发病规律、传染途径和致病机理，从切断传染源入手，阻碍病原的侵袭和扩散，进而作为防治方法去研究。一些严重传染病在水产养殖动物中的暴发流行，为我国养殖业者普及鱼病流行病学理念的宣传教育提供了机遇。近年来，药物在鱼体内的残留引起了国内外水产品消费者极大的关注，这些药物残留现象的发现，部分是基于水产流行病学调查的成果，目前一些抗菌类药物在水产养殖中被禁用就是最好的例证。同时，开展水产病原分子诊断学的研究。一些重要水生动物传染病至今没有搞清病原，对一些重要疫病尤其是病毒性疫病还束手无策，不明病因病例增多。以简易、快速和准确为目的，借助物理、化学、免疫学和分子生物学的手段进行病原体的快速诊断，以期在尽可能短的时间内确定致病病原体，做到早发现、早治疗，为疾病发生早期阶段的诊断提供强有力的依据和手段。

二是水产动物免疫学的研究。鱼类免疫学是一项重要的和有意义的研究，国内外学者利用免疫学原理在传染病的诊断、病原体的鉴定、疫苗预防和治疗等方面进行了大量的研究，并在一定范围内取得了较好的效果，是健康养殖中传染病防治的一条有效途径。水产动物免疫防治是利用水产养殖动物自身具有的特异性与非特异性免疫功能，通过疫苗、免疫激活剂、免疫增强剂等使养殖动物获得或增强免疫机能。自1942年加拿大学者Duff成功使用第一个鳟鱼用疖疮口服疫苗以来，已先后有10余种渔用疫苗在美国、挪威、日本、欧洲一些国家获准进行商品性生产，如鳗弧菌苗、疖疮菌苗、草鱼出血病弱毒苗、传染性出血器官坏死症基因工程疫苗等。此外，一些佐剂，如福氏佐剂、铝铬佐剂、莨菪碱等也被证明在加强鱼用疫苗的免疫效果方面起到了较大的作用。也有人证明，维生素C、维生素E以及一些海产鱼类的甲壳素有增强鱼类免疫机能的作用。为了给疫苗的使用指示方向，获得理想的免疫效果，科学家们也对一些水产动物的免疫应答规律进行了研究，如对鲤鱼、草鱼、中华鳖等。免疫防治虽取得了较大的成绩，但也还存在着一些问题：有些疫苗的免疫效果不稳定，其可能的原因是疫苗本身免疫性差，或病原体的频繁突变，或环境因素的影响，或水产动物自身的机能等。某些减毒疫苗缺乏安全性保障，有返强的现象。疫苗生产的成本太高，不能在生产上广为使用。缺乏简便有效的给予途径。这些因素在一定程度上制约了疫苗的应用和发展，给免疫防治的发展带来了一定困难。在水产动物疾病的预防和治疗中采用免疫技术，可大大降低药物的使用量。20世纪90年代，挪威采用免疫技术使大西洋鲑养殖产量大大提高，全国每年抗生素使用量明显下降。这在推广"环保型农业"和生产"洁净食品"的今天，显得尤为重要。在免疫技术的研究中首先要解决的是疫苗的高效性、易得性和接种的简便性。

三是新型实用渔药的研制。与国外研究相比，我国水产新型实用渔药研制仍薄弱。在养殖产量增加的同时，水产品的质量问题，特别是安全卫生问题已成为制约我国水产养殖业进一步发展的瓶颈。由于养殖环境恶化，病害增多，药物的频繁使用，使得药效降低，用药量增大，又对生态环境产生了极为不利的影响，形成恶性循环，并导致水产品中药物残留或残留量超标，甚至对人类的健康带来严重的威胁。近几年，先后出现的对虾体内氯霉素残留、大菱鲆体内硝基呋喃残留、鳗鲡体内恩诺沙星残留等，引起了国内外消费者极大的不安。其实，这些药物在水产养殖动物体内的残留，主要是养殖业者在饲养过程中没有规范使用这些药物的缘故。养殖生产者健康养殖理念缺失，健康养殖的技术和管理及措施落实不到位，科学用药、规范用药缺乏良好指导，水产品质量安全风险依旧。药物防治是水产动物疾病防治的一种最简单、最直接的方法，它在水产动物疾病防治上起着较重要的作用，如硫酸铜对鳃隐鞭虫的防治、池塘的药物清塘和消毒、种苗的药物处理等。但是由于近年来水产动物疾病日趋严重，渔民为了挽回损失，在药物防治上也出现了一些误区：药物的使用剂量无限地增加，不仅造成用药成本增加，而且极大地破坏了水产动物体内外正常微生物种群的平衡，增加了致病菌的耐药性。片面追求用昂贵的人用、兽用新特药治疗水产动物的传染病。采用最新的人用或兽用药物，对水产动物缺乏足够的药理、毒理以及临床研究方面的数据，有可能对水产动物传染病的防治不能起到较大的作用，反而可能给环境与人类带来极大的隐患。对中草药的误解，认为中草药即为绿色渔药，对中草药进行滥用。相对而言，中草药比化学药物的毒性较小，产生耐用药菌株的可能性较低，但是中草药仍旧是一种药物，它也有正负两个方面的作用；另外，它的加工方式直接影响其疗效。如果只看到它的正面效应而忽略其反面作用，如果不重视它的加工方式，大量地不合理地使用中草药，也只会得到相反的效果。给药方法不合理，大部分水产养殖动物对稳定的环境依赖性较强，治疗水产动物的疾病时应根据不同的病情和客观条件采取适当的给药方法。教条地、片面地采取某些不恰当给药方式，不仅不会获得有效的疗效，而且还将会带来更大的损失。错误地认为"健康养殖等于不用药"，水域环境尤其是集约化养殖环境是病原体滋生的场所，水产动物无时无刻不受病原体的侵袭。我们提倡健康养殖，除了改善养殖环境之外，合理、有计划、科学地用药也是一个重要方面。根据药物和水产动物疾病研究的现状及其生理生态的特点，可以并不保守地说，治疗水产动物疾病目前尚无特效药可用，防治水产动物的疾病寄希望于特效药是不可取的。盲目用药、滥用药,不仅增强了病原体的耐药性,药物的防治不能获得理想的效果,而且使养殖的水域环境受到了较大的破坏,渔产品药物的残留增加,严重地威胁着人类的健康。因此合理有效的药物防治已是水产动物疾病防治中的一个不容忽视的问题。水产动物传染病的药物防治要把工作重点放在"以防为主,防治并重"上。在疾病流行的高峰期要根据水产动物传染病的流行规律,定期投喂抑制和杀灭病原体的药物或提高养殖动物新陈代谢机能的药物来预防疾病发生。常用方法为将药物加入饵料中,如添加一些对病原体敏感的抗生素或中草药(如大黄、板蓝根、大蒜、黄连等)以及某些维生素、微量元素、矿物质等。此外药物防治还应把开发与使用水产专用药物、渔用疫苗、微生态制剂与生物渔药作为发展方向。以往大部分水产药物都是人用、兽用药物用途的延伸,这类水产药物,有可能对人类健康造成潜在的危害。大力开发使用水产专用药物,不仅能更有效地防治水产动物的疾病,而且能更有效地保护人类自身的健康和安全。渔用疫苗、微生态制剂与生物渔药不会对水产动物造成负面作用,它们才是真正的绿色渔药,是科学用药的一个最有效和最有前途的方向,目前我们在这个方面已开始起步,并一定可获得较大的成果。

我国渔药的发展历史较短,专门从事渔药研究的人员不多,现在生产商使用的药物大部分是由兽药和人用药物转移而来的,缺乏对水产动物的药效学、药动力学、毒理学和对养殖环境的影响等基础理论的研究。一些药物在实际应用中还存在疗效不明显、毒副作用较大和使用剂量不准确、药物残留量超标等问题,这些已不适应我国对当代水产健康养殖发展的要求。因此,加紧研制和开发疗效显著、效果确实、安全无毒副作用、对人体无危害和对环境无不利影响,并在水产品中不产生有害残留的新型渔药,即无公害渔药,将大力推进健康养殖生产的实施。

四是生态防治鱼病研究。生态防治是根据病原体消涨的规律,环境动态变化的原因,水产养殖动物的生理特点、生态习性的特点以及水产养殖动物、环境和病原体之间的关系,采取某些相应的措施控制疾病发生的防治方法。随着近年水产养殖业的飞速发展,人们对水产品食用安全意识的提高,寻找替代抗生素、消毒剂等化学药剂的无残留、无污染和高效的环保型产品,成为水产养殖领域人们争相研究的热点。生物防病正是根据水产养殖业自身的特点,利用从养殖环境或自然环境中筛选出来的或经过对现有的微生物进行基因改造或修饰获得的微生物,经过一系列特殊工艺制成活菌剂,称微生态水质调节剂,或称为微生态环境改良剂、微生态环境修复剂等,在我国水产养殖上的应用越来越受到人们的关注和认可。国外水产养殖发达国家在高密度集约化养殖中也大都采用了微生态水质调节剂调节水质,已达到养殖用水循环利用或降低排放废水中的有害物的目的。泰国在对虾养殖中也普遍采用微生态水质调节剂,对养殖废水实行生物处理,已达到生态养殖的目的。我国由于在这方面的研究和应用还处在起步阶段,技术措施还不甚完善,因此,在实际生产中微生态水质调节剂的应用还不普遍。近年来,我国政府已加大了在这方面的资金投入与科研力度,国家早已将发展健康养殖、微生态制剂的研究作为水产养殖的发展方向。生态防治在水产动物疾病防治上有较大的潜力,但目前在这方面的应用较为肤浅,有些仅停留在经验上,对传染病的控制还不能发挥较大的作用。例如,养二茬草鱼鱼种,尽量错开鱼种大小在10cm左右时与8~9月发病高峰期相吻合的情况,以防治草鱼出血病;凹字型投饵方法,可以防治大黄鱼在夏季高温时的暴发性死亡;采取轮养与休养措施控制某些对寄主有严格选择性的疾病。全面和立即进行生物预防是水产养殖业健康发展的必然趋势。

五是健康养殖与综合防治研究。水产上最早的"健康养殖"概念出现于20世纪90年代初。1989~1991年，对虾传染病席卷东南亚，给泰国、马来西亚、日本等产虾的国家和地区造成很大损失，对虾几乎绝产。此后，对虾的疫病也传到中国，1993年全国对虾暴发性疾病发生，我国东南沿海各省市的虾塘均遭受了巨大的灾难，使我国对虾的年产量一下由20多万吨跌至3万~5万t，对虾养殖业一直萎靡不振。在这种情况下，各国相继投入大量的人力和财力攻克对虾病。与此同时一向被人们认为抗病力最强的鲢、鳙也因细菌性出血性败血症卷入灾难之中。在实践中人们认识到，水产动物传染病的发生与养殖水域生态环境的破坏关系十分密切，光靠药物防治已完全不能控制其疫病的发生。1993年10月在泰国Phuket举行的第二届亚洲水产养殖疾病会议上，首次提出了"如果不改善养殖环境，水产动物的疾病就不能得到控制，水产动物的健康就不能保证"的口号，此后人们就纷纷提出各种健康养殖的方案。水产动物的健康养殖是指根据养殖对象正常活动、生长、繁殖所需的生理、生态要求，选择科学的养殖模式，通过系统的规范管理技术，使健壮的养殖动物在人为控制的生态环境中健康快速生长。水产动物的健康养殖应满足以下方面的要求：能人为控制养殖生态环境条件，养殖环境能尽量满足养殖对象生长、发育的要求；养殖模式（包括各种防疫手段）能使养殖动物正常活动，执行正常的生理机能，并能通过养殖对象的免疫系统抵御病原入侵及环境的突然变化；投喂适当的能完全满足其营养需求的饲料，最好是配合饲料；生产产品无污染、无药物残留，近似绿色食品；利用资源最省。更严格的要求来说，健康养殖还应能对水产动物的疾病进行预报和预测，在疾病发生之前能采取及时和最有效的措施。实践证明，进行水产动物的健康养殖，不仅能有效地防止疾病的大规模发生，最大可能地减少疾病危害，提高养殖的效益，而且在保护生态环境、节省资源、提高产品质量以及促进水产科技进步等方面都有着重要意义。简而言之，水产动物的健康养殖研究主要应涉及科学育种、科学放养、科学用水、科学投饲、科学用药等几个方面的问题。它们体现在如何将生态防治、免疫防治及药物防治等措施有机地、合理地结合起来，进行综合防治。提倡健康养殖，进行综合防治，这也是今后水产动物传染病学的研究重点及发展方向。

我国水产动物疾病学研究的方法有别于国外。对每一种疫病的研究，首先是着重解决其防治问题，在这个基础上同时进行应用基础和理论方面的研究。例如，细菌性肠炎病、烂鳃病等都是在病原体还未根本解决之前，就研究如何防治的方法。这样的综合防控研究方针，是急生产之所需。然而，在研究防治方法的同时，并没有忽视基础理论的研究。改革开放之后，全面地开展了水产病原生物学、感染途径、流行病学、免疫学、新型实用渔药、生态防病和健康养殖等方面的系统研究，形成了我国水产动物疾病研究的独特风格，理论联系实践的特色。其次是开展科学研究的大协作，目标是对水产养殖危害大、一时难以解决的重要流行传染病，由不同系统的科研机构、学校和生产单位联合起来，协作进行重大传染病防治关键技术攻关，相信不久会取得惊人突破。

第一章　水产动物传染病发生和发展规律

传染病发生和发展的一般规律及其影响因素是水产动物传染病学的基础，同时也是传染病防治的理论依据，因此在本章的学习过程中，除要求掌握基本概念和基本理论外，还应把握以下几个方面的内容并注意其相关性，即感染（又称为传染或侵染）及影响感染过程的因素、传染病及其发病规律。该章的重点内容是水产动物传染病的发生种类、病因及病程发展规律等。

第一节　传染和传染病

一、传染

水产动物疾病是鱼类机体或其某些器官状态的变化过程，此期间可以表现出一系列特定的临床症状和某些理化指标的异常。在渔医临床上按照发病的原因，可将疾病分为具有传播、扩散特点的传染性疾病（也称疫病）和包括营养代谢病、中毒病等在内的非传染性疾病（也称普通病）。传染性疾病的发生和发展都是从活的病原体侵入（感染）机体开始的。

（一）感染

感染（infection）又称为传染或侵染，是指外源性或内源性病原微生物侵入水生动物机体，在一定部位定居、生长繁殖并引起不同程度的病理、生理反应过程。在长期的物种进化过程中，病原微生物形成了以某种或某些动物机体为生长繁殖场所，过寄生生活的特性。通过这样的寄生生活并不断侵入新的寄生宿主，病原微生物得以不断繁衍和保留。同种病原微生物对不同动物的感染力和致病性差异很大，另外由于机体状况或所处环境等因素的差异，某种病原体对同种动物的致病作用也不同。水生病原菌侵入宿主后，由于病原菌、宿主与环境三个方面因素的对比，病原微生物侵染机体后的结局有几种可能性。

（1）由于水产动物体具有一定的免疫力，大部分入侵的病原微生物到达机体的组织或体液之前就被免疫系统迅速消灭并清除。

（2）病原微生物能够在机体内增殖，并通过分泌物或排泄物散播到外界水环境中，如通过口腔、鳃、体表分泌物或粪便、消化道分泌物或产卵等排出体内的病原体。

（3）通过正确的处理措施，如焚烧、深埋和严格环境消毒等，大部分病原微生物与感染死亡的动物尸体同时消失。

（4）在感染过程中病原微生物与水产动物机体之间出现暂时的相对平衡状态，此时病原体不能对动物机体造成严重的损害，而鱼类也不能完全清除体内存在的病原微生物，这种状况持续时间的长短与感染后机体的状态及病原体的特性密切相关。

（5）在一定条件下，某些非病原微生物，如消化道菌、葡萄球菌等也可引起水产动物感染发病，有研究报道水生拉恩菌（*Rahnella aquatilis*）可以引起鲫鱼感染。

此外，有时水产动物机体内存在的常在菌能与某些致病性微生物发挥协同作用（synergism）而增强后者的致病性。

（二）感染类型

按病原微生物与水产动物机体的相互作用及其表现，通常将感染分为不同的类型。

（1）按感染水产动物的临床表现，可分为显性感染和隐性感染。

水生病原体侵入机体后，水产动物表现出该病特有临床症状的感染过程称为显性感染（symptomatic infection）。机体不出现任何临床症状，呈隐蔽经过的感染称为隐性感染（inapparent infection）或亚临床感染（subclinical infection）。隐性感染鱼类体内的病理变化，因病原体种类和机体状态而不同，有些被感染鱼类虽然外表看不到症状，但体内可呈现一定的病理变化，而另一些隐蔽感染鱼类既无临床症状又无病理变化，一般只能通过微生物学、免疫学或分子生物学方法检测出来。隐性感染后，可使机体获得特异性免疫力，亦可携带病原菌作为重要传染源。在水产养殖中带菌状态比较常见，如果病原菌与宿主双方都有一定的优势，但病原仅被限制于某一局部且无法大量繁殖，两者长期处于相持状态，就称带菌状态，宿主即为带菌者。带菌者经常或间歇排出病菌，成为重要传染源之一。

（2）按感染发生部位，可分为局部感染和全身感染。

由于水产动物机体抵抗力较强，侵入机体的病原微生物毒力较弱或数量较少，致使病原体被局限在机体内一定部位生长繁殖而引起一定程度的病变，称局部感染（local infection）。例如，柱状屈桡杆菌引起烂鳃，狮本尼登虫（*Benedenia seriolae*）专门寄生在狮的皮肤上，化脓性葡萄球菌、链球菌所引起的各种化脓创等。如果感染的病原微生物或其代谢产物突破机体的三道防御屏障（机械屏障、非特异性免疫和特异性免疫），通过血流或淋巴循环扩散到全身各处，并引起全身性症状则称为全身感染（general infection）。全身感染按其性质和严重性的不同大体可以分为毒血症、菌血症、败血症和脓毒血症4种类型。

① 毒血症（toxemia）：病原菌限制在局部病灶，只有其所产生的毒素进入全身血流而引起的全身性症状，称为毒血症。

② 菌血症（bacteremia）：病原菌由局部的原发病灶侵入血流后传播至远处组织，但未在血流中繁殖的传染病，称为菌血症。

③ 败血症（septicemia）：病原菌侵入血流，并在其中大量繁殖，造成宿主严重损伤和全身性中毒症状者，称为败血症。

④ 脓毒血症（septicopyemia）：一些化脓性细菌在引起宿主的败血症的同时，又在其许多脏器中引起化脓性病灶者，称为脓毒血症。

（3）按病情缓急程度的差异分为最急性型、急性型、亚急性型、慢性型、潜伏性型和隐蔽型感染6种类型。疾病的严重程度和病程的长短取决于病原体致病力和机体抵抗力等因素。在一定条件下，上述感染类型可以相互转化。

① 最急性型（peracute infection）：通常将水产动物疾病病程数小时至1天左右、发病急剧、突然死亡、症状和病变不明显的感染过程称为最急性感染，多见于细菌性败血症、对虾白斑病等疫病流行的初期。

② 急性型（acute infection）：将病程较长（数天至两三周），具有该病明显临床症状的感染过程称为急性感染，如细菌性败血症、白皮病和白头白嘴病等。

③亚急性型（subacute infection）：是指病程比急性感染稍长、病势及症状较为缓和的感染过程，称为亚急性感染，如病毒性出血败血症等。

④慢性型（chronic infection）：是指发展缓慢、病程数周至数月、症状不明显的感染过程，称为慢性型感染，如诺卡菌感染、牙鲆淋巴囊肿病、鱼醉菌病等；慢性鳃霉病的病变微弱，仅小部分鳃坏死、苍白。

⑤潜伏性型（insidious infection）：是指水产动物体内存有病原体外表症状不表露，当周围环境发生变化、鱼体抵抗力降低时，该病原体易繁殖导致疾病发生，称为潜伏性型。

⑥隐蔽型（concealed infection）：是指在水产动物疾病流行过程中，缺少该病的某些典型症状，称为隐蔽型。

（4）按感染的病原微生物来源分为外源性感染和内源性感染。

外源性感染（exogenous infection）是指病原微生物从水产动物体外侵入机体而引起的感染。内源性感染（endogenous infection）是指由于受到某些因素的作用，动物机体的抵抗力下降，致使寄生于动物体内的某些条件性病原微生物或隐性感染状态下的病原微生物得以大量生长繁殖而引起的感染现象，如鱼气单胞菌、弧菌等有时就是通过内源性感染发病的。

（5）按感染病原微生物的次序及相互关系分为单纯感染、混合感染、原发性感染、继发性感染和协同感染等。

①单纯感染（single infection）：将一种病原微生物所引起的水产动物感染称为单纯感染。

②混合感染（mixed infection）：两种或两种以上病原微生物同时参与的感染称为混合感染。同一条鱼出现两种或两种以上的水产动物传染病，称为并发症。这是混合感染的一种类型，如患细菌性赤皮病的青鱼、草鱼，同时又患细菌性烂鳃病。

③原发性感染（primary infection）：由病原微生物本身引起机体的首次感染过程称为原发性感染，疾病的发生是由病原体侵袭健康鱼而引起。

④继发性感染（secondary infection）：此种感染发生在原发性感染基础之上，动物机体感染了某种病原微生物引起抵抗力下降后，造成另一种或几种新侵入病原微生物的感染称为继发性感染，如鳃霉病、水霉病的暴发都是在原已患病的机体上，对虾白斑病继发弧菌感染等。

⑤协同感染（synergic infection）：是指在同一感染过程中有两种或两种以上病原体共同参与、相互作用，使其毒力增强，而参与的病原体单独存在时则不能引起相同临床表现的现象。例如，专性厌氧菌可保护混合感染中的其他细菌不被吞噬，消除厌氧菌后吞噬细胞便可有效地消灭混合感染灶中的需氧菌而阻止感染的发生。协同感染的机制可表现为抑制白细胞吞噬功能或细胞内杀伤作用；提供必要的生长因子；改变局部环境以利于其他细菌的生长、繁殖；相互作用而提高毒力；改变抗生素的抗菌活性等。

⑥持续性感染（persistent infection）：是指在入侵的病毒不能杀死宿主细胞而形成病毒与宿主细胞间的共生平衡时，感染水产动物可在一定时期内带毒或终生带毒，而且经常或反复不定期地向体外排出病毒，但不出现临床症状或仅出现与免疫病理反应相关症状的一种感染状态。持续性感染包括潜伏性感染（latent infection）、慢性感染、隐性感染和慢发病毒感染等。锦鲤疱疹病毒常能导致持续性感染。

潜伏性感染（latent infection）是指经急性或隐性感染后，病毒基因组潜伏在特定组织或细胞内，但不能产生感染性病毒，用常规方法不能分离出病毒，但在某些条件下病毒被激活而急性发作。如果宿主在与病原菌的相互作用过程中保持相对平衡，使病原菌潜伏在病灶内，一旦宿主抵抗力下降，病原菌大量繁殖就会致病。

慢性感染（chronic infection）是指显性或隐性感染后，病毒持续存在于血液或组织中，并不断排出体外，病程长达数月至数十年，临床症状轻微或为无症状携带者。例如，鱼类爱德华氏菌病一般情况下病鱼表现为慢性感染，疾病传播蔓延速度非常慢，死亡率在10%以下，但严重感染时死亡率也可达30%~40%。

慢发病毒感染（slow virus injection）是指那些潜伏期长、发病呈进行性经过，最终以死亡为转归的感染过程。慢发病毒感染时，被感染动物的病情发展缓慢，但不断恶化且最后以死亡而告终。常见的慢发病毒感染性疾病在鱼类不常见，动物常见，如牛海绵状脑病等。

⑦ 重复感染（recurrent infection）：也称再感染（reinfection）、二度感染，是指水产动物体对某种或某些病原的多次重复感染，为同一疾病的复发或重复。鱼类经第一次患病痊愈后，仍遗留有该病的病原体，这时机体与病原体间仅保持着暂时的平衡，机体并未失去对该病原体的易感性，一旦鱼体本身的抵抗力降低，或环境条件适宜病原体的生长，又或新的同样的病原体再次侵入，又会引起旧病复发。其原因主要是机体的免疫力不足，免疫机能下降或与免疫抑制等因素有关。

二、传染病的致病机理

（一）病毒的感染机理

病毒对细胞的致病作用，主要包括病毒感染细胞直接引起细胞的损伤和免疫病理反应。细胞被病毒感染后，可以表现为病毒急性感染、慢性感染和顿挫感染3种类型。一般来说，病毒急性感染都属溶细胞感染，慢性感染属非溶细胞感染。

1. 病毒急性感染

病毒感染宿主细胞后，一般经过吸附、侵入和脱壳，在细胞内进行翻译、转录、复制和病毒装配，细胞溶解、病毒释放过程。病毒感染细胞多为容纳性细胞（permissive cells），主要表现为溶细胞感染。细胞提供病毒生物合成的酶、能量等必要条件，支持病毒复制，主要以阻止细胞大分子合成、改变细胞膜的结构、形成包涵体以及产生降解性酶或毒性蛋白等方式损伤细胞功能。

2. 病毒慢性感染

病毒感染的细胞往往缺乏足够的物质支持病毒完成复制周期，仅能选择性表达某些病毒基因，不能产生完整的病毒颗粒，出现细胞转化或潜伏感染。有些病毒虽能引起持续性、生产性感染，产生完整的子代病毒，但由于通过出芽或胞吐方式释放病毒，不引起细胞的溶解，表现为非溶细胞感染，此类细胞多为半容纳细胞（semipermissive cells）。

3. 顿挫感染（abortive infection）

顿挫感染亦称流产感染、夭折感染。病毒进入宿主细胞，由于该类细胞缺乏病毒复制所需的酶或能量等必要条件，致使病毒不能合成自身成分，或虽能够合成病毒核酸和蛋白质，但不能装配成完整的子代病毒颗粒。对某种病毒的非容纳性细胞（non-permissive cells）表现为流产感染，不能在其中复制出成熟子代病毒的感染；但对另一些病毒则表现为容纳细胞，能导致病毒增殖造成感染。

4. 免疫病理作用

抗病毒免疫所致的变态反应和炎症反应，是主要的免疫病理反应。

（二）细菌的感染机理

病原菌具有克服机体防御、引起宿主疾病的能力，称为致病性（pathogenicity）。病原菌致病能力的强弱，称为毒力（virulence）。细菌的毒力分侵袭力（invasiveness）和毒素（toxin）。病原菌突破宿主防线，并能在宿主体内定居、繁殖、扩散的能力，称为侵袭力。细菌通过具有黏附能力的结构（如菌毛）黏附于宿主的消化道等黏膜上皮细胞的相应受体，于局部繁殖，积聚毒力或继续侵入机体内部。细菌的荚膜和微荚膜具有抗吞噬和体液杀菌物质的能力，有助于病原菌于宿主体内存活。细菌产生的侵袭性酶，亦有助于病原菌的感染过程。例如，致病性葡萄球菌产生的血浆凝固酶有抗吞噬作用；链球菌产生的透明质酸酶、链激酶、脱氧核糖核酸酶等可协助细菌扩散。

细菌毒素按其来源、性质和作用不同，可分为外毒素（exotoxin）和内毒素（endotoxin）。细菌在生长过程中合成并分泌到胞外的毒素，或存在于细胞内、当细菌溶解后才释放出来的毒素，称为外毒素。外毒素通常为蛋白质，可选择作用于各自特定的组织器官，其毒性作用强。内毒素即革兰氏阴性菌细胞壁脂多糖（LPS），在菌体裂解时释放，作用于白细胞、血小板、补体系统、凝血系统等多种细胞和体液系统。各种革兰氏阴性菌内毒素的作用相似，且没有器官特异性。

（三）真菌的感染机理

不同种类的真菌以不同形式致病，主要有致病性真菌、条件致病性真菌、真菌性中毒。

1. 致病性真菌感染

主要是外源性真菌感染，可引起皮肤、皮下和全身性真菌感染。组织胞质菌（histoplasma）等致病真菌侵袭机体，被吞噬细胞吞噬后，不被杀死而能在细胞内繁殖，引起组织慢性肉芽肿炎症和坏死。

2. 条件致病性真菌感染

主要是内源性真菌感染。有些真菌是机体的正常菌群成员，致病力弱，只有在机体全身与局部免疫力降低或菌群失调情况下才引起感染。

3. 真菌性中毒

有些真菌在粮食或饲料上生长，人、动物食用后可导致急性或慢性中毒，称为真菌中毒症（mycotoxicosis）。引起中毒的可以是真菌本身，但主要是真菌生长后产生的真菌毒素。

三、传染病及其分类

（一）传染病

传染病（infectious diseases）是由各种活病原体引起的，可从某一宿主的个体直接或间接传播到同种或异种宿主的疾病。通常这种疾病可借由直接接触已感染之个体、感染者之体液及排泄物、感染者所污染到的物体传播，主要通过水源传播、饲料传播、接触传播、土壤传播、垂直传播等方式传播。有些水产传染病，防疫部门必须及时掌握其发病情况，及时采取对策，因此发现后应按规定时间及时向当地防疫部门报告，称为法定传染病。

（二）水产动物传染病的分类

水产动物传染病的分类方法很多，为了反映疾病的不同特性，人们从不同的侧面对动物传染病进行了分类，这样便于统计分析和制定传染病的防治对策，下面分别介绍几种分类方法。

1. 按传染病的病原体分类

由病毒、细菌、真菌等微生物引起的水产动物传染病，通称传染性疾病。根据引起水产动物传染病病原体的不同，可分为病毒性、细菌性和真菌性传染病等。其中除病毒外，由其他病原体（如细菌病、支原体病、衣原体病、螺旋体病、放线菌病、立克次体病等）引起的疾病习惯上统称为细菌性传染病。

（1）病毒性传染病：水生病毒感染表现为显性或隐性感染，引起急性和慢性疾病。隐性病毒感染表示感染组织未受损害，病毒在到达靶细胞前，感染已被控制，或轻微组织损伤，不影响正常功能。虽然隐性感染使机体获得免疫力，但无症状感染者可能是重要的传染源。病毒的显性感染有急性感染和持续性感染等，如因病毒引起的草鱼出血病、石斑鱼虹彩病毒病等。

（2）细菌性传染病：由水生细菌所引起的水产动物传染病或感染性疾病。临床表现上一种细菌可以感染不同部位而引起不同疾病，不同细菌又可以引起相似的临床表现，一些产毒素细菌可引起食物中毒等。例如，因细菌引起的烂鳃病、肠炎病，鲢、鳙、鲫等鱼类的细菌性暴发性败血症，以及各种类型的水霉病、鳃霉病等。

（3）真菌性传染病：是指由真菌引起的传染性疾病，从临床致病情况看，可分为浅部真菌性和深部真菌性感染等。

2. 按动物的种别分类

按动物的种别分类有鱼传染病、虾传染病、贝类传染病、蛙传染病、蟹传染病、鳖传染病、龟传染病以及人和鱼共患性传染病等。

3. 按病原体侵害的主要器官或系统分类

按病原体侵害的主要器官或系统分类有全身性败血性传染病和以侵害消化系统、呼吸系统、神经系统、生殖系统、免疫系统、皮肤或运动系统等为主的传染病等。

4. 按疾病的危害程度分类

国内和国际分类方法略有不同。

（1）根据动物疫病对人和动物危害的严重程度、造成经济损失的大小和国家扑灭疫病的需要，我国政府将动物疫病分为3大类。中国目前的法定水生传染病共36种（2015年）。

一类疫病是指对人和动物危害严重，需要采取紧急、严厉的强制性预防、控制和扑灭措施的疾病。一类疫病大多数为发病急、死亡快、流行广、危害大的急性、烈性传染病或人和动物共患的传染病。按照法律规定此类疫病一旦暴发，应采取以疫区封锁、扑杀和销毁动物为主的扑灭措施。

二类疫病是指可造成重大经济损失、需要采取严格控制扑灭措施的疾病。由于该类疫病的危害性、暴发强度、传播能力以及控制和扑灭的难度等不如一类疫病大，因此法律规定发现二类疫病时，应根据需要采取必要的控制、扑灭措施，当然不能排除采取与上述一类传染病相似的强制性措施。我国规定的一类、二类疾病与世界动物卫生组织（Office International Des Epizooties，OIE）规定的A类、B类疾病基本相同，但也有一定的差别。当二类、三类动物疫病呈暴发性流行时，按照一类动物疫病处理。

鱼类病（12种）：草鱼出血病、鲤春病毒血症、传染性脾肾坏死病、锦鲤疱疹病毒病、刺激隐核虫病、淡水鱼细菌性败血症、病毒性神经坏死病、流行性造血器官坏死病、斑点叉尾鲍病毒病、传染性造血器官坏死病、病毒性出血性败血症、流行性溃疡综合征。

甲壳类病（7种）：白斑综合征、桃拉综合征、黄头病、罗氏沼虾白尾病、对虾杆状病毒病、传染性皮下和造血器官坏死病、传染性肌肉坏死病。

三类疫病是指常见多发、可造成重大经济损失、需要控制和净化的动物疫病。该类疫病多呈慢性发展状态，法律规定应采取检疫净化的方法，并通过预防、改善环境条件和饲养管理等措施控制。

鱼类病（7种）：鲖类肠败血症、迟缓爱德华氏菌病、小瓜虫病、黏孢子虫病、三代虫病、指环虫病、链球菌病。

甲壳类病（2种）：河蟹颤抖病、斑节对虾杆状病毒病。

贝类病（6种）：鲍脓疱病、鲍立克次体病、鲍病毒性死亡病、包纳米虫病、折光马尔太虫病、奥尔森派琴虫病。

两栖与爬行类病（2种）：鳖腮腺炎病、蛙脑膜炎败血金杆菌病。

这种疫病分类方法的主要意义是根据疫病的发生特点、传播媒介、危害程度、危害范围和危害对象，在众多的动物传染病中能够分别主次，明确疫病防治工作的重点，便于组织实施疫病的扑灭计划。

（2）OIE将动物疾病分成A类和B类。

A类疾病（1ist A）是指超越国界，具有快速的传播能力，能引起严重的社会经济或公共卫生后果，并对动物和动物产品的国际贸易具有重大影响的传染病。按照《国际动物卫生法典》（International Animal Health Code）的规定，应将这类疾病的流行状况经常或及时地向OIE报告。

B类疾病（1ist B）是指在国内对社会经济或公共卫生具有明显的影响，并对动物和动物产品国际贸易具有很大影响的传染病或寄生虫病。按规定应每年向OIE呈报一次疫情，但必要时也需要多次报告，这类疾病的种类较多。目前OIE采用必须通报代替A类、B类级别制度。

第二节 水生病原体的来源和传播途径

水产动物传染病可分为细菌性疾病、病毒性疾病和真菌性疾病，由于受水体环境因素影响，往往水生病原体的来源、传播途径有一定特殊性。

一、来源

水生病原体的来源有水环境、土壤、养殖动物或鸟类等，其中细菌性病原、病毒性病原、真菌性病原大多为条件病原，仅当环境条件适宜其生长、繁殖，养殖动物体质减弱时才感染养殖动物。按照其来源前后次序，可以分为原发性来源和次发性来源两种类型。

（一）原发性来源

患病传染源是致病菌的主要来源之一。患有传染病的病鱼，是传染性水产动物传染病病原体的储藏者。即使病鱼痊愈后，在很长一段时间内仍继续保持和排泄病原体，成为"带菌者"。病鱼的尸体和草食哺乳动物等未经发酵的粪便，也是传染病的原发性来源。

（二）次发性来源

微生物污染水体可能是条件致病菌的主要来源。发病池塘的池水、底泥、饵料，对病鱼使用过的养鱼工具等，都是传染性水产动物传染病的次发性来源。

二、传播途径

传播途径是指病原体由传染源排出后，再侵入其他易感动物所经历的途径。研究疫病传播途径的目的主要是能够针对不同的传播途径采取相应的措施，防止病原体从传染源向易感动物群中不断扩散和传播。按病原体更换宿主的方法可将传播途径归纳为水平传播和垂直传播两种方式，前者是指病原体在动物群体之间或个体之间横向平行的传播方式；后者则是病原体从亲代到其子代的传播方式。

（一）水平传播（horizontal transmission）

水平传播方式又分为直接接触传播和间接接触传播两种。

1. 直接接触传播

直接接触传播（direct contact transmission）是指在没有外界因素参与的前提下，通过传染源与易感动物直接接触，如交配、撕咬等所引起的病原体传播。在动物传染病中，仅通过直接接触传播的病种较少，如龙虱幼虫或水蜈蚣均可直接伤害幼鱼，龟腐皮病、黄鳝鳗鲡脱黏病等。龟腐皮病是由单孢杆菌感染引起的，因饲养密度较大，龟互相撕咬，病菌侵入后，引起受伤部位皮肤组织坏死。黄鳝鳗鲡脱黏病的病原为多种细菌，由直接接触传播但在发生传染病或处于病原体携带状态时，种用动物之间则经常因配种而传播病原体。通过直接接触方式传播的传染病在流行病学上通常具有明显的流行线索。

2. 间接接触传播

间接接触传播（indirect contact transmission）是指病原体必须在外界因素的参与下，通过传播媒介侵入易感动物传播。例如，双穴吸虫、血吸虫病，这类传染病被称为间接接触性传染病，通过"吸虫—椎实螺—鱼—鸥鸟"等方式传播。大多数传染病，如草鱼出血病、烂鳃病、肠炎病、细菌性暴发性败血症，以及水霉病、鳃霉病等以间接接触传播为主，同时也可以通过直接接触传播，这类传染病被称为接触性传染病。传播媒介（transmission vehicle or vector）是指将病原体从传染源传播给易感动物的各种外界因素。常见的间接接触传播有以下几种。

（1）经饲料和水传播（feed/water-borne transmission）：多种水产动物传染病可经消化道感染，其传播媒介主要是被污染的饲料和水。通过饲料和水的传播过程容易建立，因为患病动物的分泌物、排出物或尸体等很容易污染饲料、植物、水槽、水桶或经污染的管理用具、车船、池舍等污染饲料和水体，一旦易感动物接触这种染有病原体的饲料或水体便可感染发病。

通过这种传播方式的疾病流行强度取决于饲料或水体的污染程度、使用范围和管理制度、病原体在饲料或饮水中的存活能力以及卫生消毒措施的执行状况等因素。在流行的初期阶段，经这种途径传播疫病的流行病学特征是：病例分布与饲料或水的应用范围一致；生长发育良好的动物发病数量较多；严重污染的饲料或水体可能造成传染病暴发流行。

（2）经土壤传播（soil-borne transmission）：随患病鱼排泄物、分泌黏液或其尸体一起落入土壤或底泥而能在其中长时间存活的病原微生物，称为土源性病原微生物，如土源致病性蜡样芽孢杆菌（*Bacillus cereus*）、霉菌、蠕虫等。能够经土壤传播的疫病，其流行病学特征是：由于该类病原体在外界环境中的抵抗力很强，一旦它们进入土壤便可形成难以清除的持久污染区，因此应特别注意患病动物的排泄物、污染的环境和物体以及尸体的处理，防止病原体污染土壤。

（3）经活媒介传播：在动物疫病的传播过程中，其他动物和人类作为病原体的活媒介具有非常重要的作用，其中主要有以下几种。

① 经节肢动物传播（arthropod-borne transmission）：能传播疾病的节肢动物有昆虫纲的蚊、虱、蚤等，这些节肢动物有的吸血，有的不吸血，但都能传播疾病。节肢动物传播疾病的方式主要有机械性传播和生物性传播两种。机械性传播是指病原体被节肢动物，如虱、蚊和蚤类等接触或吞食后，在其体表、口腔或肠腔内能够存活而不能繁殖，但可通过接触、吸血或其粪便污染饲料或水体等途径散播病原体。生物性传播是指某些病原体（如立克次体）在感染水生动物前，能在一定种类的节肢动物体内进行发育、繁殖，然后通过节肢动物的唾液、呕吐物或粪便进入新易感动物体内的传播过程。经节肢动物传播的疾病很多，如罗非鱼类立克次体病的传播途径，可能苗种携带，节肢动物也可作为寄生宿主或储存宿主，也不排除水源中节肢动物传染的可能性。通过节肢动物传播的疫病，其流行特征一般是：疫病流行的地区范围与传播该病的节肢动物分布和活动范围一致；发病率升高的季节与某种节肢动物的数量、活动性，以及病原体在该节肢动物体内发育繁殖的季节相一致；新生的和新引进的动物发病率高，老龄动物则多具有免疫力而发病率低。

近几年，研究发现经浮游动物传播方式，如一些浮游节肢动物卤虫能传播弧菌病。1992年，对虾病害防治技术关于弧菌病病原学和生态防病技术研究中就首次发现动物性饵料（特别是卤虫幼虫）和带病亲虾是传播弧菌病原的主要来源。

② 野生鱼类：某些野生鱼类本身对特定的病原体具有易感性，受感染后可将病原体传播给人工饲养的易感动物，如鱼醉菌病常见于野生鱼类、老龄养殖鱼及观赏鱼，通常呈慢性和渐进性等传播鱼醉菌等，诺卡氏菌病野外捕捞的鱼种的发病率也比人工繁殖获得鱼种的发病率高。另一些野生动物虽然本身对某些病原体不易感，但可进行该类病原体的机械性传播。

③ 人类：由于人类活动范围广，与水产动物的关系密切，因此在许多情况下都可成为动物病原体的机械携带者。例如，人类虽然不感染草鱼出血病毒、鲤疱疹病毒等，但有可能机械性传播这些病原体。

（4）经空气传播（airborne transmission）：空气作为疫病传播因素主要有两种情况。一种是由于患病动物呼吸道内渗出液的不断刺激，动物在咳嗽或打喷嚏时通过强气流把病原体和渗出液从狭窄的呼吸道喷射出来，并形成飞沫飘浮于空气中。经飞散于空气中的、带有病原体的微细泡沫的传染称为飞沫传染。另外一种是，随患病鱼分泌物、排泄物和处理不当的尸体以及较大的飞沫而散播的病原体，在外界环境中可形成尘埃落入水中传播，或者随着流动空气的冲击，附着有病原体的尘埃也可悬浮在空中而被易感动物吸入造成感染。在水产养殖中，增氧将塘泥喷到空气中后再洒落在水的表层，有时会把病原微生物带入传播。所有呼吸道病均可通过飞沫而传播，如龟鳖类动物肺炎、感冒等。

经空气传播的传染病一般具有以下流行特征：由于传播途径易于实现，病例常连续发生，且新出现的病例多是传染源周围的易感动物；在易感动物集中时则可形成暴发性流行；

在缺乏有效预防措施时，通过空气传播的传染病具有周期性流行和季节性升高现象，如冬春季节发病率升高等；流行强度常常与饲养密度、易感动物的比例、通风条件以及卫生消毒状况有密切的关系。

（5）其他传播：医源性传播（iatrogenic transmission）、管理源性传播（administrative transmission）等人为性传播因素对水产动物传染病的发生和流行也具有实际意义。医源性传播是指渔医人员使用被病原体污染的水温计、注射针头等器械以及被外源性病原体污染的生物制品等，或没有按照严格的防疫卫生要求操作，将病原体带入动物群而造成的疫病传播。管理源性传播是指由于管理不善，饲养管理人员缺乏防疫意识，防疫卫生制度不健全，不注意日常卫生消毒等造成疾病的暴发或蔓延。例如，平时来回进出不同的鱼塘车间；车辆、人员进出动物场舍时不消毒；粪便、污物和病死动物尸体不能及时清除或处理不当等。在进行人工授精时，病原体也可通过精液带入鱼体内而引发传染病。

（二）垂直传播（vertical transmission）

垂直传播方式一般可归纳为下列三种途径。

（1）经卵传播（transovarial transmission）：是指携带病原体的种鱼卵子在发育过程中能将其中的病原体传给下一代的现象。经卵传播在水产动物疾病传播中比较常见，可经种卵传播的病原体有斑点叉尾鲴病毒病疱疹病毒和病毒性出血性败血症病毒等。

（2）经胎盘传播（transplacental transmission）：是指产前被感染的怀孕鱼类能通过胎盘将其体内病原体传给胎儿的现象。经胎盘传播在水产动物疾病传播中比较少见，仅在卵胎生鳉科鱼、哺乳动物类胎生鲸鱼等可见。

（3）分娩过程传播（transmission at parturition）：是指存在于鱼类阴道和子宫颈口的病原体在分娩过程中造成新生胎儿感染的现象。可经产道传播的病原体主要有大肠杆菌、葡萄球菌、链球菌和疱疹病毒等。

水产动物传染病的传播途径比较复杂，每种传染病都有自己特定的传播途径，如皮肤霉菌病只能通过破损的皮肤伤口感染；传染性造血器官坏死病病毒是水平传播的，也存在垂直传播，即"附在卵上"传播；鲤痘疮病、对虾白斑症病毒等疾病可经接触、饲料、水或媒介动物等传播。研究和分析传染病的传播方式以及传播途径的目的，就是为了采取针对性的措施切断传染源和易感动物间的联系，使传染病的流行能够迅速平息或终止。

第三节　水产动物传染病发生的原因

水产动物疾病是指致病因素作用于鱼体使其新陈代谢失调，扰乱鱼的正常生命活动的现象。水产动物发病的原因很多，了解传染病发病的病因，是制订合理的预防措施、作出正确诊断和提出有效治疗方法的基础。水产动物生活的生态环境、抵抗疾病的能力及各种人为因素，构成了水产动物疾病发生的三大要素。①养殖动物生活环境中，温度、水质、病原生物等因素对疾病的发生至关重要，是传染病发生的外在因素。②养殖动物自身对各种疾病的抵抗能力，是传染病发生的内在因素，影响动物抵抗能力的因素主要包括免疫力、遗传品质、生理状态、年龄、营养条件等。③人为因素主要包括生产或者运输中操作不当，放养密度过大及放养品种搭配不合理等。水产养殖动物疾病发生的原因虽然多种多样，但其根本是传染源、宿主（鱼体）和环境三者之间的相互作用。

一、病原体

（一）病原体种类

病原体就是致病的生物，是引起鱼类疾病的最重要因素之一。不同种类的病原体对宿主的毒性或致病力各不相同，就是同一种病原的不同生活时期对宿主的毒性也不相同。病原体的致病能力不同，致病力强的病原易使养殖动物暴发疾病，相反，则不易引起传染病的暴发，控制病原进入养殖水体，对传染力与致病力强的病原控制是减少传染病发生的主要手段。水产养殖动物的传染病病原体种类很多，主要有传染性生物、侵袭性生物等。

1. 传染性生物

传染性生物包括病毒、细菌、真菌等微生物。这类病原体感染鱼体后，即可引起各种传染性疾病。这类疾病的特点是发病快、来势猛、死亡率高，是鱼类的主要疾病。例如，因病毒引起的草鱼出血病、石斑鱼虹彩病毒病，因细菌引起的烂鳃病、肠炎病，鲢、鳙、鲫等鱼类的细菌性暴发性败血症，以及各种类型的水霉病、鳃霉病等。

2. 侵袭性生物

寄生原生动物、单殖吸虫、复殖吸虫、绦虫、线虫、蛭类等病原体侵袭鱼体后可引起各种侵袭性疾病，称为寄生虫病。侵袭性生物为寄生性，只要环境条件适宜其繁殖便易引起养殖动物传染病的暴发。例如，多种鱼类尤其是幼鱼易患的车轮虫病，淡水鱼类小瓜虫病、海水鱼刺激隐核虫病，侵袭草鱼的九江头槽绦虫病，侵袭鲢、鳙、草鱼等鱼类的中华鳋病和锚头鳋病等，都是常见的寄生虫病。

（二）水生病原体的特性

水产动物传染病可分为细菌性疾病、病毒性疾病和真菌性疾病，由于受水体温度、理化指标、氧气等环境因素影响造成水生病原体的特性有一定特殊性。

1. 水生病原体多为条件致病菌

水产养殖业的大多数病原菌为条件致病菌（opportunistic pathogen），这类细菌可长期潜伏在鱼体内并不引起疾病，但当环境突变或受污染、鱼体抵抗力下降时便可迅速导致疾病发生或流行。从微生态学角度讲，鱼类气单胞菌感染的发生是鱼、细菌和生态环境综合作用的结果。常态下，三者处于动态平衡，气单胞菌不呈致病作用。从致病的外因而言，当生态环境突变（如水温升高、有机质浓度增加）或受到污染时，水生动态平衡遭到破坏，处于"静态"的条件致病菌被激活，迅速大量生长繁殖并产生毒素等致病因子。从致病的内因而言，在饲养池中高密度饲养的各种鱼类，与在河湖海洋等自然水体中生活的鱼类所承受的环境压力是不同的，前者所受到的应急性刺激要显著地高于后者；正是由于养殖鱼类频繁地遭受各种应激因子的刺激，才导致了饲养鱼类免疫力下降，对各种传染病的易感性增加。在内因和外因共同作用下，导致鱼病的暴发与流行。

此外，鱼体内常分离出多种条件致病菌且共生于同一鱼体，这一事实说明水体中存在有利于它们生长繁殖的共同条件，因此在致病过程中往往起到协同作用，引起混合感染、继发感染，使病情更加复杂、严重化，因此在鱼类细菌性疫病防治中同样不可忽视。水生致病菌不但可以在病鱼的病灶部位，而且还可以从水域、泥底中分离得到，有时在没有任何病征的健康鱼的体表或体内也可以分离得到。这充分说明这些病原体离开鱼体之后，仍然可以生存下来。它们在一般条件下是呈腐生性的，即使生存于鱼体内也不一定产生致病作用，只有当环境条件发生变化，鱼体抵抗力减弱，细菌的毒力和数量或致病力提高，由腐生性转变为寄生性，即鱼体对腐生菌失掉平衡性，遂发生病变。例如，柱状屈桡杆菌（*Flexibacter calumnaris*）在一般情况下，滋生于草食性动物的粪便里，随着未经发酵的粪肥进入鱼池，在特定条件下，会引起严重的烂鳃病的流行。

2. 水生病原体适应性更强

水生病原体对各种温度和酸碱度有很强的适应性。这些类似腐生性的微生物适应能力甚强，对温度和酸碱度具有广泛的适应能力，传播范围广。一般适宜温度为25~30℃，每年6~9月流行。烂鳃病、出血病、肠炎病等，在我国不同气候区域中均有发生。例如，赤皮病的病原体为荧光假单胞菌（*Pseudomonas flaorescens*），在 pH 5~11 的范围内都能很好地生存。许多种病毒对酸碱环境具有极强的适应能力，如生石灰和漂白粉清塘，都杀不死草鱼出血性病毒。一般温水性鱼类的致病菌，可在水温 14~40℃的范围内很好地生存；而在水温 25~30℃的条件下大量繁殖生长，并产生强毒力而使鱼类致病，如柱状屈桡杆菌、嗜水气单胞菌（*Aeromonas hydrophila*）等。

此外，许多微生物还具有感染的特殊性和抗原的多样性等特征。前者表现为对特定水产养殖动物种类和器官的选择性和亲和力；后者表现为抗原结构因种类而异，在不同地区、不同水体，同一菌（毒）种可产生抗原结构不同的菌（毒）株，显示出免疫力的差异性等。

3. 水生病原体抗原性复杂、易变异

水生病原体具有复杂的抗原构造。在不同水域及同一地区的不同水体中，均可获得抗原构造不同的菌株。病原体抗原结构变异和血清型复杂多变，使得水产动物疾病的预防与控制越来越困难。嗜水气单胞菌能够导致十几种动物的几十种疾病，不仅它们之间的血清型有较大的不同，而且嗜水气单胞菌在抗原性上也会出现较多的变异，此外，弧菌属、爱德华氏菌属的一些菌也有类似情况，如迟钝爱德华氏菌等。

水生病原体变异性通常表现为生活方式可随水环境的改变而改变，随之而来的则是生化和致病力的改变。变异主要体现在两个方面：一是由于抗生素大量使用导致抗药性的获得和传递加快了，导致新的耐药菌不断产生；二是由于同种细菌数量的增加，或者由于微生态制剂滥用导致池塘菌群失调，毒力基因的交换加快了，新的毒力株不断出现。水产病原体多为条件致病，致病力可随水环境改变而发生变异。有些微生物可常年在鱼体内生长、繁殖，但并不一定致病，有些只在一定温度条件下，毒力增强才使鱼致病。2012年英国环境、渔业以及水产养殖科学中心研究警告称，因全球变暖，大量病菌正在入侵北欧，导致霍乱和肠胃炎等疾病增加。据报道，水温每上升1℃，弧菌数量就会增加1倍。温度增高，细菌繁殖速度快，变异快。例如，草鱼出血病病毒在水温24℃以下时呈隐性感染，鱼不发病；在水温24℃以上时，对当年草鱼种有很强的致病力。一些嗜水气单胞菌平时不致病，当水环境条件改变时，就会变成致病菌。赤皮杆菌及腐鳍杆菌从鱼体分离出来时，不发酵乳糖等碳水化合物；但在人工培养基生长一个月以上时，即开始微发酵乳糖；但产酸后不久又产碱。此外，环境改变水生致病微生物的生活方式。许多鱼类病原体对生存环境的适应能力极强，不仅可以营自由生活，也可以营寄生生活。例如，水霉和一些气单胞菌不仅可以从病鱼体中分离到，也可以从健康鱼的体表或体内分离到，甚至可以从水体、底泥和螺蛳体内分离到。

4. 水生病原体的感染特异性

水生病原微生物具有感染一定鱼类、某种鱼类一定器官的特异性，往往感染具有种特异性、组织器官特异性等，如锦鲤疱疹病毒仅仅感染鲤鱼，鳃霉一般只寄生在鱼的鳃组织上，刺激隐核虫（*Cryptocaryon irritans*）可以寄生在许多海水鱼上。此外，不同种类的鱼体对同一种病原体的敏感程度不一样，在免疫学中将这种现象称为种免疫（species immunity）。例如，草鱼鱼种容易感染草鱼呼肠孤病毒，因此草鱼鱼种会因为这种病毒的感染而发生草鱼出血病。但是，即使饲养在同一个池塘中的鲢，由于具有与草鱼不同的生理特性，则不会受到草鱼呼肠孤病毒的感染，因此鲢就显示出对草鱼出血病具有免疫力。

二、宿主

在大多数情况下，水产动物机体的内环境并不适合侵入的病原微生物生长繁殖，或动物体能迅速动员全身的防御力量将该病原微生物消灭，使其不出现明显的病理变化和临床症状，这种现象统称为抗感染免疫（anti-infectious immunity）。病原体侵入并引起机体病理损伤的过程中，也同时伴随着机体的非特异性免疫和特异性免疫反应，以清除体内出现的病原体及其毒性产物，维持机体的稳定和平衡。由于各种病原体的致病特点不同，机体免疫反应的性质也不同。了解抗感染免疫的特点，对传染性疾病的防治具有非常重要的意义。

鱼类本身存在着若干有效防御机制，病原体在侵入鱼体的过程中，机体动员自身的防御力量，进行一系列生理反应，阻止病原体的入侵和生长繁殖，控制其散播，解除病原体的毒害作用，修复其损伤，这个过程称为免疫。机体的免疫功能主要表现为清除非己物质、维持内环境的相对稳定及识别、清除体内突变细胞或病毒感染细胞。一般来说，免疫对感染是相对的，处在动态的平衡中，一旦病原体与鱼体的平衡遭到破坏，鱼体受到病原体袭击，出现病症，免疫便转变为感染。

（一）鱼体本身的免疫防御

水产动物先天具有抵抗病原微生物侵袭的能力，鱼类体表的鳞片、分泌的黏液、鱼体的免疫器官和系统等，都有阻挡微生物进入体内和杀灭微生物的功能。鱼体的免疫力，是由机体免疫机构的防卫能力决定的，分为非特异性免疫（天然免疫）和特异性免疫两种。

1. 非特异性免疫

非特异性免疫是鱼体在长期的进化过程中，由于遗传及生理功能而对病原体具有的抵抗力。一般来说是绝对的，不依赖于以往接触过的任何特殊的病原体，受性别、年龄等影响较小，缺乏特异性，为先天形成的，有遗传性，无记忆性。此外，影响非特异性免疫能力的因素还包括体温、营养条件、呼吸能力、皮肤黏液分泌、吞噬作用、炎症反应能力等。一般而言，病原体在入侵鱼体的过程中会受到鱼体的黏液、鳞片、皮肤等一系列非特异性免疫防御系统的阻止。但是，因为鱼类的种类、个体生理状况不同而呈现出这种阻止能力有强有弱，当鱼体非特异性免疫系统不足以抵挡病原体入侵时，病原体的感染就可能成功，鱼体也就会呈现出疾病的症状。当鱼体的鳞片脱落、皮肤破损、黏液分泌殆尽时，都会导致鱼体防御能力降低。因此，在水产养殖过程中，采取适宜的措施，尽量保护好鱼体的这些非特异性的防御屏障，就能充分发挥鱼体的非特异性防御系统的屏障作用，避免或者减少病原体的感染而导致养殖鱼类发生传染病。鱼类非特异性免疫，主要有细胞防御和体液防御两种。

（1）细胞防御：包括单核细胞、巨噬细胞、粒细胞和非特异性细胞毒性细胞（nonspecific cytotoxic cell, NCC）。巨噬细胞和粒细胞是迁移性吞噬细胞，存在于血液和二级淋巴器官中，在炎症反应中起着特别重要的作用。组织中较少迁移的嗜伊红颗粒细胞，对鳃和肠道等黏膜局部的细菌和蠕虫病原体产生免疫反应，细胞脱颗粒，释放免疫药理性物质。血清、淋巴组织和黏膜中的 NCC，能非特异性地杀死被病毒感染的细胞和寄生的原生动物病原体。

（2）体液防御：鱼类的体液防御因子，主要包括溶菌酶、补体、干扰素、C 反应蛋白、转铁蛋白和凝集素等，属于蛋白质或糖蛋白，分布于鱼类的血清、黏液和卵中，能非特异性地抑制多种微生物的生长。

2. 特异性免疫

特异性免疫是机体受抗原性异物刺激后，机体内的免疫细胞发生一系列的反应，以排除抗原性异物的生理过程。特异性免疫应答是后天获得的，也称获得性免疫。其生物学意义在于及时清除体内抗原性异物，以保持内环境的相对稳定。特点在于具有严格的特异性和针对性，具有一定的免疫期。

鱼体孵出以后，由于自然感染或预防接种而获得特异性免疫，并可由人工方法得以加强。病原体进入鱼体后，征服和战胜先天的非特异性免疫机制后，鱼体通常可以产生针对该种病原体的特异性免疫，从而使鱼类对后入侵的病原体不易感染。特异性免疫的获得主要有种属免疫、先天获得被动免疫、病后免疫和人工接种免疫等。

特异性免疫应答，分为细胞免疫（cellular immunity）和体液免疫（humoral immunity）两种。

（1）细胞免疫：机体 T 细胞在抗原或有丝分裂原的刺激下，活化、增生、分化为致敏淋巴细胞所表现出来的特异性免疫应答。这种免疫应答不能通过血清传递，只能通过致敏淋巴细胞传递，故称为细胞免疫应答。

（2）体液免疫：抗原刺激机体后，引起体内 B 细胞系活化、增生、分化为浆细胞，合成并分泌抗体，抗体与抗原接触后产生一系列的抗原抗体反应，称之为体液免疫。

鱼类同哺乳动物一样，抗原进入鱼体后，要经过一定的潜伏期，才能诱导鱼类产生免疫应答。在潜伏期内，淋巴细胞大量增生、分化，但血清中无特异性抗体。鱼类属变温动物，即使在恒温条件下的潜伏期也较哺乳动物的长，一般为 7～10 天。在适宜条件下，经过潜伏期后，血清中出现特异性抗体，且抗体滴度可维持一定的时间，称为效应期。从潜伏期至效应期的长短，与环境温度、鱼类品种、抗原的类型和免疫途径有关。

鱼类的免疫记忆是根据哺乳动物的免疫应答来定义的。鱼类初次应答时间较长，甚至在初次免疫后 80 天，草鱼血清中还含有较高水平的抗呼肠孤病毒的中和抗体。鱼类也存在免疫记忆，免疫记忆产生的时间长短和有无与环境温度有着密切关系。二次免疫后，需要经过较长的时间才能产生免疫记忆，但记忆反应较哺乳动物的低，所产生的抗体滴度只增强 2～8 倍，而哺乳动物呈几何级数增加。也有一些鱼类，如硬头鳟等二次免疫产生的抗体对抗原的亲和力几乎不变，二次免疫应答与初次应答的抗体效价几乎相同，这与哺乳动物二次免疫产生的抗体存在显著差异。

与哺乳动物相同，鱼体的特异性免疫和非特异性免疫也不是决然分开的，它们相互联系、相互配合、相互促进，当一种病原体（抗原）突破外部防线进入体内后，特异性免疫和非特异性免疫可同时发生。

（二）免疫防御的影响因素

在致病生物的影响下，养殖鱼类是否发病与鱼群本身的易感性和抗病力有密切关系，易感鱼群和体弱鱼的存在是疾病发生的必要条件，实质上是鱼体缺乏免疫力所致。

1. 种群因素

各种生物对某些病原体，特别是微生物病原体常有"种"的不耐受性，这种免疫能力与生物的进化有关。鱼类也是如此，如鲢、鳙不感染或极少感染细菌性肠炎，也不会发生病毒性出血病；同样，草鱼很少患多态锚头鳋病。近年来，我国对虾种苗抗病力下降明显，对虾种质退化问题突出。

2. 个体因素

同一养殖动物种群中，不同个体对疾病有不同的感受性，这种能力与个体的健康状况，亦可能与其遗传因子有关，包括种属免疫、先天获得被动免疫、病后免疫和人工接种免疫等。在同一个池塘中的同种、同年龄鱼中，通常健康鱼不易患病，体弱鱼易患病。

3. 年龄因素

一般情况下，1龄以内的鱼比多龄鱼更容易感染疾病，对病原体的抵抗力不如多龄鱼强。可能因为1龄以内的鱼免疫机能不成熟，影响到抵御外来抗原的能力，并且在成长过程中，鱼体会接触到一系列的病原体，产生抗体并有特异性免疫力。某些疾病的发生和消亡与鱼的年龄有关，或仅仅在某个年龄段才患某种疾病。例如，细菌性白头白嘴病通常只在6cm以下的鱼种中发病；九江头槽绦虫（*Bothriocephalus gowkongensis*）仅使10cm以下的草鱼种发病；痘疮病发生在2龄以上的鲤。

4. 营养因素

营养因素主要影响养殖动物对传染因子的易感性。当鱼摄食不足、缺乏营养、体质下降时，对各种细菌病的感染率增高。近几年，研究发现水产动物肠道菌群的失调，是对虾传染病暴发流行的重要因素之一。

5. 环境因素

影响水产养殖动物的环境因素主要有温度、溶解氧、水质等。

（1）温度：温度对变温脊椎动物免疫系统的早期进化起重要作用。环境温度对鱼类免疫反应有明显的影响。一般来说，鱼类在夏季时可获得最好的免疫应答。当然，鱼类免疫应答的不同，应根据鱼类是否是冷水性、中温水性和暖水性的品种而定。在免疫学上，获得最佳免疫应答的温度范围称为允许性温度。低于这一温度但仍在生理范围内的温度（非允许性温度），将会产生免疫抑制。

（2）溶解氧：鱼体内氧通过血液中同血蛋白结合的呼吸色素传递。鱼类血液的载氧量略低于人，但鱼的全血量比人少得多，仅为体重的1%~3%（人为6%~7%）。因此，鱼对氧的需求也是很敏感的，在缺氧的条件下，体内CO_2含量增高，pH发生变化，有毒物质累积，引起代谢失调或紊乱。在这种条件下，抵抗力下降，易受病原体侵袭。

（3）水质：水质好坏，除影响含氧量外，其中有毒物质能够直接影响到机体的抵抗力。鱼在生活过程中，不断向水中排泄代谢产物，如组织胺等，也妨碍鱼的正常生活。污染的水质为病原微生物创造了有利的繁殖环境，病原微生物越多，越易使鱼感染生病，因此要尽量改善水质，以减少病原微生物。

（三）免疫抑制

在实际生产中，人们发现水产动物的免疫抑制现象除了与某些化学药物、微生物的代谢产物、营养状况和饲养管理等因素有关外，与多种病原体感染的关系也极为密切。病毒感染后，可通过以下途径导致动物机体的免疫抑制，即直接感染T细胞和B细胞并损伤其功能，从而抑制正常的免疫应答反应；感染免疫器官后可能导致正在成熟的淋巴细胞克隆损伤而形成特异性免疫耐受现象；某些病毒能够感染特殊的抗原呈递细胞，通过直接杀伤作用或诱导免疫病理反应影响细胞的功能，造成对多种抗原的普遍免疫耐受而抑制细胞免疫和体液免疫；此外，部分病毒感染机体后可诱导抑制抗病毒免疫应答分子的产生等。

临床上有些病毒感染以诱发机体免疫细胞损伤为主，仅在特定条件下才出现明显的临床表现；而另一些病毒在感染早期、临床症状出现前以诱发免疫损伤为主，随着疾病发展则可能出现该病的典型临床表现。虽然有些病毒感染后不出现明显可见的临床表现和病理变化，但它们诱发机体的免疫抑制状态足以给动物群带来非常严重的影响，导致感染动物出现不同程度的继发感染、二重感染或多重感染，从而使疫病发生连绵不断，治疗极为困难。目前发现可引起机体免疫损伤的动物病毒包括疱疹病毒病等。除了病毒感染外，某些细菌感染（如嗜水气单胞菌感染）、真菌及其代谢产物和某些抗生素及化学药物也可损伤免疫器官或免疫细胞，从而引起机体免疫应答反应能力降低。

三、环境条件

导致水产动物传染病的环境因素很多，特别是养殖环境的恶化，归纳起来主要有以下4个方面。

（一）水温

温度是水产养殖动物疾病发生的关键影响因子，它不仅影响水产养殖动物的生长，同时也影响病原体的繁殖。当温度适合养殖动物的生长，不利于病原体的生长和繁殖时，疾病一般不易发生；反之，极易发生疾病。温度还影响疾病的潜伏期，如果温度不利于病原体的繁殖（增殖），则呈潜伏感染。例如，鲤春病毒血症，水温12℃左右时，鲤被鲤春病毒（*Rhabdovirus carpio*）感染后，极易发病；水温20℃左右时，鲤感染鲤春病毒后也不易发病，呈潜伏感染或成病毒携带者。

（二）溶解氧

水质和底质影响养殖池水中的溶解氧，并直接影响水产养殖动物的生长和生存。各种水产动物对溶解氧的需要量不同，鱼虾类正常生活所需的溶解氧约为4mg/L以上。当溶解氧不足时，鱼虾的摄食量下降，生长缓慢，抗病力降低。当溶解氧严重不足时，鱼虾就大批浮于水面，称为浮头。此时，如果不及时采取增氧措施，溶氧量继续下降，鱼虾就会窒息而死，称为泛池。发生泛池时水中的溶氧量随着鱼虾的种类、个体大小、体质强弱、水温、水质等的不同而有差异。患病的鱼虾特别是患鳃病的鱼虾，对缺氧的耐受力特别差。

（三）酸碱度

大多数水产动物对水的酸碱度（pH）有较大的适应能力，但以pH 7~8.5为最适宜。偏酸的水质一般不利于养鱼，一些酸性土壤的山区，养鱼池水的pH常为5~6.5，养殖鱼生长缓慢，体质瘦弱，极易发病，尤其易患嗜酸卵甲藻病，俗称打粉病。

（四）水中化学成分和有毒物质

正常情况下，水中化学成分主要来自土壤和径流，如钠（Na）、钾（K）、钙（Ca）、铁

（Fe）、镁（Mg）、铝（Al）等常见元素和SO_4^{2-}、NO_2^-、PO_4^{3-}、HCO_3^-、SiO_3^{2-}等阴离子，是生物体生活生长的必需成分。而水产养殖过程中，常由于污染导致水中化学成分改变。池塘中由于饵料残渣和鱼虾粪便等有机物质腐烂分解，产生许多有害物质，使池水发生自身污染，这些有害物质主要为氨和硫化氢。

除了养殖水体的自身污染以外，有时外来的污染更为严重。这些外来的污染一般来自工厂、矿山、油田、码头和农田的排水。工厂和矿山的排水中大多数含有重金属离子（如汞、铅、镉、锌、镍等）或其他有毒的化学物质（如氟化物、硫化物、酚类、多氯联苯等）；油井和码头往往有石油类或其他有毒物质；农田排水中往往含有各种农药；这些有毒物质都可能使水产养殖动物急性或慢性中毒。

四、病原体、宿主和环境的关系

（一）病原体

病原体在宿主上必须达到一定的数量时，才能使宿主生病。有些病原体（如细菌）侵入宿主后开始增殖，达到一定数量后，宿主就显现出症状。从病原体侵入宿主体内后到宿主显现出症状的这段时间称为潜伏期。各种病原体一般都有一定的潜伏期，了解疾病的潜伏期，可以作为预防疾病和制订检疫计划的依据和参考。但是应当注意，潜伏期的长短不是绝对固定不变的，它往往随着宿主健康状况和环境因素等的影响而有所延长或缩短。

（二）宿主

水产动物传染性疾病发生与否，与宿主本身的健康状态及对病原的敏感性（sensitivity）有重要的关系。宿主的免疫机能、遗传性质、生理状态、营养条件、年龄和生活环境等，都能影响宿主对病原体的敏感性。如果宿主自身的免疫防御能力较强，相应地就能抵御不良环境的影响，不容易发病；反之，则容易生病。同一病原体，对不同种类的宿主所形成的危害不同，这与宿主的遗传结构不同有关。宿主本身先天的或遗传的缺陷，如畸形或在捕捞、运输和饲养管理过程中的机械损伤，易引起各种生理障碍或者由于各种病原微生物的侵入以致死亡。投喂的饲料数量或饲料中所含的营养成分不能满足养殖动物维持生活的最低需要时，饲养动物往往生长缓慢或停止，身体瘦弱，抗病力降低，严重时就会出现明显的症状甚至宿主死亡。成熟的个体因其免疫系统发育得较为完善，对于病原体的抵抗能力较强。

（三）外界环境

水体环境中的生物种类、种群密度、饵料、光照、水流、水温、盐度、溶氧量、酸碱度及其他水质情况，都与病原体的生长、繁殖和传播等有密切的关系，也严重地影响着宿主的生理状况和抗病力。外界环境条件可分为自然因素、人为因素和生物因素三个方面。

1. 自然因素

自然因素主要包括气候条件、光照条件、水源水质条件。各种养殖动物的正常摄食生长，均有其对自然因素，如光照、水温、pH、溶解氧、酸碱度及矿物质等的特定要求，如果自然因素能处于养殖动物所需最适条件，养殖动物能保持正常摄食、生长，其传染病发生率下降；如果自然因素超越养殖动物所需最适条件，养殖动物产生应激反应，则影响其正常活动及生长，从而导致体质下降，对病原入侵抵抗能力下降，对环境变迁的抵抗力下降，易导致疾病的暴发；当自然因素超越养殖动物耐受界限时，养殖动物死亡。同样，自然因素对病原体的生长、繁殖亦起决定作用，当自然因素适宜病原体时，病原体迅速大量繁殖，对养殖动物的侵袭感染概率及能力加强，易导致养殖动物传染病发生，而当自然因素不适宜于病原体时，病原体生长、繁殖甚至生命受到阻碍，对养殖动物的侵袭概率及能力下降，养殖动物传染病发生率亦下降。

2. 人为因素

人为因素主要包括放养密度、池塘设施条件、管理措施等。养殖水体对养殖动物容量具有一定范围，在适宜范围内养殖动物能正常活动，超越水体容量，则限制了其活动，从而减弱其对环境适应能力，抑制了养殖动物生长、发育，养殖动物的体质下降，为传染病发生创造了条件。设施条件亦直接影响水体条件，如果池塘排灌方便，则能保持良好养殖水环境，减少传染病发生；在池内加设增氧机，不但能保持池水溶解氧，同时对一些有害物质的氧化具有决定作用。养殖中的管理措施为人为因素中最重要的内容，如养殖中投饵方式、水质控制、疫病防治措施等直接影响养殖动物疾病的发生。

3. 生物因素

生物因素主要包括水产养殖环境中的病原生物、微生物、浮游植物、浮游动物及其他养殖品种，这些生物有些能消除残饵、粪便，有些能改良水质，有些为养殖动物饵料，而有些为养殖动物的致病生物。养殖中应保持有益生物占绝对优势，抑制有害生物生长，从而保持优良环境，减少传染病发生率。

总的来说，水产动物传染病的发生，可以是单独一种病因的作用，也可以是几种病因混合的作用，并且这些病因往往有互相促进的作用。水产动物传染病的发生和发展是病原体、宿主和环境条件三者之间相互影响、相互作用的结果。由于不同养殖动物、不同个体在食性、性别、年龄、营养等状况和内分泌特点方面存在差异，动物体内化学物质组成也不一样，有些动物体内环境适宜于某种病原体繁殖，因此，就容易感染这种病原体而生病，而另一些体内环境就不一定适合这种病原体繁殖，就显示出对这种病原体感染具有抵抗能力。在诊断和防治传染病时，必须全面考虑这些关系，才能找出其主要病因所在，采取有效的预防和治疗方法。

第四节 水产动物传染病的发展规律

一、传染病的特征及必要条件

（一）传染病的发生

水产动物传染病是指由特定病原微生物引起的，有一定潜伏期和临床表现并具有传染性的疾病。当机体抵抗力较强时，病原微生物侵入后一般不能生长繁殖，更不会出现传染病的临床表现，因为水产动物能够迅速动员机体的非特异性免疫力和特异性免疫力而将该侵入者消灭或清除。鱼体对某种病原微生物缺乏抵抗力或免疫力时，则认为对该病原体具有易感性（susceptibility），而具有易感性的动物常被称为易感动物。病原微生物侵入易感动物机体后可以造成传染病的发生。

（二）传染病的特征

在临床上，不同传染病的表现千差万别，同一种传染病在不同种类动物上的表现也多种多样，甚至对同种动物不同个体的致病作用和临床表现也有所差异，但与非传染性疾病相比，传染性疾病具有一些共同的特征。

1. 传染病是由病原微生物引起的

每种传染病都由特定的病原体引起，如草鱼出血病毒感染草鱼引起草鱼出血病、柱状黄杆菌感染草鱼导致烂鳃等。

2. 传染病具有传染性和流行性

病原微生物能在患病动物体内增殖并不断排出体外，通过一定的途径再感染另外的易感动物而引起具有相同症状的疾病，这种使疾病不断向周围散播传染的现象，是传染病与非传染病区别的一个重要特征。在一定地区和一定时间内，传染病在易感动物群中从个体发病扩展到整个群体感染发病的过程，便构成了传染病的流行。

3. 感染动物机体可出现特异性的免疫学反应

感染动物在病原体或其代谢产物的刺激下，能够出现特异性的免疫生物学变化，并产生特异性的抗体和（或）变态反应等。这些微细变化或反应可通过血清学试验等方法检测，因而有利于病原体感染状态的确定。

4. 传染病耐过动物可获得特异性的免疫力

多数传染病发生后，没有死亡的患病动物能产生特异性的免疫力，并在一定时期内或终生不再感染该种病原体。

5. 被感染动物有一定的临床表现和病理变化

大多数传染病都具有其明显的或特征性的临床症状和病理变化，而且在一定时期或地区范围内呈现群发性疾病的表现。

6. 传染病的发生具有明显的阶段性和流行规律

个体发病动物通常具有潜伏期、前驱期、临床明显期和恢复期4个阶段，而且各种传染病在群体中流行时通常具有相对稳定的病程和特定的流行规律。

（三）构成传染病的必要条件

为了确定动物疾病的性质，除了根据传染病的传染性和流行性进行判断外，还要明确构成传染病的必要条件。为此，可按照科赫曾经提出的4条基本原则[又称科赫法则（Koch's postulate）]规定的程序和方法进行操作和判定。

（1）在患病动物机体内发现有某种特定的病原微生物，且该微生物在体内分布应与临床上观察的病灶相符合。

（2）该种微生物在体外能够被分离培养和纯化，而且还能够继续增殖和传代。

（3）所分离的纯培养物接种易感动物时，能产生与自然病例相同的症状和病理变化。

（4）在上述人工发病易感动物体内，重新分离的微生物应与原来接种的微生物相同。

科赫法则对鉴定一种新传染病的病原体具有重要的指导意义，但也有一定的局限性。在实际工作中应注意某些特殊情况，如目前还无法分离培养的病原体、感染后不引起明显临床症状的病原体。近年来，随着分子生物学和免疫学的发展，病原体检测方法和技术得到很大的改进，再加上对动物本身因素和环境条件与传染病发生发展间关系的深入研究，科赫法则也得到了不断充实。

二、传染病的病程发展规律

(一) 传染病的病程

虽然不同传染病在临床上的表现千差万别，但个体动物发病时的病程经过具有明显的规律性，一般分为潜伏期（incubation period）、前驱期（prodromal stage）、临床明显期（clinical period）和转归期（conversion period）4个发展阶段。

1. 潜伏期

潜伏期是指从病原体侵入机体开始，直到该病临床症状开始出现时的一段时间。不同传染病的潜伏期长短差异很大，且由于不同种属、品种或个体动物对病原体易感性不同，以及病原体的种类、数量、毒力、侵入途径或部位等方面的差异，同种疾病的潜伏期长短也有很大差别。尽管如此，传染病的潜伏期还是具有相对的规律性，如鲤鱼疱疹病毒的潜伏期为2~3周、草鱼出血病的潜伏期为3~10天等。通常急性传染病的潜伏期较短且变动范围较小，亚急性或慢性传染病的潜伏期较长且变动范围也较大。

了解传染病潜伏期的主要意义是：潜伏期与传染病的传播特性有关，如潜伏期短的疾病通常来势凶猛、传播迅速；帮助判断感染时间并查找感染的来源和传播方式；确定传染病封锁和解除封锁的时间以及在某些情况下对动物的隔离观察时间；确定免疫接种的类型，如处于传染病潜伏期内动物需要被动免疫接种，周围动物则需要紧急疫苗接种等；有助于评价防治措施的临床效果，如实施某措施后需要经过该病潜伏期的观察，比较前后病例数变化便可评价该措施是否有效；预测疾病的严重程度，如潜伏期短促时病情常较为严重。

2. 前驱期

前驱期是指传染病的临床症状开始出现后，直到该病典型症状显露的一段时间。不同传染病的前驱期长短有一定差异，有时同种传染病不同病例的前驱期也不同，但该期通常只有数小时至一两天。临床上患病动物主要表现是体温升高、食欲减退、精神异常等。

3. 临床明显期

临床明显期又称为发展期，是指传染病发展的高潮期。该阶段是传染病发展和病原体增殖的高峰阶段，此时典型临床症状和病理变化也相继出现，因而进行临床诊断比较容易。同时，由于患病动物体内排出的病原体数量多、毒力强，故应加强发病动物的饲养管理，防止病原微生物的散播和蔓延。

4. 转归期

转归期又称为结局期，指疾病发展的最后阶段。此时如果病原体的致病能力增强，或动物体的抵抗力减弱，则疾病以动物的死亡而告终。如果动物体获得了免疫力，抵抗力逐渐增强，机体则逐步恢复健康，表现为临床症状逐渐消退，体内的病理变化逐渐消失，正常的生理机能逐步恢复。在疾病转归期，机体能够在一定时期内保留免疫学反应，同时在机体内也存在有病原微生物，但这种免疫学反应和带菌（毒）现象存在时间的长短则与传染病的种类有关。

(二) 传染病的结局

水产动物传染病在自然发展或采取医疗措施的情况下，其最终结局不外乎以下3种。

1. 完全恢复（complete recovery /full-recovery）

水产动物机体内病原体消除，症状消失，机能、代谢和形态结构完全恢复。

2. 不完全恢复（incomplete recovery）

传染病的主要症状已经消失，但机体的机能代谢还遗留着一定的障碍（虽然它们已经暂时取得代偿），或者在形态结构上还遗留下持久的病理状态（如罹患器官的摘除等），机体的正常活动多少受到一定的限制。

3. 死亡（death）

水产动物机体生命活动和新陈代谢终止。

患病机体恢复健康是有一个过程的，在这个过程中，机体表现出消除病原体及其对自身的作用，以及一系列的抵御病原体和修复抗病力的反应，使机能、代谢和形态结构的损伤得到恢复，而医疗措施就是为机体恢复健康创造有利条件。机体恢复健康的机制，主要为防御机能的增强、免疫的形成、受损组织的修复、机能的代偿及代谢的调节等。

然而，真正要在疾病过程中截然分期是有一定困难的，必须根据具体情况而定，并且病程的划分还常受各种因素的影响而转化。

（三）病程进展的影响因素

水产动物传染病的过程长短不一，这取决于病原体的性质、有机体本身的特性及周围环境。具体来说，与传染病类型、病原体种类和数量、毒力、侵入途径、机体的免疫力和水温等有关。

1. 传染病类型

生物性传染病多有一定的潜伏期和发展期，病程进展与多种因素有关。此外，非生物性病因，如机械损伤也可造成鱼类继发性传染病大量而迅速的死亡。

2. 病原体种类和数量

病原生物在适宜的外界环境条件下，迅速繁殖，达到一定数量后可引起水产动物机体表现出病症。一般毒力越强的病原生物，引起机体感染所需的数量越少；毒力弱的，则需要大量的病因生物才引起感染。

3. 水产动物机体的免疫力

一般来说，同一种群中，体质弱、幼年个体病程发展较快，体质强的成熟个体免疫力相对较强，对病原体的耐受力强。

4. 侵入途径

一般来说，对于传染性病原体，注射感染比浸浴感染及口服感染更能刺激鱼体患病或产生抗体。

5. 水温

水产动物体温，总是同鱼所处的水温相适应，或者仅相差1℃的十分之几而已。因此，水温的改变影响到鱼体温度的改变，就影响传染病病原体的发育和潜伏期的时间。此外，导致水产动物传染病的环境因素还有很多，如溶解氧、酸碱度、水中化学成分和有毒物质等。

第二章 水产动物的流行病学

流行病学是水产动物传染病学的重要内容之一，同时水产动物流行病学也是制定科学预防传染病的基础。因此在本章的学习过程中，除要求掌握流行病学基本概念、任务和基本理论外，还应把握以下几个方面的内容，即研究流行病学基本原则及其主要方法、传染病的流行规律。该章的重点内容是水产动物流行病的研究原则、方法及流行规律等。

第一节 水产动物流行病学及其发展简史

一、概述

（一）流行病学

流行病学（epidemiology）是在人类预防疾病和促进健康的过程中发展起来的。随着人类对疾病认识的深入、人群疾病谱的变迁，流行病学作为公共卫生和临床医学的专业学科，其概念和研究范围亦日益发展、步入成熟。因此，流行病学最初是医学的一门分支学科，主要研究疾病的生态学及防治对策。流行病学在其发展过程中形成了许多分支学科，按研究内容不同可分为分子流行病学、临床流行病学、肿瘤流行病学等，各分支流行病学的基础是现代流行病学的理论和方法。按研究对象分为医学流行病学、兽医流行病学、水产流行病学、植物流行病学等。而针对动植物健康的宗旨反映了所有这些分支流行病学均服务于预防和控制动植物疾病的发生、改善其健康水平这一公共卫生大目标。医学流行病学的一些基本概念，可以追溯到 2000 年前 Hippocrates 学校的卫生实践，Hippocrates 对流行病学的贡献在于他提出的"环境在疾病的发生中起重要作用"这一理论，强调物理因素对健康和疾病的影响。18 世纪，英国的 John Graunt 应用卫生统计学理论对英国的死亡率周报进行分析，其目的是向大众报告疾病的流行程度。1947 年，James Lind 进行了流行病学史上第一项实验流行病学研究，证明了维生素 C 缺乏与坏血病有关。近年来，水产养殖业正面临着河蟹颤抖病、鲫造血器官坏死病、虾早期死亡综合征等新发和再现传染病的威胁，迫切需要我们用流行病学的研究方法，从环境和分子生物学角度掌握水产动物疾病发生和死亡的原因及危险因素，探索和评价针对性的防控措施，改善和提高我国人民生活质量和水产品食品安全，以及对全球公共卫生有重要意义。

（二）水产动物流行病学及其任务

1. 水产动物流行病学

水产动物流行病学（aquatic epidemiology）主要关注疾病不同时间、地点和鱼群的表现形式。流行病学是疾病预防的一个重要组成部分，是制定科学预防疾病措施的基础。水产流行病学是水产养殖业者在不断地同严重危害养殖动物健康的各种疾病作斗争中发展起来的。

当严重的传染病在水生动物中广泛流行时，就会给养殖业者带来重大的经济损失，人们针对水生动物传染病进行深入的流行病学调查研究，采取相应的防治措施。迄今为止，水生动物的一些主要传染病已经逐渐找到有效控制方法。此外，人们还从流行病学的角度进行促进水产养殖鱼类的健康状态的研究。水产动物流行病学是指研究养殖鱼群中疾病与健康状况的分布及其影响因素，并制订防治疾病及促进健康的策略和措施的科学。水生动物医学不仅与水产养殖学、遗传育种学、营养与饲料学等学科发展相关，而且水产动物流行病学对水生动物医学发展的贡献具有特殊价值和意义。

2. 水产动物流行病学的任务

水产动物流行病学的研究范围不仅是研究防治水产动物疾病的具体措施，更应研究防治传染病的对策，以达到有效地控制或预防鱼类疾病、促进和保障水产养殖业健康可持续发展。研究对象是养殖鱼类，包括各型患病和健康的水生动物。主要研究方法是到养殖现场进行调查研究；其任务是探索病因，阐明分布规律，制定防治水生动物传染病对策，并考核其效果，以达到预防、控制和消灭水生动物疾病的目的；同时，水产动物流行病学的任务还有在预防鱼类疾病的同时，提升水生动物福利水平，达到在健康养殖的前提下提高水产品品质的目的，最终为消费者提供更多、更安全、高品质的水产品。

近年来，水产动物流行病学任务和应用范围不断扩大。一是体现在研究疾病种类的增加，除常见的寄生虫、细菌和病毒性疾病研究之外，新发现的传染病、营养型疾病、遗传性疾病等病因和防治方面的研究将会大量增加。二是跨学科、跨行业的研究增加，21世纪人们对水生动物医学的需求形式将会有较大改变，从传统的因病看病过渡到无病防病，从单纯防病到健康养殖与维护动物福利。随着水生动物医学水平的提高，健康养殖和动物福利将成为传统水生动物医学的延伸。随着水生动物防疫体系的逐渐健全，水生动物疾病防控的形式也将从传统政府统筹发展为个人、社会、国家三位一体的模式。在这种形势下，水产动物流行病学将在健康养殖、公共卫生管理、预防医学等诸多领域有较大发展。

二、水产动物流行病学的发展简史

水产动物流行病学一直把预防和控制水产动物疾病作为学科的主要目标。在水生动物医学发展过程中，许多鱼类疾病无论是传染病还是原因不明疾病的流行，均依据流行病学研究的成果得到控制。从20世纪50年代，我国早期鱼病研究者倪达书先生等针对在江浙地区养殖的草鱼鱼种发生病毒性疾病，提出开始使用"组织浆土法疫苗"预防草鱼出血病，陆续有研究人员对草鱼鱼种的出血病进行流行病学调查，特别是水温、养殖环境、饲料等因素与这种疾病流行关系的研究与描述，到"草鱼防病养殖法"的研究与成功应用等，无不渗透着初始的水产流行病学基本原理和方法。经过十几年精钻细研，最终成功地分离、鉴定了草鱼出血病的病原呼肠孤病毒，而且还成功地开发出了细胞灭活疫苗和弱毒活疫苗。最近几年，在我国部分养殖区出现的鲤春病毒血症（SVC），已经造成了部分养殖业者在经济上的损失。在扑灭疫情的过程中，从渔业行政主管部门到地方水生动物疫病防御机构，先后对省、市、县的预防、治疗、检验等专业人员进行培训。对从事疾病预防控制的人员进行现场鱼病流行病学、疾病检验检疫、病理报告的技术培训；对水生动物疾病防疫人员进行SVC的临床资料收集、管理和分析方面的培训；对试验技术人员加强试验室检测能力，保证试验室信息与鱼病流行病学和临床方面的信息相结合的培训；加强对从事水产动物流行病学调查、监测、防治等人员鱼类传染病基本知识，水产流行病学知识，预防与控制措施，消毒、隔离、防疫等知识与技能，以及相关法律、法规的培训等，均以水产流行病学的基本原理及方法作为主线，这些人员无论在当时以至今后都将成为我国突发水生动物卫生事件应急处置的骨干力量。对SVC的防控，更体现了全国各省进行技术合作交流，共同应对水产动物疾病流行的新形势、新特点。

水产动物流行病学与其他相关学科密切配合，在全国水产养殖区域内，对一些危害养殖鱼类的重要疾病，如鳃隐鞭虫病，均找到了有效控制的方法，现在在主要养殖区域能有效控制这些疾病的流行。在我国，水产流行病学的先驱倪达书等1963～1970年对湖北等地区鱼病流行学的调查，对控制我国主要养殖鱼类疾病的流行起到了重要作用。20世纪五六十年代，我国在鱼类寄生虫病的流行病学研究中取得成就，这一时期正是水产流行病学的快速发展期。中华人民共和国成立后的水产流行病学理论和实践工作者，在其中发挥了不可忽视的作用。许多危害养殖鱼类健康的重要疾病的预防措施，主要依据水产流行病学研究的结果制定。60年代，国内学者采用流行病学方法，证实了草鱼鱼种吞食水蚤是发生九江头槽绦虫病的重要原因，时至今日依然是人们预防和控制这种疾病的主要依据。因为许多鱼类疾病的流行与遗传的关系至今尚未找到确切的生物学证据，因此，其预防鱼类疾病的策略也主要依靠水产流行病学研究的成果。鱼病防御措施制定者与水产流行病学家相结合，是当今世界各国在鱼病疾病控制过程中共同采用的形式。在我国，为适应鱼类疾病预防的工作实践，许多水产动物流行病学研究已从单纯寻找病因和危险因素，扩展至养殖环境干预的综合防治和促进健康养殖。我国当前提倡健康养殖的措施主要包括鱼类苗种场检疫、实施免疫预防、投喂全价饲料、放养密度合理等，均来自于大量鱼病流行病学研究成果，已经得到广大水产养殖业者的肯定和好评。

第二节 水产动物流行病学研究的原则和范围

目前，水产动物流行病学尚未形成一门独立学科，水产传染病流行的研究方法主要是采用兽医流行病学的基本方法进行的，最终为鱼类疾病防治提供依据。近年来，不少水产动物疾病研究者在水产动物流行病学方面取得较大研究成果。水产动物流行病学研究的基本原则与范围主要有以下几个方面。

一、水产动物流行病学研究的基本原则

（一）坚持传染病防治的原则

水产动物流行病学研究始终要坚持围绕传染病病原、动物宿主和传播途径等基本要素，要不断系统全面开展水产病因学、水生动物群、流行病调查和数学统计学分析等，坚持传染病防治的基本原则开展相关研究工作，在水产动物疾病防治生产实践过程中要予以足够重视。

1. 病因学分析

水产动物传染病分布原因是流行病学研究的基本内容之一。除病原生物性因素外，其他环境因子对疾病发生十分重要。因此，为准确探索病因分布并达到预期防控目的，水产动物流行病学在传染病病因学研究中要以一些流行病学研究的基本理论作指导，坚持开展水产病因流行病学研究。例如，水产动物流行病学的病因是导致传染病频率发生改变的重要因素，

在疾病病因推断时要遵循从关联到因果的逻辑关系，总结归纳疾病因果关联的证据等，这一基本原则已成为水产动物疾病学等学科进行病因学研究时的重要依据。往往一病多因导致病因链和病因网复杂，临床上表现为水产疾病多病因模型特征，把多因素模型中能够使疾病风险增加的因素归类为危险因素或危险因子，把暴露于危险因素的水产动物群称为危险动物群等，在水产疾病预防和控制，特别是针对原因不明疾病的防治中具有非常积极的作用。

水产流行病学研究的各种方法围绕的一个核心内容就是探讨水产动物疾病流行的原因，而探讨疾病病因的目的就在于预防疾病。此外，水产动物流行病学的病因概念不同于水生动物临床兽医学，当一个水生动物临床兽医师知道嗜水气单胞菌是淡水鱼类细菌性败血症的致病菌时就已经十分满足，因为消灭嗜水气单胞菌就可以治疗这种疾病。但是，水产流行病学研究者必须知道养殖环境中什么因素是与该疾病发生有关的，因为嗜水气单胞菌在养殖水体甚至健康的鱼体内都是存在的，只是作为淡水鱼类细菌性败血症的条件致病菌。当一种鱼类的疾病病因明确时，可以针对病因采取措施；当病因不明确时，水产流行病学仍致力于探索使疾病发生频率增高的相关环境因素，只有针对这些环境因素采取措施，才有可能真正控制鱼类疾病的流行。

2. 水产动物群

水产动物流行病学是研究疾病或相关事件在水产动物群体现象的学科之一。水产流行病学研究的动物群，主要是人工养殖在养殖场或者网箱等养殖设施中的水产动物，主要考虑如何保护易感动物。近年来，在水产动物传染病研究中，往往利用分子生物学技术研究水产动物群体疾病现象和特征，最终目标是为了解探明这些微观现象的宏观分布特征，即分子流行病学要聚焦动物传染病群体研究。水产流行病学研究的对象是水产动物群，包括健康动物、患病动物和病原携带者等，流行病学研究的结论也只是适用于动物群体。值得一提的是，水产动物流行病学认为车轮虫会导致鱼类发生车轮虫病，是指从鱼类群体意义上讲，带有车轮虫的鱼体容易患车轮虫病，但是就水产动物个体而言，可能终生携带车轮虫而未患车轮虫病。

3. 切断传播途径

水产动物流行病学研究的最终目标主要是为了传染性疾病预防和控制，因此，水产动物流行病学从一开始就坚持预防疾病原则，最终有效地控制传染源、保护易感动物和切断传播途径。水产流行病学研究的一个重要内容就是探讨水产动物疾病流行的传播方式和途径，而探讨疾病传播方式的目的就在于预防疾病，最终切断传播途径。对具有危险因素的水产易感动物群采取积极的预防手段，及时切断传播途径，可以达到早期预防鱼类疾病的目的。

（二）流行病学分析

基于水产动物传染病现场调查分析，主要从环境和传播方式、传染病分布入手进行研究。为了探明水产动物传染病的发生和转归、传播途径和环境因素影响，往往要开展调查和描述、对比原则等相关流行病学分析研究。

（1）调查和描述：水产流行病学调查一般是在现场进行调查，但是流行病现场的影响因素较多。流行病学研究的场所自然是养殖现场，水产流行病学研究包括现场调查、试验室检查，两者相互结合以便为现场调查、疾病诊断分析提供准确数据。有时要结合流行病学试验，主要是在自然情况下控制条件进行的现场试验，后者以一个特定水产动物群组为观察单位，如一个养殖场或鱼塘。

调查和描述是水产流行病学研究有别于其他各类研究的突出特点，这种研究能从宏观的立场出发,站在全局的高度,审视患病动物与健康动物群的分布特征。水产流行病学研究始终从描述养殖环境卫生事件在不同时间、地点以及不同鱼群的分布作为起始点,从分析造成该分布特点的原因中找到预防和控制水产动物疾病流行或增进养殖动物健康的方法。水产动物流行病学研究者必须具备实事求是、具体情况具体分析的思路,真实地全面展现事件的本来面目,客观地反映疾病的本质,否则无论采用何等精确的统计分析方法都不会得到有价值的结论。

(2)对比原则:是水产动物流行病学研究的基本方法,因为任何流行病学结论均来自于对比资料。水产流行病学的重要目标是揭示水产动物疾病在养殖鱼类中分布特征的原因,流行病学研究对比的方式可归类为两种:一类是按结局分,如比较有病和无病、有效与无效、康复与死亡等组间因素是否有差别;另一类按因素分,如暴露与非暴露、预防与非预防、药物治疗和对照以及不同地区、不同动物群、不同时间鱼类疾病或其他环境卫生事件的差别。由于影响疾病发生和转归的因素较多,如果不采用对比的方法,很难说明是哪一个因素对鱼类疾病的发生和转归起关键作用。

(3)生物统计学:水产动物流行病学研究的逻辑思维、分析方法等都是建立在概率论和统计学的基础之上的,在疾病诊治中进行外部真实性和内部真实性的生物统计学分析。一方面水产动物流行病学研究大多是基于样本的研究,由样本的经验推论到总体,就必然存在真实性的问题,通常人们称之为外部真实性。另一方面即使是对一个局限的甚至是同质的相对总体进行研究,由于生物学指标变异性的作用,该水产动物群中每一个体或每一个体重复测量值亦不可能恒定不变,研究对象得到的结果是否为样本动物群的真实结果,这称之为内部真实性。在这一理论基础之上,水产流行病学研究从收集资料、统计分析到经逻辑推理最终得到的很少有绝对肯定或绝对否定的结论。水产流行病学研究常常采用各种概率作为指标,其含义即为可能发生某种传染病的群体中已发生该疾病的概率。无论是绝对值或是相对数,水产流行病学一般均以可信限或可信区间表述其概率特征,而为了排除生物学指标变异性对结果的影响,在水产流行病学推理之前,都要对获得的数据进行统计学处理。

二、水产动物流行病学的研究范围

(一)水产动物疾病学

1. 疾病病因探索

水产动物疾病学各个领域对流行病学均比较重视的原因,就在于它能够提供鱼类疾病的病因线索。因为明确水产疾病的病因是找到针对性防治对策的主要依据,因此水产动物疾病才能得到控制。明确水产动物疾病病因是重要前提条件,这在许多水产动物传染病的预防和控制中已经得到证实。中华人民共和国成立初期,我国的鱼病学工作者就十分注重对鱼类流行病学的研究,已经将水产动物的流行病学研究广泛应用于各种寄生虫和传染性疾病的病因学探讨。例如,对九江头槽绦虫病(中间宿主:剑水蚤)、双穴吸虫病、鱼类寄生甲壳动物病、草鱼出血病、淡水鱼类细菌性败血症、对虾白斑综合征等先后进行了流行病学研究,这些水产流行病学资料对于防御措施的制定起到了非常重要的作用。由此可见,水产动物流行病学研究在其病因探索和疾病预防中起重要作用。

2. 疾病防治效果及预后评价

水产动物疾病防治及其效果评价是水产流行病学研究的重要内容之一,任何在实验室或动物模型证实的有效预防或治疗手段，最终均应以水产动物群试验结果予以验证。由于水产流行病学是基于群体研究的科学，故此关于效果评价的对象主要是养殖动物群，效果评价的场所主要在水产养殖场。养殖场对鱼群现场的试验结果是否真实，首先要排除评价指标本身的变异性对结果的影响。由于水产养殖环境比较复杂而难于控制，效果评价时还要考虑各种人为管理因素造成系统误差带来的偏差，水产流行病学在评价防治效果时，主要采用水产动物群疾病频率的变化作为指标，如有效率、保护率、效果指数等一些特有的指标。在追踪观察特别是在远期疗效评价时，为排除观察对象因时间变化而变化的现象，还采用生物数学回归模型等一些特殊分析手段。现在，有人在研究水产流行病学中进行效果评价时，还充分考虑了疾病负担及费用、效果（效益、效用）等多方面的因素综合作用。

3. 疾病监测

水产动物传染病监测是指长期、系统、连续收集一个地区养殖水产动物某种传染病及影响因素的资料，经过分析将信息及时反馈，以便采取措施并评价其效果的一种预防疾病、保障健康的有效措施。此外，通过传染病监测进一步明确水产动物群易感性，对具备危险因素的动物群进行早期干预，可以达到有效预防疾病的目的。当前，除水产动物病毒、细菌性传染病之外，还包括水产真菌病、寄生虫病、养殖环境、营养、水产用药物等多种环境卫生事件的监测。近年来，我国已建立了国家、省市、区县级等不同层次的水生动物传染病监测体系。目前，水产疾病监测已成为一个国家和地区预防鱼类疾病、保障健康养殖的重要手段之一。水产疾病监测的实施在收集资料阶段，要采用描述流行病学的手段描述疾病的分布特征，在此基础上进行的分析要借助于病因推断的思想及分析流行病学的方法，效果评价时体现了实验流行病学的基本原则和方法。可以说，水产动物疾病监测的全过程体现了水产流行病学研究的全过程。

4. 疾病自然史的了解

水产动物流行病学收集到的信息，可以反映鱼类疾病的自然发生过程，即疾病自然史。一方面，水产流行病学关注养殖动物群从健康到疾病流行的全貌，它的研究对象不仅局限于临床上典型的病例，它看到的是从开始接触致病物质的隐伏阶段到出现疾病典型症状直至患病动物死亡的全部过程；另一方面是基于现场的研究，使水产流行病学工作者可以收集到在没有外来干预，特别是水生动物医学干预情况下鱼类疾病发生和转归的本来面目，这种信息在水生动物医学研究中十分重要，因为它最接近真实情况，水产流行病学研究提供的信息是任何其他学科无法替代的。

水产动物疾病从发生、发展到结局的整个过程，可以分为症状出现前阶段、临床症状和体征出现阶段及疾病结局（如治愈、好转、恶化、死亡等）几个阶段。不同的动物疾病，其疾病的自然史是不同的。有的水产动物疾病自然史较短，如急性细菌感染性疾病，一般进展较快，若不给予积极有效的治疗，则往往造成不良后果，可发生严重并发症，甚至死亡；而某些疾病的自然史则较长，如锥体虫感染导致的养殖鱼类贫血病。研究鱼类疾病的自然史，对研究与评价预后有着重要的意义。

（二）水产环境卫生学

1. 提供水产养殖环境卫生决策和评价依据

水产环境卫生决策包括渔业行政主管部门制定各种法令、法规及各项宏观防治疾病、保障健康养殖的战略及策略，也包括水生动物执业兽医师和临床兽医师在处理水生动物疫情和具体疾病防治方案时作出正确的诊断和判断。任何决策都需要建立在有充分证据的基础之上，而水产流行病学提供了收集这些证据的基本原则和方法。例如，为了防止鲤春病毒病（SVC）的扩散与危害，我国有关部门几年来就开展了对 SVC 的专项监测，开展对 SVC 流行病学现场调查和实验室研究，对于该病防御计划、实施和危害评价、临床执业兽医的规范化工作等，都具有重要实际和理论意义。

2. 突发环境卫生事件的应急处理

近年来，水产养殖业多次发生的养殖环境卫生事件为我国水生动物医学教育敲响了警钟，传统教育培养的水生动物执业兽医在面对突发养殖环境卫生事件时往往束手无策。特别是进入 21 世纪，水产养殖品质的国际、国内交流越来越频繁，致病生物的相互传递现象有逐渐恶化的趋势。水产养殖中突发卫生事件频繁发生，水产流行病学在突发卫生事件应急处置中起到关键作用。在水生动物医学教育中增设疾病监测、现场调查、突发中毒快速诊断与调查处理、生物恐怖与化学恐怖的紧急应对、药源性突发环境卫生事件调查处理等，已成为顺应时代要求的当务之急。水产流行病学研究的核心理论和方法，均以水产流行病学不明原因疾病暴发的处理原则为基础，积极探索应用现场流行病学已成为突发事件应急处理的基本理论与方法。特别是通过水产动物流行病学调查、现场鱼病流行病学培训等不同形式，提高了各级水生动物疫病防治人员对突发环境卫生事件应急的认识和处置具体事件的能力。他们对国内外特别是周边地区水生动物疫病暴发性事件的敏感性增强，关注最新信息，学会利用鱼病流行病学的原理和思维方式推断本地是否有可能发生同类事件。当 SVC 疫情基本得到控制时，大多数非专业人员均可分清暴发和流行、发病率和罹患率、水生动物医学观察和留验、一般接触和有效接触、疫点和疫区、消毒和灭菌等流行病学基本概念的区别。可以预测，水产动物流行病学的原理和方法将会在水产养殖中得到更加广泛的运用。

第三节 水产动物传染病的流行规律

水产动物流行病学是研究水产动物群体中疾病的决定因素和分布规律，制定有效防治对策并评价其效果的科学。该学科在水产医学中的作用是探讨病因已知疾病的来源、研究病因未知疾病的发病机制和控制措施，积累有关疫病自然史方面的资料、制定并评价疾病的防治规划，估价水产动物疾病防治方面的经济影响和经济效益等。它有许多分支，本节主要介绍与水产动物传染病流行有关的知识和方法，以增强传染病诊断和防治中的流行病学观念。

一、水产动物传染病的流行过程

水产动物传染病的流行过程就是传染病在水生动物群体中发生、蔓延和终止的过程，即从水生动物个体感染发病到群体感染发病的发展过程。传染病能够通过直接接触或媒介物在易感动物群体中互相传染的特性，称为流行性。水产动物传染病的流行必须具备 3 个最基本的条件，即传染源、传播途径和易感动物，而且这 3 个条件必须同时存在并相互联系才能使其在水生动物群体中流行。水产动物流行病学就是从疫病流行过程的基本条件着手，探讨疫病的来源和病因、自然史和发病机制、疾病蔓延和流行的影响因素，从而制定并评价疫病的防治措施，因此对水生动物传染病的综合性防治具有重要的指导意义。

（一）传染源

传染源是指动物体内有某种病原体寄居、生长、繁殖，并能排出体外的水生动物机体。具体地说就是传染病患病动物、病原携带者和被感染的其他动物。

水产病原微生物在其物种进化过程中，能在水生动物机体的特定部位寄居、繁殖，并且从该处排出体外后再侵入另外一个宿主机体，以维持病原体作为一个物种的存在。易感动物机体相对来说是病原体生存最适宜的环境，因此病原体在其中能够栖居繁殖、持续排出。而被病原体污染的各种外界环境因素，如养殖池塘、水体、饲料、土壤等，由于缺乏恒定的温度、湿度、酸碱度和营养条件，不适于病原体的生存和繁殖，故一般被看作传播媒介。

按照水产动物机体感染病原微生物后表现的状态不同，通常将传染源分为患病动物和病原携带者两种类型。

1. 患病动物

一般来说，患病动物是最重要的传染源，但不同发病阶段患病动物的传染源作用则需要根据病原体的排出状况、排出数量和频度来确定。处于前驱期和临床明显期的鱼类排出病原体的数量多，尤其是急性感染病例排出的病原体数量更大、毒力更强，因此作为传染源的作用也最大。潜伏期和恢复期的鱼类是否可作为传染源，则因病种不同而异。处于潜伏期的鱼类机体通常病原体数量少，并且不具备排出的条件；但少数传染病，如锦鲤疱疹病毒病、鲤浮肿病等在潜伏期的后期就能够排出病原体。在恢复期，大多数传染病患病动物已经停止病原体的排出，即失去传染源作用，但也有一些传染病在恢复期也能排出病原体。

在实际生产中，将患病动物能排出病原体的整个时期称为传染期，不同传染病的传染期长短有明显差异。为了控制传染源，对患病动物进行隔离和检疫时应到传染期终了为止。患病动物作为传染源的意义，除取决于病原体排出状况外，还与鱼类活动范围的大小和饲养密度有关。在规模化养殖过程中，尽管野生鱼类等活动范围较大，但与活动范围较小的养殖淡水、海水、观赏性鱼类相比，由于饲养密度大、相互间接触的机会多，发病后作为传染源的可能性就大。

2. 病原携带者

病原携带者是指外表无症状但能携带并排出病原体的水生动物。不同传染病的病原携带状态具有明显的差异，多数传染病病原体都可诱导不同形式的持续性感染。病原携带状态是病原体和鱼类机体相互作用的结果，病原携带者排出病原体的数量虽然远不如患病动物多，但由于缺乏临床症状并在群体中自由活动而不易被发现，因而是非常危险的传染源。病原携带者可随鱼类的转运将病原体散播到其他地区或水体而造成新的暴发或流行。病原携带者常常具有间歇排出病原体的现象，因此仅仅凭一次病原学检查的阴性结果不能反映动物群的状态，只有经过反复多次的检查才能排除病原携带状态。对水产医学工作者来说，防止健康动物群中引入病原携带者，或在动物群中清除病原携带状态是疫病防治工作中艰巨和主要的任务之一。

在临床上，病原携带者又分为健康病原携带者和恢复期病原携带者两类。

（1）健康病原携带者：是指过去没有患过某种传染病但却能排出该病病原体的水生动物。这种携带状态通常只能靠实验室方法检出，而且持续时间短暂、病原排出的数量少。然而，由于气单胞菌病、弧菌病等健康病原携带者在某些地区或养殖场内数量较多，常常构成重要的传染源。

（2）恢复期病原携带者：是指某些传染病的病程结束后仍能排出病原体的水生动物，如疱疹病毒病、气单胞菌病等。这种携带状态持续的时间有时较短暂，但有时则成为慢性病原携带者（chronic carrier）。因此，对这类疾病的控制应延长隔离时间，才能收到预期的效果。

（二）传播途径

研究水生动物疫病传播途径的目的主要是能够针对不同的传播途径采取相应的措施，防止病原体从传染源向易感动物群中不断扩散和传播。水产动物传染病主要以水平传播为主，以垂直传播方式为辅，其中通过直接接触方式传播的传染病在流行病学上通常具有明显的流行线索。垂直传播方式一般可归纳为经胎盘传播、经卵传播和分娩过程的传播途径。传播途径与疾病临床表现有一定关系。例如，鲖爱德华氏菌感染鱼，一是经鼻腔侵入引起裂头症，也可以经消化道侵入血液则引起败血症。掌握了水产动物传染病的传播方式，才能有效地切断水产动物传染病病原体的传染源。在水产养殖中需要注意以下几种传播方式。

（1）患病动物或"带菌者"直接与健康动物接触，或前者排出大量病原体到周围水体中，而传染健康动物群。带有大量病原体的水生动物尸体，可将大量病原菌、病毒散布于水体中，传染健康动物群。

（2）对次发性来源的池水、饵料、养殖工具等，不经过消毒而带毒，可引起水产动物传染病的传播。未经发酵的食草动物的粪便及其他粪便，将大量细菌带入池塘水体，引起烂鳃病等细菌性疾病的发生。

（3）许多水生动物和食鱼动物，如水生昆虫、两栖类、爬行类和鸟类等，经常来往于患病动物池塘和无病动物池塘之间，也能成为病原体的传播者。

（三）易感性

动物易感性是指水生动物个体对某种病原体缺乏抵抗力、容易被感染的特性。动物群体易感性是指一个水生动物群体作为整体对某种病原体感受性的大小和程度。易感性的高低取决于群体中易感个体所占的比例和机体的免疫强度，决定了传染病能否在水生动物群体中流行以及流行的严重程度。群体易感性主要是由水生动物的遗传特性和特异性免疫状态等内在因素决定，因此判断群体对某一种传染病易感性的高低，可以通过该地区水生动物种类或品种的调查、历年来该病的流行情况、疫苗接种情况以及针对该病的抗体滴度测定结果而得知。值得注意的是其他外界因素，如水体、气候变化、饲料、饲养管理、卫生条件、健康状态和应激等因素也可影响群体易感性。

1. 导致动物群易感性升高的主要因素

（1）一定地区饲养水生动物的种类或品种：目前许多地区的养殖业都形成了以某些种类或品种鱼类为主的格局，不同种类或品种鱼类对不同病原体甚至对同一种病原体的易感性有差异，如锦鲤对疱疹病毒易感，因此造成某些传染病在某一地区发病率上升或流行。

（2）群体免疫力降低：某种传染病流行结束后，水生动物群的自然免疫力逐渐消退，如造成鱼类传染病流行具有明显周期性的主要原因之一是由于针对该病的免疫力消退或缺乏疫苗进行人工免疫。

（3）新生鱼类或新引进鱼类的比例增加，以及年龄及性别因素不合理等。

（4）免疫接种程序的紊乱或接种的鱼类数量不足，或免疫接种所使用的生物制品质量不合格。

（5）饲养管理因素也可以造成动物群的免疫力下降、易感性升高。例如，饲料质量差、营养成分不全、饥饿、寒冷、暑热、运输和疾病状态等因素均可导致机体的抵抗力降低。

2. 导致群体易感性降低的主要因素

（1）有计划的预防接种，传染病流行引起动物的群体免疫力增加。

（2）病原体的隐性感染导致水生动物群体的免疫力升高。

（3）抗病育种可选育抵抗力强的鱼类品系。

（4）随着鱼类日龄增长，水生动物群的年龄抵抗力明显增强，如幼龄或低等鱼类对气单胞菌、弧菌等易感性较高，而成年或高等鱼类的易感性逐渐降低。

二、水生动物传染病的流行特征

（一）流行过程的强度

水生动物传染病的流行范围、传播速度、发病率的高低以及病例间的联系程度等被称为流行强度。流行强度具有以下几种形式。

1. 散发性

散发性（sporadic）是指水生动物传染病在一定时间内呈散在性发生或零星出现，而且各个病例在时间和空间上没有明显联系的现象。例如，痘疮病、赤皮病、疖疮病等一般在鱼池中均呈散在发生，发病率低。散发性传染病出现的原因主要有如下几个。

（1）水生动物群对某种传染病的免疫水平相对较高。

（2）某种传染病通常主要以隐性感染的形式出现。

（3）某种传染病的传播需要特定的条件，如赤皮病与体表受伤、龟腐皮病往往与相互打斗撕咬等有关。

2. 地方流行性

地方流行性（endemic or enzootic）是指在一定地区或动物群中，疫病流行范围较小并具有局限性传播的特性，如病毒性出血败血症（VHS）流行于欧洲，小瓜虫病最初在远东地区呈地方性流行。地方流行性的含义包括如下几个。

（1）一定地区内的水生动物群中某病的发病率比散发性略高，且总是以相对稳定的频率发生。

（2）某些特定疫病的发生和流行具有明显的地区局限性。

3. 流行性

流行性（epidemic or epizootic）是指在某一时间内一定水生动物群中某种疫病的发病率超过预期水平的现象。流行性是一个相对的概念，仅说明疫病的发病率比平时升高，不同地区中存在的不同疫病被称作流行时，其发病率的高低并不一致。一般来说，流行性疾病具有传播能力强、传播范围广、发病率高等特性，在时间、空间和水生动物群间的分布也不断变化。

4. 暴发

暴发（outbreak）是指在局部范围的一定水生动物群中，短期内突然出现较多病例的现象。实际上，暴发是流行的一种特殊形式。暴发性出血性败血症流行病又称淡水鱼细菌性败血症、出血性败血症，或者简称败血症，患此病的鱼从发现症状到死亡仅3～5天，短期内会造成大幅度死鱼，甚至绝产。

5. 大流行性

大流行性（pandemic）是指某些疫病具有来势猛、传播快、受害动物比例大、波及面广的流行现象。此类疫病的流行范围可达几个省、几个国家甚至几个大洲。在鱼类传染病中发生大流行不明显，但是在人和畜禽中比较常见，如口蹄疫、流感等病在一定的条件下均可采取这种方式流行。

以上几种流行形式之间，在发病数量和流行范围上没有量的绝对界限，只是一个相对量的概念。而且某些传染病在特殊的条件下可能会表现出不同的流行形式，如锦鲤疱疹病、病毒性出血败血症等，有时会以地方流行性的形式出现，有时则以流行性或暴发的形式出现。

（二）群体中疾病发生的度量

描述疾病在水生动物群中的分布，常用疾病在不同时间、不同地区和不同群体中的分布频率来表示，如发病率、死亡率、病死率、患病率、感染率、携带率等。

1. 发病率

发病率（morbidity or incidence rate）表示一定时期内某水生动物群中某病新病例的出现频率。发病率可用来描述疾病的分布、探讨疾病的病因或评价疾病防治措施的效果，同时也反映疫病对动物群体的危害程度。

2. 死亡率

死亡率（mortality or death rate）是指某水生动物群体在一定时间内死亡动物总数与该群体同期动物平均数之比率。某病死亡率是疾病分布的一项重要指标，能反映疫病的危害程度和严重程度，不但对病死率高的疾病，如对虾白斑病、草鱼出血病等疫病诊断很有价值，而且对于症状轻微、致死率较低的疾病在诊断上也有一定的参考意义。

死亡率如按疾病种类计算时，则称某病死亡率。

3. 病死率

病死率（fatality rate）是指一定时期内某种疫病的患病动物发生死亡的比率。病死率比死亡率能更精确地反映疫病的严重程度，如龟腐皮病的死亡率均较低，但病死率均较高。病死率也可以从死亡专率和发病专率推算出来。

4. 患病率

患病率（prevalence rate）是指某个时间内某病的新老病例数之和与同期群体暴露动物数之间的比率。患病率是疾病普查或现况调查常用的频率。患病率按一定时刻计算称为点时患病率（point prevalence rate）；按一段时间计算则称为期间患病率（period prevalence rate）。患病率统计对病程短的传染病意义不大，但对于病程较长的传染病则有较大价值。

5. 感染率

感染率（infection rate）某些传染病感染后不一定发病，但可以通过微生物学、血清学及其他免疫学方法测定是否感染。感染动物包括具有临床症状和无临床症状的水生动物，也包括病原携带者和血清学反应阳性的水生动物。由于感染的诊断方法和判断标准对感染率（infection rate）影响很大，因此应使用同一标准进行检测、判断和分析。感染率的用途很广，如推论该病的流行态势或作为制定防治对策的依据等，常用于慢性细菌病、病毒病以及寄生虫病的分析和研究。

6. 携带率

携带率（carrier rate）是与感染率相似的概念，为群体中携带某病原体的水生动物数占被检水生动物总数的比例。根据病原体的不同又可分为带菌率、带毒率等。

此外，比率的表达形式还有粗率（crude rate）和专率（specific rate）之分。粗率是群体中某种疫病病例总量的表达方式，如死亡粗率和发病粗率，不考虑受害群体的性别、年龄、品种等结构。用粗率来描述疾病有很大缺陷，往往会掩盖病因的作用。专率是指按性别、年龄、品种或饲养管理等宿主属性将水生动物群体分为不同的类别，然后对这些类别中的鱼类发病和死亡情况进行统计分析，如年龄发病专率、性别发病专率、品种发病专率等。用专率来描述群体中的发病情况能提供比粗率更有价值的信息。例如，斑点叉尾鮰病毒病感染的年龄患病专率表明幼龄鱼的感染率明显高于成年鱼等。

（三）流行过程的地区性

1. 外来性

外来性（exotic）是指本国没有流行而从别国输入的疾病，如虾肝肠胞虫病（Enterooytozoon hepatopenaei, EHP）于2009年发生于泰国，因渔业贸易随后传入其他国家，近几年在我国也有报道发生。

2. 地方性

地方性（endemic）见地方流行性，但这里强调的是由于自然条件的限制。某病仅在一些地区中长期存在或流行，而在其他地区基本不发生或很少发生的现象，如小瓜虫病是世界流行性寄生虫病，该病起源于亚洲，最初在远东地区呈地方性流行；但受人类活动的影响，中世纪时期，随着鲤鱼养殖规模的不断壮大和金鱼的进口，该病传入欧洲、美国等其他地区国家等。

3. 疫源地

疫源地（epidemic focus）是指具有传染源及其排出病原体污染的地区。疫源地的含义要比传染源广泛得多，除包括传染源外，还有被污染的水体、池塘、活动场所以及这个范围内所有可能被传染的可疑动物和储存宿主等。疫源地范围的大小取决于传染源的分布及污染范围、病原体及其传播途径的特点和周围动物群的免疫状态等。它可能只限于个别池塘，也可能是某养殖场、自然村或更大的地区。当吸血昆虫、运输车辆或河水作媒介时，范围则大；周围水生动物群已经构成免疫隔离带时，范围常常较小。

疫源地的消灭至少需要具备3个条件，即传染源被彻底扑杀并消除了病原携带状态；对污染的水体和环境进行了全面彻底的消毒处理；经过该病的最长潜伏期，在易感动物中没有发生新的感染，而且血清学检查均为阴性反应。疫源地被消灭后，如果没有外来的传染源和传播媒介的侵入，这个地区就不会再有这种疫病的发生。

在实际工作中还常常使用疫点（infected focus）和疫区（infected zone）的概念。疫点是指范围较小的疫源地或单个传染源所构成的疫源地，有时也将某个比较孤立的养殖场或养殖村称为疫点。疫区是指有多个疫源地存在、相互连接成片而且范围较大的区域，一般是指有某种疫病正在流行的地区。疫区的范围包括患病动物所在的养殖场、养殖村镇以及发病前后该动物饲养、水域和活动过的地区。

4. 自然疫源性

自然疫源性（natural epidemic）是指某些疾病的病原体在一定地区的自然条件下，由于存在某种特有的传染源、传播媒介和易感动物而长期生存，当人或动物进入这一生态环境也可能被感染的特性，而驯养动物或人的感染和流行对这类病原体在自然界的生存并不必要。

具有自然疫源性的疾病，称为自然疫源性疾病，如气单胞菌、弧菌、孢子虫病等都具有自然疫源性。存在自然疫源性疾病的地区，称为自然疫源地。自然疫源性疾病在野生动物群中主要通过吸血昆虫传播，通常具有明显的地区性和季节性。

由于在自然界的野生动物群中广泛存在着各种传染病病原体的带菌、带毒现象，人工饲养的水生动物与各种啮齿类及其他野生动物的接触机会很多，加上吸血动物的叮咬，因此自然疫源性疾病对养殖业的威胁也十分严重。此外，当某一地区的生态系统，如海洋、河流、湖泊污染，洪水、海啸等发生时，人类和动物有可能感染某些自然疫源性疾病，同时也可能导致宿主和传播媒介数量下降甚至被完全消灭，病原体可能随之消失。

三、水生动物传染病的分布特征

水产医学工作者要对疾病进行诊断和有效的防治，首先必须明确其流行特征及其在水生动物间、时间和空间的分布状况，又称三间分布，也就是将有关调查或日常记录的资料按水生动物群、地区、时间等不同特征分组，计算其发病率、死亡率、患病率等，然后通过分析比较即可发现该病的流行规律。对水产动物而言，水体温度、水质状况情况对疾病流行分布有重要影响。

（一）传染病的群体分布

描述传染病在水生动物群中的分布时，可按照鱼类不同的年龄、性别、种和品种等特征对鱼群进行分组，然后比较某种疫病的发病率、患病率和死亡率等指标，综合分析的结果可为该病诊断和防治措施的制定提供科学的依据。传染病的群体分布通常包括年龄分布、种和品种分布、性别分布等。

1. 年龄分布

一般来说，大多数疾病在不同年龄组动物群中的发病率和死亡率等指标有很大的差别。了解传染病年龄分布的目的是分析发病的原因以寻找有效的防治措施；根据年龄分布的动态变化，结合血清学监测推测动物群免疫力变化的趋势，确定疫苗免疫接种的重点对象，为制定合理的免疫程序提供依据；同时为研究原因未明疾病的病因及其影响因素提供线索，或作为病因已知疾病的诊断依据之一。影响传染病年龄分布的因素有以下几种。

（1）鱼类处于不同的发育阶段对不同病原体的敏感性不同。如正常情况下，斑点叉尾鮰病毒（CCV）在自然条件下仅感染斑点叉尾鮰，且主要对小于1龄、体长<15cm的鱼苗、鱼种产生危害，但成鱼也可发生隐性感染，成为带毒者；鲤春病毒血症主要危害鲤鱼，以1龄以上的鲤鱼危害最为严重。

（2）不同病原体的生物学特点和致病机理不同，也直接影响传染病的年龄分布。例如，水霉病从卵到成鱼均受其害；草鱼白头白嘴病只发生在5cm以下的草鱼苗。有些传染病虽可发生于多种年龄组的动物，但在不同年龄组动物中的表现和疾病严重程度有明显的差异。例如，草鱼出血病主要表现为红肌肉型对较小草鱼种（7~10cm）易感，皮肤出血型一般在较大草鱼种（>13cm）出现，肠炎型一般在大小草鱼中都可出现。

（3）水生动物的免疫状况是影响传染病年龄分布最重要的因素。当某种传染病流行之后，大部分动物获得了自然免疫力，在相当长的一段时间内不会再次感染相同的疫病。但随着时间的推移或动物群体的更新，机体的免疫力可能会逐渐下降，对该病的易感性不断增强，特别是新出生的幼龄动物，由于缺乏主动免疫力而发病率明显升高。另外，疫苗接种可使易感动物获得主动免疫力而转变为不易感动物。一般来说，免疫动物群的后代出生后，在一段时间内可得到母源抗体的被动保护而很少发病；而非免疫动物群的后代则缺乏这种被动保护而容易发病。年龄分布还受到不同疫苗的特性和免疫期、动物状态、动物品种以及环境等因素的影响。

（4）新疫区和老疫区。在某些传染病流行时的年龄分布也有明显差异。当某地区新传入某种传染病时，由于群体普遍缺乏免疫力，各年龄组的发病率通常无显著差异。若某种传染病在某一地区反复流行时则可能出现幼龄动物发病率高，成年动物发病率较低的现象，当然由于受母源抗体的影响也可能使幼龄动物的发病年龄推后。例如，斑点叉尾鮰病毒病在新疫区流行时，CCV仅感染小于1龄斑点叉尾鮰鱼苗，成鱼有一定免疫力，通常不发病或呈隐性感染状态。分析传染病年龄分布的方法主要是将发病动物群进行年龄分组，分别统计不同组动物发病率、患病率和死亡率等，以分析该地区在一定时间内哪种年龄组动物易患某病。

2. 种和品种分布

不同种和品种鱼类对不同病原体的易感性有一定差异，如草鱼出血病毒只感染草鱼而不感染鲫、鲤；锦鲤疱疹病毒对不同鱼的易感性有差异；不同品种虾对白斑综合征病毒的易感性有一定差异，有些品种易感性较高，而某些地方品种易感性较低。不同种和品种动物对病原体易感性的差异主要是由不同种动物的免疫系统以及细胞表面受体差异决定的，该两种因素可直接影响动物机体对不同病原体的抵抗力。

3. 性别分布

某些传染病可以在不同性别的水生动物群体中表现出不同的发病特点，造成这种性别分布差异的原因主要是不同性别动物在生理、解剖结构和内分泌方面存在差异。例如，鲑疱疹病毒病自然发病者多见于产卵后的亲鱼。

（二）传染病的时间分布

无论是传染性疾病还是非传染性疾病，其发生频率均随时间的推移而不断变化。初期可表现为散发性、流行性或大流行性等形式，但最终逐渐终止流行。描述疾病的时间分布和变化，有助于判断传染病疫情的发展动态和原因不明疾病病因的探讨。疾病时间分布的表现可以分为4种形式。

1. 短期波动

短期波动（rapid fluctuation）是指由于受到易感动物、病原体及其传播方式和生物学特性的影响，某水生动物群体在短时间内发病数量突然增多，迅速超过平时的发病率，经过一定时间后又终止流行的现象。共同来源暴发（common source outbreak）和增殖流行（propagation epidemic）都属于短期波动现象。最常见的共同来源暴发是鱼类受水体污染引起中毒，此时所有病例都是由同一致病因子引起，且局限于一个地区或一个养殖场，而且发病高峰与该病潜伏期基本一致，因此可以从发病高峰推算致病因子作用的时间，从而找出引起暴发的原因。增殖流行则是由原发性病例排出的病原体直接或间接地感染周围的易感动物而造成大量继发病例的出现。若以时间为横坐标、新出现的病例数为纵坐标可得到一条疫病流行曲线图，该曲线图上原发流行与继发流行相邻波峰间的距离即代表该病的潜伏期。

2. 季节性

季节性（seasonality or seamnal variation）是指某些水产动物传染病经常发生于一定的季节，或在一定季节内出现发病率明显升高的现象。传染病流行的季节性变化受动物群的密度、饲养管理、病原体的特性、传播媒介以及其他生态因素变化的影响。了解疾病季节性升高的原因及影响因素，便于更有效地采取防治措施。传染病流行的季节性分3种情况。

（1）严格季节性：是指病例只集中在一年内的少数几个月份，其他月份几乎没有病例发生的现象。传染病流行的严格季节性与这类疾病的传播媒介活动性有关，如鲤春病毒血症在春季发病，细菌性肠炎通常在4~9月开始发病。

（2）季节性升高：是指一些疾病，如烂鳃病、肠炎病等在一年四季均可发生，但在夏季发病率明显升高的现象。传染病流行的季节性升高主要是季节变化能够直接影响病原体在外界环境中的存活时间、动物机体的抗病能力以及传播媒介的活动性。

（3）无季节性：是指一年四季都有病例出现，并且无显著性差异的疫病流行现象。一些慢性或潜伏期长的传染病，如疖疮、水霉等发病时通常无季节性差异。近几年，同一疾病发病季节发生变化，主要表现为季节性发病变为全年均可发病，典型的为罗非鱼链球菌病。2011年我国福建、广东、广西、海南等地罗非鱼主养区的各个不同流域都出现了链球菌病暴发流行情况，3月投苗开始出现零星发病，6月出现大面积发病，7~8月进入发病高峰，水温下降后转为慢性病，持续全年。

3. 周期性

周期性（periodicity or cyclical fluctuation）是指在经过一个相对恒定的时间间隔后，某些传染病可以再次发生较大规模流行的现象。人和哺乳类等大动物每年群体更新的比例不大，几年后易感个体的数量才可达到引起再度流行的比例，因此这类动物的某些疫病常有周期性流行的特点，如流感；而繁殖率高、群体更新快的水生动物的疫病，则很少出现周期性流行现象。

传染病周期性流行出现的原因主要有如下几个。

（1）某些传染病的传播机制容易实现，水生动物群受到感染的机会多。

（2）某些传染病在一次流行后，鱼类获得的免疫力会随着时间的推移而逐渐消失，随着新生和新引入动物数量的不断增加，一旦有病原体的传入便可在数量足够多的易感动物群中传播而引起再度流行。

4. 长期转变

长期转变（secular change）是指疾病在几年、几十年甚至更长的一段时间内发生的变化，其中包括病原体感染的动物宿主、临床表现、发病率、死亡率的变化以及某些病原体变异后导致的疾病变化等。疫病长期变异的原因包括如下两个。

（1）针对疫病的防治措施具有明显的效果：如草鱼出血病曾在我国流行严重，经过采取防疫接种等一系列措施后，该病逐渐减少以至被消灭；我国的对虾白斑病等多种烈性传染病多年来一直呈下降趋势；一些发达国家通过多年的努力已在本土上消灭了多种动物传染病。

（2）某些传染病经过长期流行，病原体本身出现了抗原型或毒力型的变异：病原体抗原型或毒力型变异后，其致病机理也可能发生相应的变化，如能够引起长期变异的病原体主要有病毒病等。了解病原体流行株的遗传型或抗原型变化状况，可为传染病防治对策的制定提供依据。

（三）传染病的地区分布

水产传染性疾病在不同地区分布具有明显的差异，有些遍及全球，有些局限于某些国家或一定地区，还有些疫病仅发生于一定的地形、地貌条件下。探讨疫病的地区分布时，可按国家、区域或大洲为单位划分，或按省、市、县、乡镇、村或农场划分，也可按不同地理条件，如海洋、河流、湖泊、山区等来划分。同种疫病在不同地区、不同养殖场或自然村镇的发病率也常常不一致。了解疾病的地区分布特点，可为探讨疫病的病因和影响流行的因素提供线索，进而为制定疫病的防治对策和措施提供科学依据。疾病的地区分布可通过不同地区范围内某种传染病的发病率、患病率和死亡率进行统计分析和比较，也可用地理分布图来表示。

影响传染病地区分布的因素主要有自然因素和社会因素两个方面。自然因素主要包括水源、气候、地形、地貌、土壤、植被以及媒介昆虫、中间宿主和储存宿主的分布等；社会因素包括动物防疫有关法律法规的制定及执行状况、饲养方式和管理制度、动物及其产品的调运、饲养管理人员的专业技术水平和公共卫生制度等。目前在以规模化饲养为主的养殖方式中，社会因素对传染病分布的影响占有相当重要的地位，饲养管理条件好、严格执行兽医卫生制度的养殖场，水产动物的发病率和死亡率就低。如果要在一定地区或区域内控制或消灭传染病，必须创造良好的饲养环境，采取一切必要的措施将可能出现的传染病、寄生虫病和各种害虫排除在水生动物群以外；同时还应严格执行兽医法规和制度、健全兽医机构和设施、提高兽医的专业技术水平和饲养管理人员的卫生防疫知识等。否则，在水产动物群体大、饲养密度高又缺乏有效控制手段的情况下，一旦引入或流行某种传染病都将难以彻底清除。

第四节 水产动物流行病学的研究方法

随着我国水产动物养殖业的发展和国际贸易量的增加，新发现的传染病或国外流行病传入的可能性也会相应增加，其中有些疾病的流行特征和规律需要继续探讨；此外，国内原有传染病也不断出现新的变化，病原变异株以及耐药菌株也需要不断进行分析和研究。因此，迫切要求水产医学工作者学习并掌握动物流行病学的方法和技术，通过流行病学调查、分析和实验解决实际生产中存在的问题。

动物流行病学常用的方法包括描述性研究、病例对照研究、队列研究、流行病学实验、疫病暴发调查、流行病学监测、血清流行病学方法和传染病防治措施的评价等。近年来，水产养殖科学的发展和技术的进步促使鱼病流行学研究的方法快速发展，为了适应各类流行病学研究的需要，传统的、经典的方法不断丰富和完善，新技术、新方法不断涌现，按照其研究的性质，基本的研究方法可分为以下几种类型。

一、描述性研究

水产动物流行病描述性研究（descriptive study）又称描述流行病学。这种研究方法主要是通过调查或观察的方法，将水产动物的疾病、健康或其他卫生事件真实地展现出来，不但描述事件在不同时间、地点、动物群分布的特点，同时提供影响分布因素的线索，为进一步探索病因，提出防治疾病、保障健康的措施提供依据。该方法是一种以现场调查为主的研究方法，即通过对特定动物群有关的资料进行收集、归纳、整理及数据处理等，客观地描述一定时间内群体疫病的三种分布状况和动态过程，为进一步研究病因、制定防治措施并评价其效果提供线索和依据。描述性研究需要通过流行病学调查收集大量的、涉及范围较广的、原始的信息资料，其中应包括现场观察和询问所得的资料、养殖场常规记录或信访所得的资料以及实验室检测记录等。描述性研究又分为现况研究和常规资料分析等。

（一）调查研究

1. 现况研究

现况研究（prevalence study）又称横断面研究，是指利用某种手段或方法获得特定时间、特定范围内某动物群时点信息的一种调查分析形式，即在某个特定时间内对特定疫病及其有关因素进行的调查和分析。目的是将疾病调查当时的断面现况展示出来，针对某种疾病发展过程中某一时点或某一期间进行的调查，它所反映的是事件从过去发展到当时的累加现象，所反映的是调查当时存活的新老病例的总和。现况调查具体实施的方法，依据研究的目的和工作条件又可分为普查、抽样调查等。所用信息或资料可能是疫病普查（census）和抽样调查（sampling survey）的结果，也可通过现场观察、临床检查或其他特殊检查、询问调查或通信调查以及查阅诊疗记录、疾病登记、实验室检验记录、检疫记录或统计资料等方法获得。该法除用于动物群健康状况及其影响因素的调查外，也可用于感染状况和免疫状况的调查。现况研究用的指标通常为发病率、死亡率、病死率和患病率等，通过对疫病分布特征的描述，能够初步指出疾病的流行特点、病因假设、防治对策或与监测及防治效果评价有关的结果等。大多数现况研究用于确定某一时点上动物群的状况，适用于持续时间较长并能进行定量测定的疫病或事件。现况研究的基本内容主要包括：①水生动物群体中传染病流行的状态及其发病率、死亡率；②水生动物群体状况、环境和饲养条件以及管理制度等；③物理性、化学性和生物性因子与疾病的关系；④可能的传播途径和传播媒介及生活习性等。

2. 病例调查

病例调查又称个案调查，是指对个别病例及周围环境进行的调查研究，目的是查明该疾病或卫生事件的来龙去脉，从而找到发生该事件的原因和影响因素，避免类似事件再次发生，特别是对于传染性疾病，个案调查是追溯传染来源、防止疾病蔓延流行的重要方法。水生动物执业兽医进行的特殊病例个案报告，可以看作是本类研究的特殊形式。

3. 疫病暴发调查

疫病暴发是指局部地区或某个养殖场在短时间内突然发生很多病例的现象。这种集中发病的现象多数是因为水产动物群存在某种共同致病因子或共同传播途径所致，因此在实践中分为同源性暴发和连续传播性暴发。由于疫病暴发的危害性大、传播速度快、涉及面广，稍有忽视便可扩大流行范围，造成难以控制的被动局面和严重后果，所以一旦出现疫病的暴发事件，必须积极组织力量进行调查处理，迅速查明原因，包括传染源、传播途径以及引起暴发流行的各种因素，先进行初步调查分析和临床及病理学观察，提出病因假设，再进一步对发病情况进行全面的调查，并立即采取针对性防治措施，阻止疫病的蔓延和扩散，然后结合实施控制措施后的效果验证病因假设并作出结论。

4. 公共卫生监测

长期、系统地收集某种疾病、鱼类健康或环境卫生事件资料，描述其发展和变化的态势，找出规律，分析原因，提出控制疾病流行、保障鱼群健康的措施并评价措施效果的一种流行病学研究方式，包括环境监测、营养及饲料质量监测、渔场内感染监测、暴发性公共卫生事件监测、意外污染监测等。其中关于传染病性疾病监测，已成为控制疾病流行的重要手段，与疾病流行现况调查不同，监测资料的性质是纵向资料，重点探讨事件随时间变化的趋势。

此外，对突发环境公共卫生事件的应急处理，被认为是一种快速的、综合的水生动物流行病学调查分析。例如，水产动物疾病暴发调查，是对局部地区、短期之内出现大批相同性质鱼病病例或其他环境卫生事件的调查，是水生动物医学预防及公共卫生监测中的一种紧急情况。要求调查人员在最短的时间内查明原因，提供有效控制措施，防止鱼类疾病蔓延或事态扩大，暴发调查考核流行病学工作者快速反应能力，反映了研究者是否熟练掌握水产流行病学基本知识和基本技能。

5. 生态学研究

生态学研究又称相关研究。在自然状态下，对疾病、鱼类健康或环境卫生事件与某些相关因素之间的相关关系进行的观察性研究。其观察对象，一般应为处于某一生态环境下的鱼群。这种研究结果可以提供疾病流行的病因线索，或据此提出健康养殖的促进措施，生态学研究的最大缺点是无法判定因果关联的时间顺序。

（二）常规资料分析

1. 常规资料分析

常规资料分析是指借助某些已经积累起来的常规记录或报告等原始资料，经过有目的、有计划地统计分析，以获取有意义信息的流行病学方法。它要求资料具备真实性、可靠性、完整性和可比性等特点。真实性是指能反映疫病或所研究事件真实情况的程度；可靠性是指在相同条件下重复调查可获得相同结果的稳定程度；完整性是指事先设计的调查指标和项目执行的程度；可比性是指收集的资料应按照统一的标准、方法和判定指标等，以便于不同对象间的比较。通过常规资料分析可以对某地区或养殖场内动物发病或死亡原因进行排序，也可对某种疫病的分布特征和消长变化趋势进行分析，为探明病因、制定防治策略和措施提供依据。

2. 档案研究

描述性研究的数据可以来源于已有现成资料，如养殖场的养殖日记、防疫部门的疫情报告、渔政管理部门的疾病及暴发性死鱼报告等。此类研究的原始数据不是专为本次研究的目的而设立，一般来说比较真实可靠，而且省时、省力、节省费用，关键是原有的这些数据必须系统完整，这一点又往往正是基层水产养殖单位难以做到的。我国十余年来进行的水产养殖动植物病害监测数据，可以看作是进行档案研究的最有价值的资料。

二、分析性研究

分析性研究（analytical study）又称分析流行病学（analytical epidemiology），也是水产动物流行病学研究的主要方法。在描述性研究提供的信息基础之上建立的病因假设，需要通过分析性研究加以验证，其基本研究方法可分为病例对照研究和队列研究两类。

1. 病例对照研究

通常是选择一批有代表性的鱼类常见疾病（或某一环境卫生事件），再选择一批和这些病例相匹配的对照，调查鱼病病例组和对照组发病之前对某一可疑致病因素的暴露情况，比较鱼类病例组和对照组具有该可疑致病因素所占比例的差异，从而推论这种可疑致病因素是否与这种鱼类疾病（或事件）有关。可疑致病因素的暴露史，大多数由鱼类常见病例或对照回忆得出。因此，有人又将病例对照研究（case control study）称为回顾性调查。

病例对照研究的基本原理是以一组患有某种疾病的动物（病例）和一组或几组未患有

该病的动物（对照）为研究对象，调查并比较它们过去曾暴露于某些可疑因素的频度或剂量；如果病例组动物暴露于某因素的比例高于对照组，且经统计学检验两组动物的暴露比例差别有统计学意义，则可认为该因素与该疾病之间可能存在因果联系。这里的"暴露"（exposure）不仅包括接触外界环境中物理性、化学性和生物性致病因子，还包括处于一定的社会因素、管理因素、动物群体、各种防疫治疗措施、动物遗传背景以及内分泌水平等状况之中。病例对照研究为了从疫病分布现象中找出规律性，进一步分析和鉴别疫病的主要病因或某特定因素与疫病的相关性，评估各种因素的定量效果或病因假设，需要通过对比的方法来揭示和分析不同群体间的差异性。在病例对照研究中，通过评估或排除各种偏倚对研究结果的影响，可推断出某个或某些暴露因素是疾病的危险因素，从而达到探索或检验疾病病因假说的目的。

2. 队列研究

队列研究（cohort study）又称定群研究，队列通常是指具有共同经历或暴露于共同因素的群体。队列研究是以未患有所研究疾病的动物群为研究对象，根据其是否暴露于某因素或暴露程度高低分为两组或多组，然后分别追踪观察一定时间后比较各组的发病率或死亡率，以达到验证病因假设的目的。队列研究多用于验证某种暴露因素对某种疫病发病率或死亡率的影响，但也可用于疫病自然史的研究。

病例对照研究与队列研究相比，前者适合于研究不常见的疾病或潜伏期长的疾病，可以同时研究多种可能的病因，对被选动物无危险性并可使用现有记录，但缺点是依赖对以往暴露的回忆和记录，资料的确认较困难或不可能实现，对外在变量的控制不完全，而且不能估计暴露动物和非暴露动物的发病率。队列研究可以计算出暴露动物和非暴露动物的发病率，容易确定假设因素和疾病之间的因果关系，但研究稀有疾病时需要较多的动物数和长期艰苦的追踪观察，而且费用也较高。队列研究基本方法是按照可疑致病因素，将处于不同环境中的鱼群分为暴露与非暴露两组，随访追踪观察处于不同环境中（暴露与非暴露）两组鱼群疾病或健康状况，比较暴露与非暴露组鱼群疾病（或环境卫生事件）发生频率的差别，从而确定该因素是否为鱼类疾病或事件发生的诱因。病例对照研究在开始的时候，结果是尚未发生的，但在进行研究较长时期的观察过程中，研究者关心的结局会陆续出现，其性质是前瞻性的。因此，有人将这种队列研究又称为前瞻性研究。

三、流行病学试验

流行病学试验（epidemiological experiment）又称为试验性研究，是指根据研究的目的，按照预先确定的试验方案，将试验动物随机地分配到试验组或对照组，并对其人为地施加或减少某种处理因素，然后观察该处理的结果，比较并分析组间动物的结局及效应上的差异。实际上，水产医学领域中的动物试验都属于流行病学试验的范畴。按照研究的目的和对象，流行病学实验分为现场试验、自然试验和实验室试验等；按照试验的用途将其分为治疗性试验、预防性试验及病因验证试验等。流行病学试验可直接、简便、准确地在人为控制的条件下阐明疾病流行和分布的规律、验证病因假设和评价各种防治措施的效果。试验性研究是指通过人为控制研究因素而针对供试动物群进行的试验，以最终证实研究者所关心的事件（病因）是否为结果（疾病）的原因。与描述性研究和分析性研究不同的是，试验性研究是在人为控制条件下进行的，而与一般试验室进行的试验研究不同的是试验性研究的对象是供试鱼群。

此类研究大体上又可分为以下几种。

(1) 临床试验：在实验室内以试验致病鱼群为研究对象，主要观察某一渔用药物或治疗药物措施治疗效果的一类试验，它是在某一新药上市之前，在毒理、药理等基础研究完成之后在一定范围和条件之下在鱼群中进行的系列试验。基本方法是将鱼群随即分为治疗组和对照组，经过一段疗程后对比组间治疗效果的各项指标进行评价，从而判定该药物或治疗措施是否有效。这类临床试验设计的关键是，遵循随机、对照和盲法的原则。

(2) 现场试验：在水产养殖场进行的主要用于某种疾病防治效果评价的试验研究。可基于某一水产养殖场、网箱、工厂化水产养殖设施，基本方法是在控制条件下将鱼群分为试验组和对照组，经一定时期之后对比分析组间指标的差异，从而判定该预防措施是否确实有效。传统的现场试验主要是指预防接种鱼用疫苗后的效果评价，其评价的指标包括血清学指标和流行病学指标，目前预防的手段已扩展到药物、营养、水质改良等各个方面，评价的指标也扩展到了分子生物学、行为科学、动物福利等内容。

(3) 区域试验：主要进行养殖区域干预研究，特指在养殖区域内通过改变一些养殖技术措施，致使可疑致病因素发生一些改变后，观察该区域内养殖鱼群疾病或健康状态是否发生相应变化的一种试验设计，这类研究也是流行病学病因研究最终的最强有力的证据。干预研究同样遵循随机、对照的原则，但在实际工作中，往往不能完全符合理论上的要求，此时研究者称此类研究设计为"准试验"。

四、理论性研究

理论性研究又称理论流行病学，是水产动物流行病学研究的高级阶段。它是在已知水生动物疾病流行或环境卫生事件发生全过程中各因素相互关联的基础之上，采用数学语言定量表述该过程各主要环节变化规律的一种方法。用数学方法表达鱼类疾病流行过程，可以在实验室内或计算机上进行模拟，一方面可以预测可能发生的鱼类疾病流行情况，另一方面可以筛选并检验不同预防措施的效果。目前，比较成熟的数学模型有 Reed-Frost 模型、催化模型、多等级模型等。近年来兴起的人工神经网络（artificial neural networks）模型、结构方程模型（structural equation model）在水生动物疾病筛查、生存分析、病因探索等鱼类流行病学研究方面发挥了独特的作用。

五、流行病学监测

流行病学监测（epidemiologieal surveillance）是指连续、系统和完整地收集与某些动物疾病有关的资料，经过分析解释后及时反馈和利用信息的过程。流行病学监测通常具有连续系统地收集资料、监测内容广、资料整理分析及时准确、信息利用率高和反馈速度快等特征。流行病学监测的作用是根据疫病分布的动态变化预测流行趋势、查明病因、采取相应的控制措施并评价其效果。监测的内容通常包括水生动物种类或品种的分布，疫病发病率和死亡率及其分布特点，动物群的免疫接种状况及免疫水平，病原体的型别、毒力和耐药性，病原体传播媒介的种类、分布以及动物机体的病原携带状态，预防或治疗措施的效果，疫病流行因素和流行规律以及疫情的预测预报等。对某种疫病实施监测时，应综合考虑疫病的特点、预防控制的需要和实际条件，适当选择上述内容进行监测。

六、血清流行病学

血清流行病学（seroepidemiology）是按一定的比例随机抽样，应用血清学方法检测动物群中特异性抗原或抗体等成分，借以了解疫病的分布状况及其影响因素，探讨疫病发生原因并评价预防措施效果的流行病学分支。血清流行病学是免疫学和（渔）兽医流行病学原理的结合，通过对不同动物群体血清中的有关成分变化及分布规律的研究，在临床上主要用于分析疫病的流行情况和三间分布动态、制定免疫程序、评价预防接种效果、探讨病因、疫情预测和疾病监测等方面。检测的指标主要是抗原、抗体及其他血清成分。常用的血清学调查方法有现况调查、重复横断面调查、双份血清调查、病例对照研究和队列研究等，可按照不同的调查目的和设计要求进行选择。

七、分子流行病学

分子流行病学（molecular epidemiology）是指应用先进的实验技术测量生物学标志，结合流行病学现场研究方法，阐明疾病相关分子的分布和变迁与疾病发生发展趋势之间的关系，并提出与评价相应防治措施的科学。分子流行病学是传统流行病学与分子生物学理论和技术有机结合的流行病学分支，该学科应用的生物学标记物通常包括生物化学、分子生物学、生理学、免疫学和遗传学等方面的信号，这些信号常常能代表致病因子和所致疾病间的相关性。一般通过研究与疾病有关的核酸、蛋白质、酶和免疫学指标等分布及其变迁情况，用于探讨疾病病因、致病机制、动物易感性、疫病流行规律以及提出并评价疫病防治措施等。

近几年，水产动物流行病学研究方法更加丰富多样。水产流行病学发展到今天，已经形成一整套成熟的研究方法，养殖现况调查、疾病暴发原因调查、生态学研究、病例对照研究、试验研究、数学模型研究等，已经成为经典的鱼病流行病学研究手段。其中，回顾性的病例对照研究和前瞻性的队列研究，成为两种论证因果关系的基本研究形式，许多新的研究方法，如病例-病例对照研究、病例-队列研究等都是由此两种基本设计方式而来。由于学科交叉，相互渗透，不少研究方法由疾病学、生态学、行为学等相关学科引进。随着生物医学和免疫学的发展，疾病测量指标更加精确，水产流行病学在个案研究方面将会有更大发展空间。为了探索环境-基因交互作用、探索群体水平、个体水平及细胞水平变动对个体水平结局变量的影响，采用多水平分析；随着各种鱼类疾病明显的病因因素逐渐得到证实，水产流行病学又把重点转向判断和测量低危险度或保护因素的研究；描述鱼类疾病分布，预测疾病流行趋势，实施鱼类疾病监测时采用地理信息系统等。但是，我们应当清醒地看到，目前的水产流行病学研究方法还不够丰富，特别是在部分鱼类的基因组序列已经得以确定的今天，水产动物流行病学方法如何解决基因与基因、基因与环境之间错综复杂的交互作用还面临着巨大的挑战。

第三章 水产动物传染病的综合防治措施

近年来,随着集约化水产养殖业的迅速发展,水产动物传染病的综合防治体系也得到比较全面的发展。因此,本章除了解水产动物传染病防治的基本原则、一般性措施和药物治疗外,还应该重点掌握水生动物传染病的综合生态防治措施,包括改善和优化养殖环境、提高养殖群体免疫抗病能力、控制和消灭病原体及生物预防等。该章的重点内容是控制和消灭病原体的方法、改善和优化养殖环境及疫病防控技术操作规程等。

第一节 水产动物传染病防治的原则与一般措施

一、防病的原则

水产动物疾病防治要遵循"以防为主,防治结合","无病先防,有病早治"的总原则。尽管在水产养殖过程中,成功地防治养殖鱼类的各种传染性疾病,在客观上存在较防治陆地上饲养动物疾病更多的困难。第一,因为鱼类生活在水体中,处于发病初期的病鱼难以被发现。当养殖业者发现饲养的鱼类发生了疾病时,往往是在池塘水面上出现了部分死鱼的时候,而此时就意味着处于同一养殖水体中的养殖鱼类,虽然尚未有更多的个体死亡,但其实已经处于非常严重的程度了,采取治疗措施也可能为时已晚。所以,在水产动物疾病发生的初期,难以及时发现养殖鱼类疾病就可能丧失有效治疗时机。第二,水产动物给药途径受到限制,对鱼类(尤其是已经患病的鱼类)有效给药是比较困难的。面对群体饲养的成千上万鱼体,人们是难以实现对其逐尾注射或者口灌给药的,即使采用将药物均匀拌和在饲料中投喂的所谓"口服法"给药,也难以确保每尾鱼都能摄食到足够量的药物,因为已经生病的鱼食欲会下降,甚至发生厌食情况,不会主动配合养殖业者采取的治疗行动,通常会拒绝摄食带有药物的饵料。与此相反,同池饲养的尚未受到病原体感染的水产动物,却有可能大量摄食药物饵料而产生药害或者导致药物在其体内超量残留,虽然因为未受感染而无须摄食药物饵料。第三,目前我国的所谓"渔用药物",大多是从人用药物、兽用药物甚至农药转化而来,其中的大多数种类缺乏在鱼类中比较系统的药物代谢动力学和药效学研究。因此,科学使用渔用药物的基础比较差,在应用这些渔用药物治疗水产动物疾病时,往往难以获得理想的疗效。第四,以水为传播介质的水生病原体比陆地上以空气为传播介质的病原体传播速度更快,水产动物传染性疾病一旦发生,其蔓延速度往往很快,导致大量鱼类死亡,给养殖业者造成很大的经济损失,特别是一些名贵的水产动物品种,需要花费很大气力才能培育出来,患病后即使病愈也可能已经失去了观赏价值和经济价值。第五,采用药物控制水产动物疾病,不仅存在对养殖水环境造成药物污染的危险,而且药物在鱼体内的药物残留问题,直接关系到水产品的食用安全性,已经引起了社会的广泛关注。

针对水产动物疾病的特点,为了尽量减少或者避免由于疾病造成的损失,养殖业者必须掌握鱼类疾病流行规律，遵循如下鱼类疾病的防治原则，才有可能做好水产动物传染病防治工作。

（一）预防为主，防治结合

坚持"预防为主"的原则。由于现代化水产动物养殖的密度和数量大，传染病一旦发生或流行，给生产带来的损失非常惨重，特别是那些传播能力较强的传染病，发生后可在鱼群中迅速蔓延，有时甚至来不及采取相应的措施已经造成了大面积扩散，因此必须重视传染病"预防为主"的防治原则。同时还应加强水产医学工作人员的业务素质和职业道德教育，使其树立良好的职业道德风尚，改变那种重治轻防的传统渔医防疫模式，使我国的渔医防疫体系沿着健康的轨道发展，尽快与国际社会接轨。

"防治结合、防重于治"是防治动物疾病的重要原则。但是，对于以水为饲养环境的养殖鱼类而言，养殖业者遵循"以防为主"原则具有更为重要的现实意义。原因如上所述，鱼类生病初期，养殖业者难以发现，容易耽误最佳治疗时机；没有理想的给药途径，患病鱼体不能获得足够药物量；鱼类专用的特效药物缺乏，用药后疗效比较差；一旦传染病暴发，蔓延速度快，控制已经暴发的疾病相对而言比较困难等。

在"预防为主"的基础上进行水产动物传染病的治疗，通过以上各种防治措施大多数的传染病能够得到有效地控制，但由于种种原因某些细菌性传染病仍有产生的可能性。因此，加强针对某些传染病治疗制剂的研制和应用，通过合理的治疗降低其发病率和死亡率，减少传染性疾病造成的经济损失也具有重要的意义。在水产养殖过程中，要反对那种曲解"预防为主"，认为传染病治疗可有可无的错误观念，同时要重视"防治结合"。因此，对于鱼类传染性疾病的防治主要依靠预防。即使发现病鱼后能进行有效的药物治疗，主要目的也只能是预防同一水体中那些尚未患病的鱼受感染和治疗病情较轻或者处于潜伏感染的鱼，病情严重的鱼是难以通过药物治疗而达到康复状态的。

（二）科学管理，无病先防

养殖动物的良好生活环境是靠饲养者精心管理而形成的。为了保证水产动物生活在最适合的环境中，养殖业者必须了解养殖动物的生理特点和生活习性，根据所养殖动物的特点调控养殖水环境。对环境的适时调节还可以避免发生非病原体引起的疾病，如发生浮头、窒息、中毒等疾病。水产动物疾病在发生前总是会有一定的预兆，只要养殖业者平时在管理过程中细心观察，务必重视"科学管理、无病先防"原则，及时发现并及早地做出有效的调控处理，完全可以控制鱼类疾病的发生，或者把疾病造成的损失控制在最小范围内。

水产动物传染病防治过程中必须突出不同传染病防治工作的主导环节。由于水生动物传染病的发生和流行都离不开传染源、传播途径和易感动物群的同时存在及其相互联系，因此任何传染病的控制或消灭都需要针对这三个基本环节及其影响因素，采取综合性防治技术和方法。但是在水产动物疾病发生和执行综合性措施时，必须考虑不同传染病的特点及不同时期、不同地点和鱼群的具体情况，突出主要因素和主导措施，即使为同一种疾病，在不同情况下也可能有不同的主导措施，在具体条件下究竟应采取哪些主导措施要根据具体情况科学合理地制定，以便做到无病先防。

（三）正确诊断，有病早治

水产养殖中除科学管理外，及时诊断、早期治疗是提高治疗效果的关键。水产传染病的治疗不仅是为了消除或减轻水产动物的发病症状,更重要的是为了消除患病动物的传染源作用,即清除患病动物体内存在的病原体。这就要求在传染病发生或流行的早期进行及时诊断、确定病因,以便采取相应的治疗方法和策略。另外,水产动物传染病在其发展的早期阶段,病原体还处于增殖阶段,机体组织尚未受到严重的损伤,此时治疗可以保证疗效,而到晚期再进行治疗其治愈率将会大幅度降低。

1. 正确诊断病情

加强水产动物传染病的流行病学调查和监测,以便快速正确诊断病情。由于不同传染病在时间、地区及动物群中的分布特征、危害程度和影响流行的因素有一定的差异,因此要制定适合本地区或养殖场的疫病防治计划或措施,必须在对该地区展开流行病学调查和研究的基础上进行如下疾病诊断和调查。① 查明病因:在检查病原体的同时,对环境因子、饲养管理以及疾病的发生和流行情况进行调查,做出综合分析。② 详尽了解发病过程:了解当地疾病的流行情况和养殖管理上的各个环节,以及曾采用过的防治措施,加以综合分析,这将有助于对鱼体表和内脏的检查,从而得出比较准确的结果。③ 调查水产动物饲养管理情况:包括清塘的药品和方法,养殖的种类、来源,放养密度,放养之前的消毒及消毒剂的种类、质量、数量,饲料的种类、来源、数量等。④ 调查有关的环境因子:包括调查水源中有没有污染源,水质的好坏,水温的变化情况,养殖水面周围的农田施放农药的情况,底质的情况等。⑤ 调查发病情况和曾经采取过的防治措施:包括发病的时间,发病的动物,死亡的情况,采取的措施等。⑥ 病体检查:在养殖池内选择病情较重、症状明显,但还没有死亡或刚死亡不久的个体来进行病体检查,且每种水产动物应多检查几条。

2. 有病早治

水产动物发病后,要坚持有病早治原则,以免延误病情。注意及早隔离和消毒,防止病原体的传播和扩散。由于水产动物传染病具有传染性和流行性,在治疗过程中发病动物仍可排出病原体,污染周围的环境而造成疫病的传播和扩散。因此,应按照本章节的要求,将患病动物进行隔离、专人管理,保持水环境的清洁卫生,并在严格消毒的情况下进行预防和治疗。此外,及时必要的治疗除可控制原发病外,还可防止继发感染带来的损失。

(四)正确选药,规范用药

要做到渔药的规范使用需要涉及许多内容,主要是要从病原的鉴别、药物的筛选、环境的准确评价、养殖动物的特点、对人类健康状况和养殖水体环境的影响等方面,进行全面考虑的基础上,做到有目的、有计划和有效果地使用渔药,包括正确选药、适宜用药、合理给药和药效评价等。规范用药主要包含如下内容。

1. 严格遵守有关规定

加强和完善水产医学防疫法律法规建设控制和消灭动物传染病的工作关系到国家信誉和人民健康,渔业行政部门要以水产动物流行病学和传染病学的基本理论为指导,以《中华人民共和国动物防疫法》等法律法规为依据,根据动物生产的规律,制定和完善动物保健和疫病防治相关的法规条例以规范水产动物传染病的防治。严格遵循《兽药管理条例》中的有关规定,不得直接使用原料药,严禁使用未取得生产许可证、批准文号的药物和禁用药物,水产品上市前要严格遵守休药期。

禁止药物滥用,加强产品安全管理。在水产动物传染病的防治过程中,要严格遵守行业标准和职业道德规范,防止药物或制品滥用,如盲目加大使用剂量、盲目投药、盲目搭配其他药物等,以减少耐药性菌株的产生和浪费。为确保人们的身体健康和生命安全,严禁使用国家规定的各种违禁药品,并严格执行动物宰前各种药品休药期的规定,以减少或防止动物产品中的药物残留。

2. 建立用药处方制度

渔药与人用药物及兽药一样,使用应该科学合理,必须有专业人士的指导和监督。我国应探索实施水产执业兽医制度,使用处方药,使渔药的使用由无序到有序,由盲目到科学。例如,没有兽(渔)医的处方,就不能购买抗生素等,从而在源头上杜绝在水产养殖中的抗生素滥用现象发生。

3. 严格掌握不同药物和制品的适用症

由于水产动物传染病及其病原体的种类不同,对不同药物和生物制品的敏感性和适用性有很大的差异,因此在选用药物或生物制品时应了解药物或生物制品的特性和适应证,特别对细菌性传染病的治疗,应通过药敏试验选择敏感药物,以保证治疗效果。生物制品的治疗分为特异性和非特异性治疗,即使是非特异性的治疗制品也有一定的适用范围,并不是对所有的传染病都具有同样的效果。

4. 选药原则

鼓励使用国家颁布的推荐用药,注意药物的相互作用,避免配伍禁忌,推广使用高效、低毒、低残留药物,并把药物防治、生态防治和免疫防治结合起来。

(1)有效性:首先要看药物对这种疾病的治疗效果怎样。给药后死亡率的降低常是确定给药疗效的一个主要依据,但还必须从给药组的摄食率、增重率、饲料效率等方面与对照组比较有无差异,并以病理组织学证明治愈作为依据。

应依据以下几点选择抗生素:

① 要根据细菌的特性,选择合适的药物的抗菌谱;
② 在养殖现场分离到的致病菌株进行的药物敏感性试验;
③ 为了增强药物的针对性,要了解药物对病原菌的作用类型。

(2)安全性:渔药的安全问题也越来越引起重视。在选择药物时,既要看到它有治疗疾病的作用,又要看到其不良作用的一面,有的药物虽然在治疗疾病上非常有效,但因其毒副作用大或具有潜在的致癌作用而不得不被禁止使用。例如,治疗草鱼的细菌性肠炎病,通常选用抗菌药内服,而不选用消毒药内服,特别是重复多次用药时注意渔药安全性。

(3)方便性:医药和兽药大多是直接对个体用药,而渔药除少数情况下使用注射法和涂擦法外,都是间接地对群体用药,投喂药饵或将药物投放到养殖水体中进行药浴。因此,操作方便和容易掌握是选择渔药的要求之一。

(4)经济性:水产用药经济性可从两个方面考虑。一是临床用药经济分析,要分析用药后病害能不能治愈,治愈后是否影响水产动物的生长、品质和销售价格等,进行综合考虑,用药是否经济。不鼓励用药,能够不用药就不用药。二是选择廉价易得的药物,水产养殖由于具有广泛、分散、大面积的特点,使用药物时需要的药量比较大(尤其是药浴),应在保证疗效和安全性的原则下选择廉价易得的药物。

(五)合理治疗,因病施治

水产动物传染病种类及其危害程度可决定治疗的实际意义。合理治疗,因病施治,并非所有的水产动物传染病都需要治疗,通常应根据国际、国内有关法律的规定及经济价值来决定是否对患病动物进行治疗。对有些水产传染病应采取强制性的控制措施，如OIE规定的A类疾病或我国法定的一类和二类疫病、刚刚传入的外来疫病、人兽共患病等疾病发生或流行时，往往采取以扑杀为主的控制措施。对于那些尚无法治愈的传染病、治疗费将超过鱼类本身价值的疾病以及某些慢性消耗性传染病也应采取扑杀、淘汰的方法处理而不进行治疗。

水产动物疾病的疗效评价应贯穿于治疗的全过程。在治疗前，对有关药物或制品的相关资料和信息进行总结和归纳，详细了解药物的适应证、作用机理、用药途径及剂量、疗程及其可能的不良反应等。在治疗过程中对同群动物治疗前后的食欲、精神状况、死亡率或发病率的变化情况，或对不同群动物不同治疗处理方法的病死率、治愈率等指标进行统计分析和评价。一般情况下用药3天后便可观察到初步的疗效。治疗后还要进一步观察统计复发率以及动物的生长发育状况。此外，增强动物保护意识，注意对症对因治疗。在实际治疗中，应根据不同传染病的特点采取不同的治疗方案，及时清除患病动物体内的病原体。同时也应重视对症疗法，及时选择各种缓解症状的治疗方法以减轻动物的痛苦，使其迅速恢复正常的生长发育状态。

二、水产动物传染病综合性防治措施的内容

通过前两章内容学习，对水产动物传染病发生及流行病学规律有了一定理解，但学习水产动物传染病学的根本目的就是为了控制和消灭传染病，促使养殖业健康、稳定地发展，最终保障人类的食品安全和身体健康。水产动物传染病的控制通常应分为针对一个国家、一个地区内水产动物传染病的宏观控制方案以及针对某个特定养殖场内鱼类传染病的具体控制方案，两者相辅相成，共同构成水产动物传染病的综合性防治体系。本章主要阐述控制、消灭水生动物传染病共同的技术措施，这些技术措施在各种水生动物传染病防治过程中都发挥十分重要的作用，因此该章也是本课程学习的重点内容之一。

根据前两章的论述，水产动物传染病的发生和流行是由传染源、传播途径和易感动物相互联系所引起的复杂过程，因此在制定水产动物传染病的综合防治体系时，需要采取果断措施消除或切断三者之间的相互联系，以阻止传染病的流行和传播。制定综合性防疫措施时，在充分考虑传染病宏观控制方案的基础上，应制定水产动物传染病防治的长期规划和短期计划，并根据不同传染病的流行病学特点及三间分布特征，分清主要因素和次要因素，确定防治工作的重点环节。

一个国家或地区水产动物传染病的防治，应根据水产流行病学调查和研究的结果以及不同病种的危害程度，在宏观经济分析的基础上制定长远规划和短期计划，以使传染病防治工作有明确的目标。为了达到这一工作目标，除应加强水生动物医学基础设施建设和工作管理、严格执行兽（渔）医法律法规外，在实际工作中更应强化实施水产动物传染病的综合性防治措施，这里将该措施概括为疫病预防、疫病控制、疫病净化和疫病消灭等。

（一）疫病预防

疫病预防（prevention）是指采取一切手段将某种传染病排除在一个未受感染水生动物群之外的防疫措施。疫病预防通常有两种含义，即通过多种隔离措施和检疫措施等阻止某种传染源进入一个尚未被污染的国家或地区；或通过免疫接种、药物预防和环境控制等措施，保护水生动物群免遭已存在于该国家或地区的疫病传染。水生动物疫病预防在内容上通常包括：

(1) 加强水环境控制、改善饲养管理条件，提高水生动物群的一般抗病能力；

(2) 强化水生动物繁育体系建设，需要引进水生动物时应进行严格的隔离和检疫，以防止病原体的传入；

(3) 适时进行疫苗预防接种，认真执行预防性免疫计划；

(4) 定期进行水卫生消毒和杀虫灭鼠工作，及时对死鱼、残饵和粪便等污物进行无害化处理；

(5) 认真贯彻执行水生动物及其水产品的国境国内检疫，以便及时发现并消灭传染源；

(6) 建立各地的水生动物疫病流行病学监测网络，系统地监测和调查当地疫病的分布状况，明确预防对象而使其能够有计划、有目的地进行疫病预防。

(二) 疫病控制

疫病控制（control）是指通过采取各种方法降低已经存在于水生动物群中某种传染病的发病率和死亡率，并将该种传染病限制在局部范围内加以就地扑灭的防疫措施，主要包括患病动物的隔离、消毒、治疗、紧急免疫接种或封锁疫区、扑杀传染源等方法，以防止疫病在易感动物群中蔓延。因此，从理论上说它具有疫病预防和疫病扑灭的含义。水产动物传染病发生时的扑灭措施包括：

(1) 接到疫情报告，应立即赶赴现场，及时对患病动物群采取隔离、检查和诊断措施；

(2) 对发病鱼的污染场所和水源进行紧急消毒处理，确诊为法定一类疫病、危害性大的人和鱼共患病或外来疫病时，应立即采取以封锁疫区和扑杀传染源为主的综合性防疫措施；

(3) 疫点和疫区周围的水生动物群立即进行疫苗紧急接种，并根据疫病的性质对患病动物进行及时、合理的治疗或处理；

(4) 患病死亡或淘汰的水生动物或其尸体应按法定程序进行合理的处理；

(5) 全面系统地对周围鱼群进行检疫和监测，以发现、淘汰或处理各种病原携带者。

(三) 疫病消灭

疫病消灭（eradication）是指在限定地区内根除一种或几种病原微生物而采取多种措施的统称，通常也指动物疫病在限定地区内被根除的状态。传染病的消灭除取决于各种社会因素外，更受病原体生物学特性的影响，如宿主范围、病原体携带及排毒状态、免疫力的持续期、病原血清型、亚临床感染以及疫苗的效果等。疫病消灭的空间范围分为地区性、全国性和全球性三种类型，其中通过认真执行水产动物医学综合性防疫措施，包括严格立法执法、对传染源及时进行选择屠宰、检疫隔离并宰杀淘汰患病动物、加强群体免疫接种、严格消毒、控制传播媒介等措施，只要经过长期不懈的努力，在限定地区内消灭某种水产动物传染病是完全有可能实现的，并被许多国家的人类和动物传染病防疫实践所证实。但是在全球范围内消灭某种传染病将非常困难，到目前为止还没有一种水产或动物传染病成功地在全球范围内被消灭。

(四) 疫病净化

疫病净化（cleanup）是指通过采取检疫、消毒、扑杀或淘汰等技术措施，使某一地区或养殖场内的某种或某些水生动物传染病在限定时间内逐渐被清除的状态。不同地区或养殖场同时进行疫病净化是疫病消灭的基础和前提条件，因此疫病净化是目前国际上许多国家对付某些法定水产动物传染病的通用方法。

疫病净化往往在某一限定地区或养殖场内，根据特定疫病的流行病学调查结果和疫病监测结果，及时发现并淘汰各种形式的感染动物，使限定鱼群中某种疫病逐渐被清除的疾病控制方法。疫病净化对水产动物传染病控制起到了极大的推动作用。目前，国内外对草鱼出血病、细菌性出血败血症等传染病都采取了不同程度和范围的净化措施，并取得了一定经验和效果。

三、水产动物传染病控制的一般性措施

（一）加强人员的防疫知识和兽（渔）医法规教育

水产动物传染病预防知识和技术的普及状况，人们的法律意识、经济状况和文化素质等社会因素对传染病的发生和流行具有很大影响，同时也是控制和消灭水产动物传染病的重要因素。因此，加强防疫意识的宣传教育是水产动物传染病防治工作的一项非常重要的内容。

（1）加强对水生动物疫病预防知识的宣传教育和技术指导，提高水生动物防疫的技术水平和防疫意识：疫病控制措施的贯彻执行需要各级部门、兽疫防疫检疫机构和社会各界民众的大力支持和协助，如果人们对水产动物传染病的发生和流行、预防知识以及有关法律、法规不了解，传染病防疫工作必将陷入盲目混乱的状态。因此，兽（渔）医防疫人员除了控制和消灭水生动物疫病、执行法律赋予的权利和义务外，进行防疫知识的宣传和普及也是一项不可缺少的日常工作。宣传教育和知识普及的方法及内容主要是对饲养管理人员进行水生动物防疫基本知识、鱼类疾病的公共卫生学意义等方面的培训；依靠政府部门，通过各级宣传媒体，对广大民众进行水产动物传染病发生、流行和各项防疫措施作用以及食品卫生和食品安全与水产动物传染病的相关性等宣传教育，号召广大民众与兽（渔）医防疫部门共同搞好水产动物的保健，监督兽（渔）医法律法规的贯彻执行。

（2）强化兽（渔）医及水产养殖从业人员的岗位培训和职业道德教育：提高从业人员的技术水平和职业道德水准对保障养殖场安全生产、提高生产效益、降低疫病危害、制止传染病蔓延以及确保水产品的质量都有非常重要的意义。通过培训可使不同层次人员，如场长、渔医技术人员、管理员和饲养员等明确自己的工作职责、权限，了解各自工作与传染病流行、蔓延以及控制和消灭疾病的相关性。同时也可使饲养管理人员相互间对传染病防治工作进行必要的监督。对水产养殖业主也必须定期进行业务培训、职业道德教育和兽（渔）医法规学习，并需要经常进行考核和评估。

（3）加强兽（渔）医法律法规的宣传，强化动物防疫的法律意识：兽（渔）医法律法规和《国际兽医法典》是控制和消灭水生动物疫病的重要准则，它规定了水生动物疫病综合性防治的标准和方法，以及兽（渔）医人员在执行这些法律法规时的权利、义务和职业道德等。世界很多国家都制定了一系列的兽（渔）医法令和规章，赋予兽（渔）医人员以明确的权限，对不遵守法律法规的人员和单位，兽（渔）医人员有权按法律予以处理。我国颁布的《中华人民共和国动物防疫法》、《中华人民共和国渔业法》、《中华人民共和国进出境动植物检疫法》等法律法规是根据我国动物疫病防治的具体情况制定的，对指导水产动物传染病的综合防治具有非常重要的参考作用，是我国水产医学人员和广大民众处理水产动物疫病有关事件的重要法律准则，因此需要进行广泛的宣传和普及。

为了促进水产动物及水产品的国际贸易，避免因国际交流而传播水生动物疫病，OIE制

定的《国际动物卫生法典》是世界各国在水生动物及其产品国际贸易中应遵循的渔业卫生标准，同时也是整个水生动物疫病防治的国际标准。世界贸易组织（World Trade Organization，WTO）成立后，为了防止水产动物及水产品在国际贸易中传播疫病，要求各成员国在水产动物传染病和寄生虫病防治方面遵守 OIE 的国际标准和准则，因此《国际动物卫生法典》也成为 WTO 各成员国在水产动物和水产品国际贸易上的最低卫生标准。我国作为 WTO 的成员国，在执行水生动物防疫标准时既要考虑到疫病防治的需要，贯彻实施《中华人民共和国动物防疫法》，又要根据国际惯例，严格遵守《国际动物卫生法典》的要求。所以，有关动物防疫卫生方面兽（渔）医法律、法典的宣传、普及和教育必须深入下去，并认真贯彻执行。

（二）规模化养殖场的隔离制度和设施

1. 建设完善的隔离设施

鱼儿离不开水，水源条件的优劣，直接影响水产动物的养殖和养殖过程中病害的发生，因此，在建设养殖场时，首先应对水源进行周密的调查，选择水源充足，没有污染的水作为养殖用水，且水的理化指标应适宜于养殖品种。养殖场在建设时，每个养殖池的进排水系统应完全独立，且进水孔应远离排水孔，当水源不足时，应建蓄水池。进水、排水系统由水源、进水口、各类渠道、水闸、集水池、分水口、排水沟等部分组成，进排水渠道要畅通，鱼池进水与排水应设斜对处。在封闭式和半封闭式工厂化养殖场，应有完善的水质净化和处理设备，对排出的水经过净化和消毒后，确保没有病原体时方可循环使用。水产养殖场的场界要划分明确，场内各区之间，特别是生产区周围应依据具体条件建立隔离设施。为了防疫的需要，生产区应设置一个专供生产人员及车辆出入的大门，一个只供水产动物及其产品进出的运输通道和一个专门进行废弃或污染物收集和外运的通道。在养殖场大门及各区人口处、各池舍入口处，均应设有相应的消毒措施，如车辆消毒池、脚踏消毒槽、喷雾消毒室和更衣间等。

养殖设施是开展健康养殖的重要物质基础。养殖设施的机构和设计，在很大程度上影响水产养殖效果和环境生态效益。我国的水产养殖设施，尤其是作为最主要养殖方式的池塘，基本上沿袭了传统养殖方式中的结构和布局，仅具有提供养殖动物生长空间和基本的进排水功能，有的甚至连基本的进排水系统也不具备。要开展健康养殖，必须对现行的养殖设施结构进行改造，逐步引导水产养殖产业向设施渔业方向发展。养殖池塘除具有提供养殖动物生长、生活空间和基本的进排水系统外，还应具有较强的水质调控和净化功能，使养殖用水能够内部循环利用。这种养殖设施既能极大地改善养殖效果，同时又能够减少对水资源的消耗和对水环境的不良影响，减少疾病的发生和传播，真正做到健康养殖。

2. 建立配套的防疫制度

为了使隔离设施充分发挥作用、各种隔离措施得到贯彻落实，养殖场必须依据本企业的具体条件制定严格的隔离制度，其中应包括本场工作人员、车辆出入场区或生产区的管理；外来人员或车辆进场的隔离和消毒制度；场内水产动物流动或出入生产区的规定；生产区内人员活动、工具使用的管理；残饵污物和水环境的管理；场内禁养其他动物及禁止携带动物、水产品进场的要求；新购入种用水产动物的隔离观察以及患病动物或其尸体处理的管理规定等。在日常工作中还应加强对出入场区的人员和车辆、进出生产区的物品和饲料、疫病诊断和防治操作等有关内容的生产记录和报表制度，以便对出现的问题进行及时准确地调查和分析。

3. 全进全出制和良种繁育体系建设

从防疫的要求出发，在水产工厂化养殖场的经营管理中必须高度重视鱼类全进全出的生产制度和种用鱼群的繁育体系建设。前者是指在生产线的各主要环节上分批安排生产，做到全进全出，使每批动物的生产在时间上有一定的间隔，便于对水产动物池塘进行彻底地清塘和消毒处理，以有效地切断疫病的传播途径，防止病原微生物在不同批次群体中形成连续感染或交叉感染。水产动物良种多级繁育体系的建设则可以使规模化、集约化养殖企业或地区具有自己的良种鱼群，因它们在疫病控制、免疫接种等兽（渔）医防疫卫生方面具有清晰的线索，有利于综合性防疫措施的贯彻执行。

（三）强化水产动物群的饲养管理

影响疾病发生和流行的饲养管理因素，主要包括饲料营养、水源质量、饲养密度、通风换气、防暑或保温、粪便和污物处理、环境卫生和消毒、池塘管理、生产管理制度、技术操作规程以及患病动物隔离、检疫等内容。这些外界因素常常可通过改变鱼群与各种病原体接触的机会、改变鱼群对病原体的一般抵抗力以及影响鱼群产生特异性的免疫应答等作用，使鱼类机体表现出不同的状态，实践证明，规范化的饲养管理是提高养殖业经济效益和兽（渔）医综合性防疫水平的重要手段；在饲养管理制度健全的养殖场中，鱼体的生长发育良好、抗病能力强、人工免疫的应答能力高、外界病原体侵入的机会少，因而疫病的发病率及其造成的损失相对较小。各种应激因素，如饲喂不按时、水质不良、水温过冷或过热、通风不良导致有害气体浓度升高、免疫接种、挫伤、疾病等因素长期持续作用或累积相加，达到或超过了水产动物能够承受的临界点时，可以导致机体的免疫应答能力和抵抗力下降而诱发或加重疾病。在规模化养殖场，往往将注意力都集中到传染病的控制和扑灭措施上，而饲养管理条件和应激因素与机体健康的关系常常被忽略，形成了恶性循环。因此，水产动物传染病的综合防治工作需要在饲养管理条件和管理制度上进一步改善和加强。

（四）模化养殖的水环境保护和传染病控制

随着养殖业的发展和集约化、规模化生产的不断扩大，水产动物粪便在局部区域内大量积累，加上运输、农时和季节等方面的矛盾，造成残饵污染腐败、流失现象十分严重。从防疫角度看，大多数传染病的病原体都可通过患病动物的分泌物、排泄物排出体外，因此那些流入江河、湖滨、海水等处的大量污水势必要造成水体污染和病原体的传播，如水中的细菌总数、大肠杆菌指数等指标常常严重超过《我国生活饮用水卫生标准》的规定，这种状况给污染区周围养殖业的传染病防治和公共卫生安全造成了很大威胁。因此，加强养殖业的水环境治理和保护，发展水产生态型养殖业，保护人类和鱼赖以生存的生态环境已成为人类共同的目标。目前人们对养殖业中污水处理的研究仍在不断深入，但现阶段的处理方法主要通过消毒法、化学法或生物化学法进行污水的净化等。

第二节　水产动物传染病的扑灭和消毒

水产动物传染病扑灭和净化体系，目前是尚未建立起来的。人们通常采用扑杀的方法来控制一些兽医、医学等方面的烈性传染病，同时结合使用消毒方法，目前逐渐将综合性防治体系的基本内容进行有机地结合来进行水产动物传染病的消灭或控制。

从技术和经济学角度考虑，传染病流行的不同时期应采取不同的措施，如在急性、烈性水产动物传染病流行的早期，疾病在鱼群中还没有出现广泛的传播和扩散，此时应以临床检查、淘汰或扑杀感染或发病鱼为主，同时进行污染场地的严格消毒处理和周围鱼群的紧急免疫接种；慢性传染病的处理则应以检疫、淘汰感染鱼为主。不同水生动物传染病的消灭及控制技术不同，一般对人兽类的高致病性禽流感、重症急性呼吸综合征（SARS）等危害性大的疫病，应采取以封锁疫区、检疫、隔离、扑杀和销毁为主的消灭措施；目前对草鱼鲤春病毒血症、出血性败血症、疱疹病毒病等疫病应采取以严格检疫、及早淘汰为主的消火或净化技术，也可通过建立健康鱼群等方法加以净化；对于气单胞菌病、弧菌病、链球菌病等应以加强环境控制，结合敏感药物治疗为主的综合性控制措施；而对于病原体血清型单一、疫苗免疫效果良好的疫病，如草鱼出血病、淋巴囊肿病等则应采取以疫苗接种为主的防治措施。

一、隔离

隔离（segregation）是指将患病水生动物和疑似感染动物控制在一个有利于防疫和生产管理的环境中进行单独饲养和防疫处理的方法。由于传染源具有持续或间歇性排出病原微生物的特性，为了防止病原体的传播，将疫情控制在最小的范围内就地扑灭，必须对传染源进行严格的隔离、单独饲养和管理。

隔离是控制疫病的重要措施之一，在国内外的应用非常普遍。传染病发生后，水产医学人员应深入现场查明疫病在群体中的分布状态，立即隔离发病鱼群，并对其污染池塘和水体进行严格消毒处理。同时应尽快确诊并按照诊断的结果和传染病的性质，确定将要进一步采取的措施。建立隔离制度，一旦发生水产动物传染性疾病，首先必须采取严格的隔离措施，以免疫情传播蔓延。实施隔离，即对已发病的池塘或地区首先进行封锁，池内的养殖动物不向其他池塘和地区转移，不排放池水。工具未经消毒不在其他池使用。与此同时，饲养人员要勤于清除发病死亡尸体，及时掩埋、销毁。对发病鱼类及时做出诊断，确立对策，指导疾病防治和控制疫情流行。在一般情况下，需要将全部水产动物分为患病动物群、可疑感染群和假定健康群等，并分别进行隔离处理。

（一）患病动物群

患病动物群是指从发病水产动物群中隔离出来的、具有明显临床症状或感染表现的水产动物组成的群体。挑选发病动物时应尽量将患病动物全部选出，并在一定时间内反复进行挑选，尽量避免患病动物及其分泌物和排泄物对周围鱼群的污染。如果一个鱼塘内水产动物发病率很高可就地隔离。

凡是挑选出来的患病动物应隔离在远离正常动物、消毒处理方便、不易散播病原体并处于养殖场下风向的密闭场区内饲养。患病动物的隔离舍应由专人负责看管，禁止其他人员接近，内部及周围环境应经常性地进行消毒。隔离池内的患病动物应用特异性抗血清或抗生素及时治疗，同时要加强饲养管理和护理工作。内部的用具、饲料、粪便、污水污物等未经彻底消毒处理不得运出，无治疗价值的病鱼及尸体应严格按照国家有关规定处理。

（二）可疑感染群

可疑感染群是指外表无任何发病表现，但与发病鱼处于同一鱼塘，或与发病鱼及其污染的水环境有过接触的鱼群。这类水产动物可能处于疫病的潜伏期，有排毒散毒的危险性，应另选地方或在原来的鱼塘内隔离饲养，指派专人严加看管并限制其交易活动。鱼塘厂房内外水陆环境应及时进行严格的消毒处理。经过诊断后全群动物进行紧急免疫接种或预防性投药；出现疾病表现的水产动物，应及时隔离出来并按患病动物进行处理。

（三）假定健康群

假定健康群是指同一养殖场区中其他池内的鱼群和（或）该场区周围的其他易感鱼群。这些鱼群应与前述两类动物群严格隔离饲养和紧急免疫接种，并注意加强防疫消毒和相应的防疫保护措施，严防疫病的传入。在疫病发生和流行期间，本养殖场或其所在地区应宣布疫病紧急状态。

除了患病鱼需要隔离外，从外地引进鱼类时，因其可能处于疫病的潜伏期或隐性感染状态，在混群之前应隔离观察至少3周。为防止引进的鱼将病原体带入整个鱼群，隔离期间应对引进水产动物定期进行血清学检查和详细的临床观察。查出阳性鱼应根据情况进行合理处理，并对其污染的池塘进行彻底消毒。

二、封锁

封锁（blockade）是指当某地或养殖场暴发法定一类疫病和外来疫病时，为了防止疫病扩散以及安全区健康鱼的误入而对疫区或其鱼群采取划区隔离、扑杀、销毁、消毒和紧急免疫接种等的强制性措施。封锁的目的主要是阻止疫病向周围地区散播，将疫病控制在封锁区内就地扑灭。由于封锁时需要动用大量的人力、财力和物力，所以只有在发生OIE规定的A类疾病或我国法定的一类疫病以及在一定地区内流行的某些外来疫病时，才由兽（渔）医人员根据有关法律的规定，报请上级政府部门批准，划定疫区范围进行强制性的封锁。封锁行动应通报毗邻地区政府，以便采取有效的防控措施，同时逐级上报至国家兽医和渔业行政机关或OIE，并由其统一管理和发布国家动物疫情信息。

（一）封锁区划分及其强制性措施

一旦暴发或确诊为上述水生动物疫病，当地兽（渔）医行政部门应立即派人到现场，根据疫病的流行特点、疫情状况和当地的具体条件，划定疫点、疫区、受威胁区，并采集病料样品、调查传染源及其分布。封锁是水生动物疫病控制扑灭措施中最为严厉的一种，需要政府部门的全力配合。当确诊为一类疫病或外来疫病时，政府部门应尽早确定封锁行动和相应的强制性措施，并调集人员迅速执行。按照我国的有关规定，被封锁区内主要应采取下列措施。

（1）被封锁的疫点应采取的强制性措施主要包括如下几个。

① 禁止人员、车辆、水产动物的出入和水产品以及可能污染的物品和污水运出；特殊情况下人员必须出入时，需经兽（渔）医人员许可并经严格消毒后出入。

② 对病死水产动物及其同群动物采取扑杀、销毁或无害化处理措施。

③ 疫点内出入口应设置消毒设施，疫点内的用具、池塘、场地环境等应严格消毒。

④ 疫点内的病鱼、尸体、受污染的物品、污水、饲料等应在兽医人员的监督指导下进行无害化处理。

（2）被封锁的疫区应采取的强制性措施主要包括如下几个。

① 交通要道设立检疫消毒哨卡，监督水产动物及其水产品移动，对出入人员、车辆实施消毒。

② 停止集市贸易和疫区内水产动物和水产品的交易。

③ 对易感水生动物进行检疫或紧急预防注射，将饲养的水产动物进行围养或在指定地点饲养，易感观赏鱼限制在疫区内参观展览、交易等活动。

（3）受威胁区内应采取的主要防御性措施包括如下几个。

① 受威胁区内的水生动物应及时进行紧急预防接种以建立免疫隔离带。

② 防止易感水生动物出入疫区，避免使用经过疫区的水源。

③ 禁止购买封锁区内的水生动物、水产品、饲料和水。

（二）解除封锁

当疫区内最后一个病例被扑杀或痊愈后，通过实验室检测或临床观察，在该病的最长潜伏期内未再发现新的感染或发病动物时，经过彻底的清扫和终末消毒，兽（渔）医行政部门验收合格后，原发布封锁令的政府部门便可宣布解除封锁，并通知毗邻地区和有关部门。

三、扑杀

扑杀（stamping-out policy）是指在兽（渔）医行政部门的授权下，宰杀感染特定疫病的水产动物及同群可疑感染动物，并在必要时宰杀直接接触动物或可能传播病原体的间接接触动物的一种强制性措施。当某地暴发法定 A 类或一类疫病、外来疫病以及人鱼共患病时，其疫点内的所有水产动物，无论其是否实施过免疫接种，按照防疫要求应一律宰杀，水产动物的尸体通过焚烧或深埋销毁。扑杀政策通常与封锁和消毒等措施结合使用。

扑杀政策是兽（渔）医学中特有的传染病控制方法。由于多数情况下病原体对宿主动物具有依赖性关系，只有通过扑杀感染水产动物，才是消灭传染源的可靠方法。从水产养殖业发展全局出发，这种措施对传染病的扑灭和净化也是有利的，许多国家的动物疫病处理经验已证明了这一点。但在某些情况下，在水产养殖领域这一措施还不能完全执行时，可以借鉴 OIE 规定，在经过允许的情况下采用改良扑杀政策。例如，大多数国家在禽流感暴发流行时，要宰杀疫点内的所有禽类；而在鱼类暴发流行鲤春病毒血症时，多考虑采用改良扑杀政策。此外，如果在消灭某传染病的过程中，当一个国家或地区通过多年的努力使某病已缩小到几个孤立的疫点时，也可将感染或暴露的水产动物全群扑杀；如果在慢性传染病流行时，由于患病动物生产性能下降及对其他易感动物的传染源作用，建议养殖场自行扑杀或淘汰。

根据我国的有关法律规定，当某地发生传染病时，对发病地区或场所及其染有病原体的水产动物及水产品建议按照下列方式进行感染动物及其尸体的处理。

（1）防疫消毒：指对可能传播病原体的水产动物、水产品及其运输工具、包装物、垫料、所处的环境等采取的除害、除菌措施。

（2）无害化处理：是指通过物理、化学的方法或其他方法杀灭有害生物的处理方式，如消毒、高温处理方法。

（3）销毁：是指用焚烧、深埋和其他方法直接杀灭有害的水产动物及水产品。

在水产养殖中，建议患病动物及其尸体采用如下处理措施：确认为 A 类或一类等烈性传染病和恶性肿瘤或两个器官出现肿瘤的整个动物尸体以及从其他患病动物各部位取下的病变器官或内脏，应在密闭容器中运送至销毁地点进行焚烧炭化或湿热灭菌化制处理。确认为一类传染病的同群动物以及确诊为患病动物的肉尸、内脏和怀疑被一类疫病病原体污染的肉尸及内脏等，应在密闭条件下运至高温车间进行高压或煮沸处理。

四、消毒

消毒是水产动物疾病预防措施中的一项重要内容，它可将养殖场、工具、被污染物和水体中病原微生物的数量减少到最低或无害的程度。通过消毒能够杀灭环境中的病原体，切断传播途径，防止传染病的传播和蔓延。

（一）消毒

消毒（disinfection）是指通过物理、化学或生物学方法杀灭或清除环境中病原体的技术或措施。根据消毒的目的可将其分为预防性消毒、随时消毒和终末消毒。

（1）预防性消毒：是指在平时的饲养管理中，定期对鱼塘及其水体、用具、道路或鱼群等进行的消毒，如种鱼催产时的术部消毒，水体、饲料的消毒，人员、车辆出入池塘或生产区时的消毒，以及医疗器械，如水温表、注射器、针头乃至空气环境等的消毒等。

（2）随时消毒：是指鱼群中出现疫病或突然有个别鱼死亡时，为及时消灭刚从患病鱼体内排出的病原体而采取的消毒措施。适用于患病鱼所在的池塘、隔离场地以及被其分泌物、排泄物污染或可能污染的一切水体、用具和物品。患病鱼的隔离区应每天多次消毒，以防止病原体的扩散和传播。

（3）终末消毒：是指在患病鱼解除隔离（痊愈或死亡）时，或在疫区解除封锁前，为消灭隔离区内或疫区内残留的病原体而进行的全面彻底的大消毒。也用于全进全出制的生产系统中，当鱼群全部出塘后对场区、池水所进行的消毒。

（二）消毒的方法和机理

消毒方法可概括物理消毒法、化学消毒法和生物消毒法。

1. 物理消毒法

物理消毒法是指通过机械性清扫、冲洗、通风换气、高温、干燥、照射等物理方法对环境和物品中病原体的清除或杀灭。

2. 化学消毒法

在疫病防治过程中，常常利用各种化学消毒剂对病原微生物污染的场所、物品等进行清洗、浸泡、喷洒等，以达到杀灭病原体的目的。各种消毒剂对病原微生物具有广泛的杀伤作用，但有些也可破坏宿主的组织细胞，因此通常仅用于水体、环境消毒。

1) 常用的消毒剂类型及其用法

临床实践中常用的消毒剂种类很多，根据其化学特性分为：酚类、醇类、醛类、酸类、碱类、卤素类、氧化剂、染料类、重金属盐和表面活性剂等，现分述如下。

（1）酚类：包括苯酚、甲酚、复合酚等，低浓度时能破坏菌体细胞膜，使胞质漏出；高浓度时则可使病原体的蛋白质变性而起杀菌作用。苯酚又称石炭酸，为无色针状结晶，可杀灭细菌繁殖体，但对芽孢、病毒无效。通常用其质量分数为2%～5%的水溶液处理污物、用具，并可用于消毒车辆、墙壁、运动场及车间或水泥池等，因有特殊臭味而不适于水产品运输车辆及储藏库的消毒。苯酚忌与碘、溴、高锰酸钾、过氧化氢等配伍应用，也不宜用于创伤、皮肤的消毒。甲酚又名煤酚，为无色或淡黄色澄明液体，有类似苯酚的臭味。甲酚毒性较小、杀菌作用比苯酚强3倍，能杀灭细菌的繁殖体，但对芽孢的作用较差。"来苏儿"是甲酚质量分数为50%的肥皂溶液，为棕色黏稠液体，加水稀释后为乳白色液体，用于手术前洗手及皮肤消毒（2%），器械、物品消毒（3%~5%），车间/池及排泄物等消毒（5%~10%）。复合酚是质量分数为41%~49%的酚和质量分数为22%~26%的乙酸的混合物。该品为深红色黏稠液体，有特殊臭味，易溶于水；复合酚能杀灭细菌、霉菌和病毒，对多种寄生虫卵亦有杀灭作用。体积分数为0.5%~1%的水溶液可用于车间或池、工具、排泄物等的消毒，但不得与碱性药物或其他消毒液混用。

（2）醇类：醇类的杀菌力主要是能够去除细菌细胞膜中的脂质并使菌体蛋白凝固和变性。常使用的醇类消毒剂为乙醇，无水乙醇的杀菌力很低，加水稀释成质量分数为70%或体积分数为77%的乙醇溶液杀菌作用最强，但一般只能杀死细菌的繁殖体，对细菌芽孢无效。该品主要用于皮肤及器械的消毒。

（3）醛类：醛类消毒剂有甲醛、聚甲醛和戊二醛等，其中以甲醛的消毒最为常用。福尔马林一般为40%的甲醛，无色液体，有刺激性、特臭，能与水、乙醇任意混合，水溶液呈弱酸性，易挥发且有腐蚀性，是一种强还原剂，在碱性溶液中还原力更强。9℃以下易聚合成多聚甲醛，产生沉淀，有效成分相应降低，可加少量甲醇防止。甲醛通过凝固细菌蛋白、溶解脂类，与蛋白质上的氨基结合，使其烷基化而呈现杀菌作用，杀菌和杀虫力强，对寄生虫、藻类、真菌、细菌、芽孢和病毒均有杀灭效果。多聚甲醛本身无杀菌作用，但加热至80~100℃时能产生大量的甲醛气体而呈现强大的杀菌作用，因此多用于熏蒸消毒。

戊二醛为无色油状液体，味苦，挥发性低，弱酸性，pH高于9时可聚合。戊二醛带正电荷，与微生物膜上的负电荷形成共价键，导致溶菌和细胞死亡；使蛋白质变性；溶解损伤微生物体表的脂肪壁等。可杀灭细菌繁殖体、芽孢、真菌、病毒，其作用较甲醛强，具有高效、广谱、快速的特点，主要用于观赏水产动物细菌病防治。

（4）酸类：由于高浓度的H^+能使菌体蛋白质变性和水解，低浓度的H^+可以改变细菌表面蛋白的电离度而影响其吸收、排泄、代谢和生长，因而酸类物质具有抑菌和抗菌作用。酸类消毒剂包括有机酸（如乳酸、乙酸、草酸）和无机酸（如盐酸、硫酸等）。

（5）碱类：碱类制剂包括生石灰、氢氧化钠、氢氧化钾、草木灰、碳酸钠和碳酸钾等。碱制剂对细菌、病毒和细菌芽孢都具有强大的杀灭作用，可用于多种传染病的消毒。但在应用时应注意碱类制剂对革兰氏阴性菌的杀灭作用比对阳性菌有效；杀灭细菌芽孢需要较高浓度的溶液。由于碱溶液对人和动物组织、铝制品、油漆面和纤维织物具有腐蚀作用，操作时应注意防护。

生石灰又名氧化钙，为白色或灰白色的硬块，易吸收水分，水溶液呈强碱性。在空气中能吸收二氧化碳，渐渐变为碳酸钙而失效。氧化钙是良好的消毒剂和环境改良剂，与水混合时所生成的氢氧化钙能快速溶解细胞蛋白质膜，使其丧失活力，从而杀死池中的病原体和残留于池中的敌害生物等；提高水体碱度，调节池水pH；与铜、锌、铁、磷等结合减轻水体毒性；中和池内酸度，增加二氧化碳，提高水生植物对磷的利用率，促进池底厌氧菌群对有机质的矿化和腐殖质的分解；使水中悬浮的胶体颗粒沉淀，透明度增加，水质变肥，有利于浮游生物繁殖，保持水体良好的生态环境；可以改良底质，提高池底的通透性，增加钙肥，为动植物提供营养物质。可用于清塘消毒，在疾病流行季节每月全池遍洒1~2次，可防治动物体表细菌、真菌、藻类等病害。但应注意生石灰消毒必须在有水分的情况下才会发挥消毒作用；此外石灰乳混悬液的消毒能力会随放置时间的延长而迅速降低。

小苏打（碳酸氢钠）：白色结晶性粉末，无臭，味咸，在潮湿空气中易分解，在水中溶解，水溶液呈微碱性反应。用作抗酸剂、驱虫剂及抗真菌的辅助药，主要用于防治水霉病。

氢氧化钠：消毒用的制剂大部分是质量分数为94%的氢氧化钠粗制碱液，使用时常加热配成质量分数为1%~2%的水溶液，用于消毒被细菌或病毒等污染的养殖地面、墙壁、运动场和污物等，也用于屠宰场、食品厂等地面以及运输车船等物品的消毒。喷洒6~12h后用清水冲洗干净，防止引起动物皮肤等损伤以及对被消毒物品的腐蚀。氢氧化钾的杀菌力及其使用方法与氢氧化钠基本相同。

（6）卤素类：卤素以及容易释放出卤素的化合物均有强大的杀菌能力，其作用机理是卤原子易渗入细胞内与菌体蛋白的氨基或其他基团相结合而发生卤化作用，使其中的有机物分解或丧失功能，呈现杀菌作用。在卤素中以氟、氯的杀菌力最强，其次为溴、碘，但氟和溴一般不用做消毒药。

① 氯制剂：气态氯具有强大的杀菌作用，当其遇水后生成次氯酸也能进入细胞内而发挥杀菌作用。由于氯是气体，其水溶液不稳定，杀菌作用也不持久，故一般多使用能释放出游离氯的化合物，如漂白粉等。

漂白粉：又名氯化石灰，其主要成分为次氯酸钙，受潮后易分解失效。新制的漂白粉有效氯质量分数为25%~30%，保存时应将其装入密闭、干燥的容器中。当其有效氯降低至16%时便失去了消毒作用。漂白粉加水后生成次氯酸和次氯酸根离子，次氯酸杀菌作用快而强，对病毒、细菌、真菌均有不同程度的杀灭作用，可作为消毒剂和水质净化剂。漂白粉一般常用浓度为带水清塘20mg/L，养殖水体消毒1~3mg/L，鱼浸浴10~20mg/L时长10~20min。不可与酸、铵盐、福尔马林、生石灰混用。不宜用金属器皿盛装，密封储存于阴凉干燥处，现配现用，阴天和傍晚施药，避免人体直接接触。

氯胺-T：是一种含氯化合物，为白色或微黄色结晶，有效氯质量分数为11%，易溶于水且刺激性小。氯胺本身具有直接的杀菌作用，也可通过产生次氯酸释放活性氯而对病原体起到杀灭作用。氯胺杀菌谱广，对细菌繁殖体、芽孢、病毒、真菌孢子都有杀灭作用，若提高溶液的酸度，可在短时间内释放出大量活性氯，杀菌作用可提高40倍。本品常用浓度为0.2~0.5mg/L，全池泼洒；或10mg/L浸泡鱼体10~15min。

二氧化氯：这是目前最好的氯制剂消毒剂。常温下是一种黄绿色气体，有类似氯气和臭氧的特殊刺激性臭味。二氧化氯性质不稳定，遇热、遇光或某些离子存在均易分解，所以低浓度的二氧化氯气体或二氧化氯水溶液即使在自然状态下也会分解殆尽。二氧化氯气体含量超过13%时则易发生爆炸性分解，但目前已开发出固体稳定型的二氯化氯。本品为广谱杀菌消毒剂、水质净化剂。二氧化氯有很强的杀菌作用，在pH为7的水中，不到0.1mg/L的剂量5min内能杀灭一般肠道细菌等致病菌。在pH6~10范围内，其杀菌效果不受pH变化的影响。二氧化氯对水中病毒的灭活作用比一般消毒剂强，这可能是由于它的分子和病毒的衣壳蛋白之间有吸附作用，致使病毒颗粒表面聚集了高浓度的消毒剂分子，从而加强了它的消毒效果。因此，在水产养殖中主要用于杀灭细菌、芽孢、病毒、原虫和藻类。二氧化氯的杀菌效力随着温度的降低而减弱，但不受水质pH变化的影响。其优点是杀菌广谱、高效、安全、性能稳定、无残留、无氯臭、无刺激、无"三致"作用，且用量低，效果不受水体酸碱度的影响。常用浓度为0.1~0.3mg/L，全池泼洒。

在水产应用较广的消毒剂还有二氯异氰尿酸钠、三氯异氰尿酸等，前者含有效氯的质量分数为60%~64%，性质稳定不易分解。两者均易溶于水，但水溶液稳定性差，因此需要现配现用。本品的杀菌力较氯胺强，受有机物的影响较小，对细菌繁殖体、细菌芽孢、病毒、真菌孢子均有较强的杀灭作用。常用浓度为 0.3mg/L，全池泼洒；或 3mg/L 浸泡鱼体 10~15min。

溴氯海因：为类白色或淡黄色结晶性粉末或颗粒，有次氯酸的刺激性气味。在水中能够不断地释放出溴离子和氯离子形成次溴酸和次氯酸，将菌体内的生物酶氧化分解而失效，起到杀菌作用。用于养殖水体消毒，防治鱼、虾、蟹、鳖、贝、蛙等水产养殖动物由弧菌、嗜水气单胞菌、爱德华氏菌等引起的出血、烂鳃、腐皮、肠炎等疾病。常用 8% 溴氯海因粉浓度为 0.2~0.3mg/L，全池泼洒。勿用金属容器盛装，缺氧水体禁用，苗种剂量减半。

近年来，杀菌剂向低毒、高效和操作方便方向发展，以溴代氯型的消毒剂成为其主要发展趋势。二溴海因具有良好的消毒效果，属广谱、高效、低毒的消毒剂。具有稳定性好、含溴量高和使用方便的特点。在水产养殖中多用于池塘消毒，预防和治疗疾病等方面，且在使用中不受水质、盐度、pH、水温、有机质等的影响。二溴海因在水体中水解主要形成次溴酸，以次溴酸的形式释放出溴，释放溴的反应很快，在水体中能不断放出溴离子，从而起到杀菌作用。预防疾病时的用量为 0.15~0.20g/m³，每 15 天用药 1 次，治疗时用药量为 0.30~0.35g/m³，清塘时的用量为 3~5g/m³，兑水后全池泼洒。

② 碘制剂：碘具有很强的消毒作用，可杀死细菌、芽孢、霉菌和病毒及原虫等，在酸性环境中碘的杀菌力较强，而在碱性环境或有机物存在时，其杀菌作用减弱。碘在水中的溶解度很小，并具有较强的挥发性，但在碘化物存在时则能形成可溶性的三碘化合物而增加溶解度，同时也降低了挥发性。常用的碘制剂包括碘酊、碘甘油及络合碘。碘酊中碘的质量分数为 2%~5%，可用于手术部位、注射部位的消毒，也用于皮肤霉菌病的治疗。碘甘油是一种质量分数为 1% 的碘的甘油制剂，常用于口炎、皮炎局部的涂擦。

聚维酮碘（PVP-I）：又称为聚乙烯吡咯烷酮碘、碘咯酮（PVP），黄棕色或红棕色粉末，溶于水或乙醇中呈红棕色，酸性，含有效碘应为 9%~12%。本品由分子碘与 PVP 结合而成，其水溶物能缓慢释放高分子化合物，两者间保持动态平衡。与纯碘比，毒性小，溶解度高，稳定性好。能形成 PVP-I- 细胞膜或细胞质，氧化或碘化蛋白质而杀菌。对大部分细菌、真菌和病毒有不同程度的杀灭作用，较低浓度下使用，杀菌力反而强。用于鱼卵、水产动物体表和水体消毒。密闭遮光保存于阴凉干燥处，于有机物里作用减弱。

（7）氧化剂类：该类消毒剂含有稳定的结合态氧，当它与病原体接触后可通过氧化反应破坏其活性基团呈现杀灭作用。常用的氧化剂有高锰酸钾、过氧化氢、过氧乙酸等。

高锰酸钾：为强氧化剂，遇有机物或加热、加酸或碱均能放出初生态氧，具有消毒、杀菌及杀虫的作用，作用短暂浅表，当水中有机物含量高时则很快分解消失。易溶于水，质量分数为 0.1% 的水溶液能杀死多数细菌的繁殖体，2%~5% 溶液能杀死细菌芽孢。高锰酸钾在碱性或微酸性水中会形成二氧化锰沉淀，往往损伤鳃组织，在高浓度时会出现刺激和腐蚀作用。用于鱼种消毒、防治固着类纤毛虫病及卵膜软化症。密封避光保存，溶液遇光能分解而形成毒性物质。忌与碘剂配合应用，宜现配现用。

过氧化氢（双氧水）：无色透明水溶液，无臭，味微酸，性质不稳定，遇氧化物或还原物迅速分解产生泡沫，见光易失效，常为 27%~31% 的浓溶液，临用时稀释成 3% 的溶液。因释放大量氧而发挥杀菌和消毒作用，可作局部消毒剂，清洁浅部伤口，防治体表吸虫和柱状病。有强腐蚀性，用时小心，对娇柔的观赏鱼慎用。

（8）表面活性剂类：该类制剂可通过吸附于细菌表面，改变菌体胞膜的通透性，使胞内酶、辅酶和中间代谢产物逸出，造成病原体代谢过程受阻而呈现杀菌作用。它分为阴离子表面活性剂、阳离子表面活性剂及不电离的表面活性剂3种。其中阳离子表面活性剂的抗菌作用强、抗菌谱广、作用快，能杀灭多种革兰氏阳性菌和革兰氏阴性菌，且对病毒和霉菌也有一定的抑制和杀灭作用，故应用较广，但应注意其杀菌效力可被有机物及阴离子表面活性剂，如肥皂等抑制或抵消。常用的表面活性剂类消毒剂有新洁尔灭，它属于阳离子表面活性剂，兼有杀菌和去污效力，易溶于水、性质稳定，能够长期保存。该品对肠道菌、化脓性菌及部分病毒有较好的杀灭作用，质量分数为0.1%的溶液可用于皮肤、黏膜及器械的消毒；也可用于车间或池、孵化池、环境的喷雾消毒。此外，该类消毒剂还有洗必泰、消毒净等，它们都是广谱的消毒剂，对革兰氏阴性菌和阳性菌均有较强的杀灭作用。

（9）重金属盐类：包括汞、银、铜、锌、铋等化合物，它们能与蛋白质中的巯基结合形成蛋白盐，使蛋白质沉淀而抗病原体，重金属离子还能与酶上的活性巯基结合而使酶失活，影响病原体生长繁殖；同时硫酸铜对伤口也有收敛作用。

硫酸铜：又被称为蓝矾，为蓝色透明结晶性颗粒，或结晶性粉末。无臭，具金属味，在空气中易风化，可溶于水和甘油，微溶于乙醇。水溶液呈酸性（5%水溶液pH为3.8）。本品中的铜离子与蛋白质中的巯基结合，干扰巯基酶的活性，因而对病原体有杀灭作用，同时还可阻碍虫体的代谢或和虫体的蛋白质结合成蛋白盐而有较强的杀灭作用，可杀灭寄生于鱼体上的鞭毛虫、纤毛虫、吸管虫以及指环虫等。对伤口也有收敛作用。除了用作杀虫剂和控制藻类生长，还可杀灭真菌和某些细菌，如水霉病、丝状细菌病和柱状纤维黏细菌病等。可用8mg/L的溶液浸浴20～30min，可防治鱼种口丝虫、车轮虫病和河蟹的蟹奴病等；泼洒防治鱼类原虫病可用0.7mg/L水体的硫酸铜全池遍洒。硫酸铜还可与漂白粉（含有效氯30%）分别以8mg/L水体与10mg/L水体配成合剂，浸浴鱼种15～30min，可防治水生动物的原虫病，有报道硫酸铜与漂白粉（0.5mg/L硫酸铜和1mg/L漂白粉）全池遍洒治疗传染性水肿病。硫酸铜水溶液对金属有腐蚀性，使用时不能用金属容器储存和盛放。对鱼等水生动物的安全浓度范围较小，毒性较大，一般淡水鱼的用量较海水鱼低。本品应储存于干燥通风处。

硫酸亚铁：为淡蓝绿色柱状结晶或颗粒，无臭，味咸涩。在干燥空气中易风化，在潮湿空气中则氧化成碱式硫酸铁而呈棕色，易溶于水，水溶液可迅速氧化。一般是与硫酸铜配合使用。本品为抗贫血药和作杀虫辅助药物。它可使黏膜细胞脱落，为硫酸铜等药物杀灭寄生虫扫除障碍。可用于原虫类、中华鳋等寄生虫的防治。也可防治赤潮生物污染。常与硫酸铜配合成杀虫剂使用，使用浓度为0.7mg/L（$CuSO_4$为0.5mg/L，$FeSO_4$为0.2mg/L）。硫酸亚铁在空气中易风化、氧化，因此应密封保存。本品与碳酸氢钠、磷酸盐类及含鞣质的药物混用可产生沉淀。

2）影响化学消毒剂消毒效果的因素

（1）化学消毒剂的性质：各种消毒剂的化学特性和化学结构不同，对微生物的作用机制及其代谢过程的影响有明显差异，因而消毒效果也不一致。

（2）消毒剂的浓度：任一范围内，消毒剂的浓度越大，消毒作用越强，如大部分消毒剂在低浓度时只具有抑菌作用，浓度增加才具有杀菌作用。但消毒剂的浓度增加是有限度的，盲目增加其浓度并不一定能提高消毒效力，如体积分数为70%的乙醇溶液的杀菌作用比无水乙醇强。

（3）微生物的种类：微生物的形态结构及代谢方式不同，对消毒剂的反应也有差异。例如，革兰氏阳性菌较易与带阳离子的碱性染料、重金属盐类及去污剂结合而被灭活；细菌的芽孢不易渗入消毒剂，其抵抗力比繁殖体明显增强等。

（4）作用的温度及时间：温度升高可以增强消毒剂的杀菌能力，而缩短消毒所用的时间。例如，当环境温度提高10℃时，酚类消毒剂的消毒速度增加8倍以上，重金属盐类增加2～5倍。在其他条件都相同时，消毒剂与被消毒对象的作用时间越长，消毒的效果越好。

（5）环境湿度：熏蒸消毒时，湿度对消毒效果的影响很大，如过氧乙酸及甲醛熏蒸消毒时，环境的相对湿度以60%～80%为最好，湿度过低时则能大大降低消毒的效果。

（6）消毒液的酸碱度：碘制剂、酸类、来苏儿等阴离子消毒剂在酸性环境中的杀菌作用增强，而阳离子消毒剂，如新洁尔灭等则在碱性环境中的杀菌力增强。

（7）环境中有机物的存在：当病原体所处的环境中含有大量的有机物，如粪便、脓汁、血液及其他分泌物、排泄物时，由于病原体受到有机物的机械性保护，大量的消毒剂与这些有机物结合，消毒的效果将大幅度降低。所以，在对病原体污染场所、污物等消毒时，要求首先清除环境中的杂物和污物，经冲刷、洗涤完毕后再使用化学消毒剂。

3. 生物热消毒

生物热消毒是指通过堆积发酵、沉淀池发酵、沼气池发酵等产热或产酸，以杀灭粪便、污水、垃圾等内部病原体的方法。在发酵过程中，由于粪便、污物等内部微生物产生的热量可使温度上升达70℃以上，经过一段时间后便可杀死病毒、病原菌、寄生虫卵等病原体，从而达到消毒的目的；同时由于发酵过程还可改善粪便的肥效，所以生物热消毒在各地的应用非常广泛。

（三）消毒程序和消毒制度

1. 消毒程序

根据消毒的类型、对象、环境温度、病原体性质以及传染病流行特点等因素，将多种消毒方法科学合理地加以组合而进行的消毒过程称为消毒程序。消毒程序应根据本场的生产方式、主要流行的传染病、消毒剂的特点和消毒设备及设施的种类等因素确定，但消毒前将鱼塘内的粪便、污物清扫干净是提高消毒效果的前提。条件较好的养殖场应在消毒后对生产的关键环节，如孵化池、孵化盘等实施消毒效果的检查。

2. 消毒制度

养殖场通常将各种消毒工作制度化，明确规定和记录消毒工作的管理者和执行人，使用消毒剂的种类、浓度和方法，消毒的间隔期限，消毒剂的轮换使用情况以及消毒设施、设备的管理和维护等内容。

（四）消毒效果检验

消毒效果受到多种因素的影响，包括消毒剂的种类和使用浓度、消毒时的环境条件、消毒设备的性能等，因此为了掌握消毒的结果，以保证最大限度地杀灭环境中的病原微生物，防止养殖鱼类传染病的发生和传播，必须对被消毒对象进行消毒效果的检验。

第三节 水产动物传染病的生态防控措施

水产动物传染性疾病的生态防控措施是水产养殖工作中的重要环节，也是提高水产动物增养殖产量及经济效益的根本保证。多年来的实践证明，只有贯彻"全面预防、积极治疗"

的原则,遵循"无病先防、有病早治"的方针,才能减少或避免疾病的发生,这是由水产动物疾病的特点所决定的。水产动物生活在水中,平时难以观察,一旦生病,很难对其进行及时和正确的诊断。当发现动物机体开始死亡时,病情已非常严重。此外,在针对水产动物疾病治疗时,给药困难。在生产中通常采用的全池泼洒法和口服法等都是对养殖动物群体用药,而不是针对生病个体用药,因此,治疗效果较差。另外,水产动物患病后,大多食欲减退或失去食欲,更难通过口服药物治疗,即使使用外用药物,较大水体很难实施。因此,在水产动物疾病防治工作中,必须坚持以防为主,积极开展健康养殖与生态防控技术,注意控制和消灭病原,通过免疫预防和生物预防等综合措施,减少或避免疾病的发生。

一、改善和优化养殖环境

由于水产动物生活在水中,不易观察,一旦发病,往往传染较快,而且治疗效果也不好,因此预防传染性疾病的发生非常重要。对于江河、水库、湖泊等大型天然水域,鱼病的防控难度大、成本高、效果差。在池塘、网箱等人力可控的生产条件下,养殖者可以通过改善生态环境、提高鱼体免疫抗病能力、控制和消灭病原体、加强饲养管理等技术措施,减少水产动物传染病的发生,提高鱼类成活率。

(一)池塘生态环境

养殖池塘良好的生态环境是获得高产、优质、高效的关键之一。养殖池塘的生态条件主要有池塘规格、土壤底质、水源水质、水深、水温等物理因素;溶氧、pH等化学因素,细菌、藻类、寄生虫等生物因素。

1. 池塘规格和要求

(1)养殖池塘池形整齐,堤埂较高较宽,大水不淹,天旱不漏,旱涝保收。养殖池塘形状一般长方形较好,东西向,排列整齐,大小相近,长宽比为2:1为宜。池底最好呈"龟背型"或"倾斜型",池塘饲养管理方便,并有一定的青饲料种植面积。"龟背型"池塘底部最好设计成中间高,向四周倾斜,与池塘边接壤处最深,整个池塘呈龟背状,并向出水口一侧倾斜,这样在排水干池时,鱼和水都集中在最深处,排水十分方便,也有利于拉网捕鱼操作,池塘淤泥集中在最深处容易清除。"倾斜型"鱼塘底部要平坦,从进水口到排水口一端要有一定纵向倾斜,其比降为1/200~1/300。塘底沿纵向倾斜要挖一条沟,有的地方叫"鱼溜"或"鱼沟",深20~30cm,此沟的作用有二:一是便于排水捕捞底层鱼;二是干塘时给未捕净的鱼或鱼种一个存身之地,以减少受伤或死亡。此外,池塘应通风向阳,水面光照时间长,有利于池塘中浮游生物的光合作用,减少细菌和有害微生物的生长繁殖。为了充分利用土地、四周边角地带,根据地形也可安排一些边角塘。

(2)养殖池塘面积适中,一般养鱼水面以10亩左右为佳,池塘集中成片养殖面积在100亩以上。不同类型鱼塘按其不同性能,其面积、水深也各不相同。饲养食用鱼的池塘面积应较大,面积大则鱼的活动范围广。受风力的作用也较大,风力不仅可以增加溶氧,而且还可使池塘上下水层混合,改善下层水的溶氧条件。水体大,水质较稳定,不易突变,因此俗有"宽水养大鱼"的说法。但面积过大,管理不便,投饵不均匀,水质难控制,夏季捕鱼时,一网起来捕过多,分拣费时,操作困难,稍一疏忽容易造成鱼的死伤。此外池水较深,蓄水量较大,水质较稳定,对鱼类生长有利。一般来说,精养鱼池常年水位应保持在2.0~2.5m,鱼塘的垂直深度应比鱼塘最高水位高出30~50cm。但池塘也不是越深越好,池水过深，下层水光照条件差，溶氧低，有机物分解耗氧大，容易造成下层水缺氧，对鱼类的生存和生长均有较大影响。

（3）池塘底质要求：饲养鲤科鱼类池塘的土质以壤土最好，黏土次之，沙土最差。饲养1~2年后的鱼池，由于积存的残饵、鱼类粪便和生物尸体与泥沙混合，形成淤泥，代替了原有的土壤。淤泥过多，则其中所含有的有机物氧化分解要消耗大量氧气，易造成缺氧，而且缺氧后有机物厌氧发酵还会产生氨、硫化氢等有害物质，影响鱼类生存和生长。通常在鱼种放养时，池底应保持5cm厚的淤泥，这对补充水中营养物质和保持、调节水的肥度十分重要。

2. 水质、水温条件

（1）养殖池塘有良好的水源和水质，注排水方便。水源水质、水温是不可忽视的重要物理条件。池塘应有良好的水源条件，以便于经常加注新水。由于池塘内鱼类饲养密度大，其投饵施肥量大，池水溶氧量往往供不应求，水质易恶化，导致鱼类严重浮头而大批死亡。增氧机可防止鱼类浮头，但不能从根本上改善水质。池塘水源以无污染的河、湖水为宜，水质应符合《渔业水质标准》和《地表水环境质量标准》（三类），鱼池最好靠近河边或湖边。井水可以作为养殖水源，但其水温和溶氧均较低，使用时应将井水流经较长的渠道或设晒水池，并在进水口设接水板，待水落到接水板上溅起后再流入池塘，以增加水温和溶氧量。工厂和矿山排出的污水，往往含有对鱼类有害的物质，只有经过分析和试养合格，才能作为养鱼用水。

（2）水体温度是水产动物最重要的环境条件之一。养殖水体的温度随气温的变化而变化，因此水温具有明显的季节和昼夜差异。水温直接影响水生动物的新陈代谢，从而影响其摄食和生长。各种水生动物均有其适宜的温度范围，一般在适温范围内，随着水温的升高，鱼类代谢也相应加强，其摄食增加，生长也加快。水温同时可直接影响水中细菌和其他水生生物的代谢。在最适温度范围内，细菌和其他水生生物生长繁殖迅速，同时细菌分解有机物为无机物的作用大大加快，因而能提供更多的无机营养物质给浮游植物利用。制造新的有机物，使水中各种饵料生物都得以加速繁殖，养殖水体的物质循环效率也随之提高。我国的地理位置决定了养殖水域是以温水性水产动物为主体，其最适生长温度为20~35℃。在此范围内，随着温度的升高，细菌分解有机物的作用加强，生长繁殖速度加快。

3. 化学因素

（1）溶氧：氧气是鱼类赖以生存的首要条件。对于湖泊、水库、河流以及粗养的鱼池等水体，一般不存在缺氧问题。但对于精养小水体，由于放养密度高，有机物（生物、残饵、粪便等）耗氧量大，溶氧供不应求，因此必须通过换水、机械增氧等方法加以补充。一般养殖池塘中的水体溶解氧应保持存5~8mg/L，最低不能低于3mg/L。否则就会引起鱼虾浮头，甚至泛塘死亡。在水产养殖中，水体轻度缺氧虽不致引起鱼虾死亡，但会严重影响其生长速度，使饵料系数提高，生产成本增加，养殖效益下降。以草鱼为例，在溶氧量为2.78mg/L情况下的生长速度，比在5.56mg/L情况下降低90%以上，饵料系数提高4倍。我国主要养殖鱼类对低氧的忍耐能力很强，一般溶氧下降到1mg/L左右才引起浮头，至0.7mg/L以下则开始窒息死亡。我国主要养殖鱼类溶氧保持在4.0~5.5mg/L及以上，才能正常生长，溶氧低于此水平，鱼类生长就会受到不同程度的抑制。因此，尽管池塘内饵料比湖泊、水库丰富，但鱼类的生长比湖泊、水库等大型水体慢得多。"白天长肉，晚上掉膘"，其主要原因是池塘溶氧条件差，特别是夜间的溶氧条件恶化，鱼类生长受到抑制。

(2) pH：pH 是指水中的氢离子浓度。pH 对养殖水体的水质、水生植物、水生生物和鱼类有重要影响。pH 过低，即在酸性的水环境中，细菌、大多数藻类和浮游动物的发育受到影响，消化过程被抑制，光合作用减弱，水体物质循环效率下降。酸性水还会使鱼类血液的 pH 下降，降低其载氧能力，血液中的氧分压降低，尽管水中含氧量较高，鱼也会浮头。在酸性水中养殖鱼类不爱活动、畏缩，新陈代谢低落，摄食量少，消化率低，生长受到抑制。pH 过高（如 pH>10），鱼类生长也会受到抑制。我国主要养殖鱼类对水的 pH 变化有较大的适应能力，青鱼、草鱼、鲢、鳙的 pH 适应范围为 4.6～10.2，低于 4.2 或高于 10.4 时只能生存极短时间；鲤的适应范围为 pH 4.4～10.4。总之，几种主要养殖鱼类适宜的 pH 为 7.0～9.0，此范围正是我国各类水域最常见的 pH，最适范围为 pH7.5～8.5，它们在微碱性的水中生长最好；长期生活在 pH 为 6.0 和 10.0 的水中，生长会受到抑制。

4. 生物因素

(1) 微生物：池塘水体中的微生物包括细菌、酵母菌、霉菌等，以细菌最为重要。池塘中细菌数量多达每毫升水中几万至几百万个，它们参与池塘物质循环，是水生动物和鱼类的天然饵料。但是在池塘缺氧条件下，厌氧细菌滋生，有机物厌氧分解所产生的有害物质，对鱼类养殖不利，有些细菌（如嗜水气单胞菌、弧菌等）是致病细菌，可以引起鱼病，造成鱼类死亡。

(2) 浮游生物：水中的浮游生物包括浮游植物和浮游动物两大类群，其中以浮游植物为主。一般精养池塘中的浮游植物主要包括蓝藻、隐藻、甲藻、金藻、黄藻、硅藻、裸藻、绿藻 8 个门的种类。根据优势种群的不同，养殖池塘可分为两种类型，以隐藻为代表的鞭毛藻类鱼塘和蓝藻长期占优势的蓝藻塘。绿藻、硅藻、裸藻、金藻塘在一般鱼池仅短期出现，第一种塘为水质管理得好，物质循环良好的传统肥水的代表；蓝藻塘通常为管理欠佳，物质循环不良的老水，但从养鱼效果来看，有些蓝藻塘，如鱼腥藻、拟鱼腥藻塘还是头等好水。我国高产鱼池浮游动物生物量大多数在 10～20mg/L，组成上轮虫占绝对优势，原生动物次之，枝角类、桡足类都较少，这是因为甲壳类世代时间较长，高密度混养池中，在强大滤食压力下种群难以增长和持续，另外一个重要原因是鱼池防病常施放敌百虫之类的农药，甲壳类对它们的抗性较差，所以现存量少，由于缺乏食物的竞争者，轮虫类得以长期占优势。

(二) 改善池塘生态条件

1. 池塘的修整和清塘

1) 鱼塘修整、清淤

改造池塘时应按上述标准要求，一般按照"小池改大池，浅池改深池，死水改活水，低埂改高埂和狭埂改宽埂"的原则进行。多年用于养鱼的池塘，由于淤泥淤积过多，堤基受波浪冲击，一般都有不同程度的崩塌，必须进行整塘清淤和清塘。整塘是将池水排干，清除过多淤泥；将塘底推平，并将塘泥敷贴在池壁上，使其平滑贴实；填好漏洞和裂缝，清除池底和池边杂草；将多余的塘泥清上池堤，为青饲料的种植提供肥料。对于新开鱼池可在池中投放绿肥，采用沤肥的方法尽快制造淤泥，使淤泥中的腐殖质镶嵌在土壤间隙中，并覆盖在土壤上，使其与原来的土质基本隔绝，就可以起供肥、保肥和调肥的作用。池塘经一年的养鱼后，底部沉积了大量淤泥，一般每年沉积 10cm 左右。故应在干池捕鱼后，将池底周围的淤泥挖起放在堤埂和堤埂的斜坡上，待稍干时应贴在堤埂斜坡上，拍打紧实，然后立即移栽黑麦草或青菜等，作为鱼类的青饲料。这样既能改善池塘条件，增大蓄水量，又能为青饲料的种植提供优质肥料。由于草根的固泥护坡作用,能减轻池坡和堤埂的崩塌。

2)清塘消毒

清塘是指在池塘内施用药物杀灭影响鱼苗生存、生长的各种生物,以保障鱼苗不受敌害、病害的侵袭。必须先整塘,暴晒数日后,再用药物清塘。只有认真做好整塘工作,才能有效地发挥药物清塘的作用。否则池塘淤泥过多,造成致病菌和孢子大量潜伏,再好的清塘药物也无济于事。因此在水产养殖中一定要克服"重清塘、轻整塘"的错误认识,一般是先整塘后再用药物清塘。定期在养殖池塘中泼洒一定量的生石灰,能有效杀灭池塘中的有害生物、改良水质和底质、增加肥效。生石灰兑水成石灰乳,全池泼洒,合理施用。一般池塘每亩用80～100kg,有机质沉淀较多的池塘清塘时水深0.5m每亩用生石灰150kg。平时防治疾病、改良底质用量为每次每亩15～30kg。需要注意的是在总碱度、总硬度及pH都偏低的池塘,要及时合理施用生石灰。而池水和底质中钙离子浓度较大,碱度较高,不必施生石灰;在有机质贫乏的池塘,不宜单施生石灰。

2. 施肥培水

池塘施肥培水的作用在于不断补充池塘物质循环过程中由于捕获渔产品所造成的损失,保持和促进池塘物质循环效率,以获得较高的鱼产量。与此同时,池塘施用有机肥料,其中腐屑还可供大部分养殖鱼类(除肉食性鱼类外)摄食。池塘肥水培水要"看水施肥",即缺什么肥施什么肥。

1)有机肥肥水

有机肥料是我国池塘施肥至今为止使用的主要肥料。有机肥主要包括绿肥、发酵的粪肥和厩肥等。绿肥包括多种野生的无毒草本植物和人工栽培的植物,只要是无毒的、茎叶易于浸腐分解的植物均可,其中以无毒的菊科、豆科植物为好。粪肥包括人粪尿、禽畜粪尿、蚕粪等。厩肥主要是家畜粪尿、草、草木灰及少量残余饲料。对水质过于清瘦,特别是新开挖的池塘宜用有机肥,为了使水长期保持有效的肥度,可在塘角堆施有机肥(如猪粪、鸡粪等),堆放的有机肥必须经过发酵、暴晒和消毒。池塘施用有机肥料培水,首先培养起来的是各种腐生性微生物,主要是各种腐败分解细菌,其次是一些纤毛虫类和鞭毛虫类。施肥后池塘中浮游细菌的数量可以比原来增加数十倍以致数百倍。这些细菌本身成了许多浮游动物的良好饵料,浮游动物也大量繁殖,以致使池水变成灰白色是肥水标志之一。

有机肥料既可作基肥,也可作追肥。但有机肥料一般肥效较迟,下塘后需经微生物分解、矿化转为简单有机物和无机盐后才发生肥效。故在施用上需要考虑发生肥效的时间。一般说,有机肥料施用4～5天后即有明显肥效;新鲜绿肥下池堆沤肥效稍迟2～4天。绿肥施用时,通常将新鲜绿肥,每20～30kg一扎,并排于池边水中堆沤。绿肥应全部浸没于水中,其上再加塘泥压面,不使绿肥露出水面。为了易于沤腐和不损失肥效,绿肥应防止晒干。同时每次施绿肥需更换堆放位置。发酵的粪肥施用时通常采用全池泼洒或部分池面泼洒的方法。特别是鱼苗、鱼种培育池,新鲜牛粪加水搅拌成牛粪液全池泼洒培育家鱼鱼苗、鱼种,效果良好。

生物有机肥是将有机物质用复合微生物益生菌群发酵后,再按照一定的氮磷配比复合而成,兼具培水和调节水质功能。适合于池塘生态养殖。生物肥可以补充水体的多种营养元素,具有肥水速度快、费用低、副作用小等优点(如"生物酵素肥")。

2)无机肥料肥水

无机肥料俗称化学肥料。无机肥料具有肥分含量高,一般肥效较迅速,肥劲较短,可以直接为水生植物吸收利用，分解不消耗氧气等特点，故无机肥料往往称为"速效肥料"。池塘施用的无机肥料根据其所含肥分，主要有氮肥、磷肥等。当水体急性缺肥时，可采用无机肥肥水（如磷肥、尿素、碳铵等），一般水发黑施尿素，水发绿施磷肥。

水产用复合肥是根据浮游植物光合作用所需氮、磷的需要，用化学肥料按照一定的氮磷配比复合而成，可快速培水，提高养殖水体初级生产力和溶氧生产能力。

3）水质改良剂肥水

微生态制剂肥水是指微生态制剂可以补充水中有益细菌，消除水中氨氮、亚硝酸盐、硫化氢、甲烷等有毒物质，达到预防疾病、肥水和改良水质的目的（如"活水益生菌"）。底质改良剂肥水不仅可以消除底泥的有害物质，还可以使底泥中的有机质快速无机化，并释放到水体供藻类利用，达到肥水的效果。需要指出的是，微生态制剂使用注意以下几点：①微生态制剂为有益微生物制剂，不能与消毒剂同时使用；②使用前须开增氧机，增加水中溶解氧，充分激活水源，有利于活菌迅速生长；③最好在晴天上午使用，注意生产日期，不使用超过有效期的产品。

4）矿物质和微量元素

多年的精养高产池塘、珍珠等螺蚌养殖池塘，受矿物质和微量元素的限制，初级生产力较低，易发生病害，常需添加钙质等矿物质和微量元素。钙镁磷肥、过磷酸钙等矿物肥中含有较丰富的矿物质和微量元素，珍珠蚌、螺类等副产品粉碎后是优良的矿物质和微量元素肥料。此外如"氨基酸肥水膏"中含有藻类必需的钾、硅、铁、锰、钼等微量元素，化水泼洒，可以解除因微量元素缺乏引起的水质清瘦现象。

5）定期注水

定期加注新水可以引入新的藻群，并激活浮游生物的繁殖，达到肥水的目的。

3. 改善池塘溶氧

1）注水

池塘养殖过程中，春季要逐步提高水位，夏季高温蒸发量大，要及时补充新水，水质过浓要及时换水，缺氧浮头可注水急救，因此养殖过程中给池塘注水很频繁，是改善水质、池塘缺氧急救的重要手段。通常要求注入的水必须清新、无污染、溶氧充足，温差也不宜过大，一般鱼苗池温差不超过2℃，鱼种池不超过5℃；加水前应保证原池水有20~30cm空间，然后注入新水，并且进水口用密眼网过滤，严防野杂鱼、敌害生物进入鱼池。同时应防止水流冲起池底淤泥，搅浑池水。鱼苗初下塘时，鱼体小，池塘水深应保持在50~60cm。以后每隔3~5天注水1次，每次注水10~20cm。培育期间共加水3~4次，最后加至最高水位。在加水过程中再注意如下一些细节。

（1）天气正常的情况下夜晚注水最佳。尤其是下半夜至凌晨注水，可提高池水的溶氧量，避免鱼缺氧浮头，可快速改良水质。

（2）加注溶氧丰富的浅表层水为好。用潜水泵给鱼池加注新水时，通常是将水泵沉到水底，所吸注的是深层水，这种水有机质含量高，溶氧含量低，水温也偏低，注入鱼池后，不利于改善水质。因此，要改抽溶氧丰富的浅表层水，可将潜水泵放在架子上，抽到水下30cm即可。

（3）注入水流以斜冲为宜。一般养殖户在为鱼池加注新水时，把水泵架在池埂中间，直接向池中冲水，新水上下翻腾形成涡流，不便于和原来鱼池中的水混合均匀，增氧和调节水质效果不会明显。如果把抽水机水管架在池塘角上，改为顺池埂方向斜冲后，新注入的水流容易改变方向，形成水流，可加快与鱼池中旧水混合，提高注水效果。

（4）落水处加板可提高注水效果。向鱼池加注新水，如果水流直接从高处落下冲水池底，会将沉积在池底的饲料残渣、排泄物及污泥等冲起来，甚至会在池底冲出一个凹塘，造成池埂塌陷。为防止这一现象发生，可在水管下部落水处放置一固定木板，使注入的新水落在木板上，溅起水花，提高注入新水的溶氧量。

2）增氧

池塘水体中的溶解氧高低是水质好坏的主要指标，如果缺氧，轻者影响鱼类生长，重者引起缺氧死亡，造成重大损失。养殖中造成溶氧不足的原因：气温过高，氧气在水中的溶解浓度随气温的升高而降低，在相同气压下，高温容易引起水体溶氧降低，而且此时鱼类的摄食及其他活动耗氧量升高。密度过大，当放养量超过了池塘水体承载力时，池塘在夜晚或在高温低气压天气情况下会出现缺氧，导致鱼类浮头甚至泛塘的现象。有机物分解和无机物氧化作用、池塘配套养殖的畜禽粪便排泄物等分解消耗大量的氧气，造成池塘水体缺氧。另外池塘水体和底泥中的硫化物和亚硝酸盐等发生的氧化作用也消耗大量的氧气。

改善池塘溶氧条件应从增加溶氧和降低池塘有机物耗氧两个方面着手。一方面采取以下措施增加池塘水体溶氧：保持池面良好的日照和通风条件；施用配比科学的生物有机肥，以改善池水氮磷比，促进浮游植物生长；及时加注新水，以增加池水透明度和补偿深度；合理使用增氧机，特别是应抓住每一个晴天，在中午将上层过饱和氧气输送至下层，以保持溶氧平衡。另一方面通过以下方式来降低池塘有机物耗氧：根据季节、天气合理投饵施肥，防止鱼类浮头；根据鱼类生长，及时轮捕出一部分达到商品规格的成鱼，以降低池塘载鱼量；每年需清除含有大量有机物质的塘泥：采用水质改良机在晴天中午将池底塘泥吸出作为池边饲料地的肥料，既降低了池塘有机物耗氧，又充分利用了塘泥，也可将吸出的塘泥喷洒于池面，利用池水上层的氧盈及时降低氧债，保持溶氧平衡；有机肥料需经发酵后在晴天施用，以减少中间产物的存积和氧债的产生。主要的增氧方法如下。

（1）彻底清淤消毒，科学控制养殖密度。在放养前及时彻底的清淤消毒，将硫化氢、氨气等有害物质转化为有益物质，改善水质和底质。一般来说，水体中的鱼类仅消耗12%～15%的溶解氧，而淤泥耗氧量约占40%以上，所以清淤消毒工作很重要。同时，根据池塘大小、深浅、水源灌排、饵料及养殖技术合理确定放养密度。一般池塘可亩放养常规鱼种1200～1500尾（亩产500～600kg）。配套精养高产塘，可亩放2500～3000尾。同时要合理搭配滤食性鱼类，一般亩放鲢250尾，鳙150尾。通过滤食过量的浮游生物，保持合理的浮游生物种群进行光合作用，保证养殖水体丰富的溶氧量。

（2）合理配套畜禽养殖数量，适当种植水生植物。在基地化的高产精养塘，亩配套饲养生猪5～8头，或鸭150～200羽为宜，残饵和粪便基本可供鱼类采食净化，又可培育丰富的浮游生物，以利健康养殖。在配套养殖的精养肥水高产塘，最好每亩搭架围养水生植物60～80m²，以吸收水中过量的氨、氮和无机盐养分，进行光合作用，以调节净化水质。

（3）适时开动增氧机增氧。晴天中午开动增氧机，是一个行之有效的增氧办法。此举措能将溶氧饱和的表层水翻滚到底层，而底层水滚动到表层，经光照淡化分解毒物，释放营养素。使池水溶氧量均匀平衡。为了保持水质清晰，经常泼洒微生物水质改良剂，也是预防水质缺氧的有效措施。

4. 优化生态养殖系统

池塘生态养殖是指以某种或某类水产养殖动物为主养对象，根据水域特点、不同养殖品种的生态位和食性，通过科学搭配、免疫接种、合理使用安全投入品，构建能量流转、物质循环畅通的养殖生态系统，生产健康、优质水产品的一种低碳养殖方式。主养对象的放养量一般占60%以上，生态调控对象的放养量一般不低于20%。

1）水产养殖品种的选择

用于人工养殖的鱼类应具备以下特性。

（1）鱼生长快，人工养殖条件下能在较短时期内达到上市规格。

（2）食物链短，在生态系统中能量的流动是借助于食物链来实现的，食物链越短，能量转换效率越高，能量流失就越少。

（3）食性或食谱范围广，饲料容易获得。

（4）苗种来源广，鱼苗鱼种是发展养殖的基本条件，必须能批量生产。

（5）对环境的适应性强，对水温、溶氧（低氧）、盐度、碱度、肥水的适应能力强，对病害的抵抗力强。

2）科学利用水体空间

大多数鱼类在鱼苗阶段的食性基本相似，鱼苗刚从鱼卵中孵出时，都以卵黄囊中的卵黄为营养，仔鱼均摄食小型浮游动物，如轮虫、原生动物等；随着鱼体的生长，食性开始分化，幼鱼的食性与成鱼食性基本一致。不同种类的成鱼，摄食器官构造有明显差异，食性也不一样，所生活的水层也不一样。因此根据水体光合作用强度和溶解氧的分布特点，养殖水体可以分为营养生成层和营养分解层，水体溶氧的分布是表水层高、底水层低，而不同鱼类对它们的要求也不相同，且处于不同的生态位，为了合理科学地利用水体空间，可立体养殖，合理搭配。放养滤食性鱼类以利于表水层空间和浮游生物的利用，放养吃食性鱼类以利用中水层空间，放养耐低氧的底层鱼类以充分利用水体底层空间。

3）生物预防

生物预防主要是指在养殖水体中和饲料中添加有益的微生物产品，调节水产养殖动物体内、体外的生态结构，改善养殖生态环境和养殖动物胃、肠道内微生物群落的组成，增强机体的抗病能力和促进水产养殖动物的生长，另外也包括一些混养、轮养措施，这里主要讲利用微生态制剂、水环境保护剂等改善养殖环境。

（1）微生态制剂的种类：微生态制剂又称微生态调节剂，是一类根据微生态学原理而制成的含有大量有益菌及其代谢产物的活菌剂。具有维持生态环境的微生态平衡、调节动物体内微生态失调和提高健康水平的功能。目前在我国应用的微生态制剂其菌种主要有以下几种。

① 光合细菌：是目前在水产上应用比较成熟的一种微生态活菌剂，是一类有光合作用能力的异养微生物，主要是红螺菌科、着色菌科、曲绿菌科和绿色菌科中的菌种。光合细菌主要利用小分子有机物合成自身生长繁殖所需要的各种养分。光合细菌具有光合色素，它能在厌氧和光照的条件下，利用化合物中的氢并进行不产生氧的光合作用，将有机质或硫化氢等物质加以吸收利用，把硫化氢转化为无害的物质，使好氧的异养微生物因缺乏营养而转为弱势，同时使水质得以净化，但光合细菌不能氧化大分子物质，对有机物污染严重的底泥作用则不明显。光合细菌主要作用特点如下。

第一，光合细菌是水域重要的初级生产者。光合细菌含有叶绿素和类胡萝卜素，能进行光合作用，和藻类一样是水域重要的初级生产者。藻类是水体透光层的初级生产者，而光合细菌则是水体厌氧层和兼性厌氧层的初级生产者。国外有调查报道，湖泊光合细菌层中被同化的碳素量占湖泊初级生产总量的55%以上，足见其在水域初级生产中的重要地位。因此，光合细菌在鱼苗鱼种培育、滤食性品种养殖和湖泊、水库增养殖中占有十分重要的地位和作用。

第二，光合细菌能净化池塘水质，改善养殖水环境条件。光合细菌在厌氧条件下能以 CO_2、有机物为碳源，H_2S 和有机物为供氢体，并以铵盐、氨基酸为氮源合成有机物。因此，光合细菌在池塘水质净化中占有十分重要的地位，具有很高的净化高浓度有机污染物和硫化氢的能力。

第三，光合细菌营养丰富，能加速动物生长，提高抗病性能。光合细菌菌体内含有丰富的氨基酸、蛋白质，含量高达 64% 以上，叶酸、维生素 B 族含量较多。从氨基酸成分看，接近含蛋氨酸多的动物蛋白，尤其是维生素 B12 和生物素含量高，使之具有很高的饵料价值，并已研究证明其对动物没有毒性。此外，菌体脂质成分除菌绿素、类胡萝卜素外，每克纯干菌中含 10mg 生理活性物质辅酶 Q。

② 芽孢杆菌：属于化能异氧细菌，是一类需氧非致病菌，具有耐酸、耐盐、耐高温和耐高压特点，是一类较为稳定的有益微生物。目前应用的主要以枯草芽孢杆菌、地衣芽孢杆菌、蜡样芽孢杆菌及巨大芽孢杆菌为主。芽孢杆菌具有芽孢，以其芽孢的形式存在于动物肠道的微生物群落中，能使肠道内的 pH 下降，氨浓度降低，促进淀粉、纤维素和蛋白质分解。它们能迅速分泌多种胞外酶，把生物大分子有机物，如淀粉、脂肪、蛋白质、核酸、磷脂等分解成小分子有机物，再进一步矿化生成无机盐类。这类细菌施放于池塘中，能够迅速降解进入池塘中的有机物质，如养殖动物的排泄物、残存饵料、浮游生物的尸体等，一方面自身迅速繁殖而成为优势种群，抑制病原微生物的滋长；另一方面提供营养促进单细胞藻类繁殖生长，调控水质因子。芽孢杆菌属菌株具有性状稳定、不易变异、胞外酶系多、降解有机物速度快、对环境适应能力强、产物无毒、便于生产、便于加工与便于保存等特点，已成为池塘水质改良剂及生物有机肥生产的代表性菌株。

③ 硝化细菌：是一种好氧细菌，属于自养性微生物，包括两个完全不同的代谢群：一个是亚硝酸菌属，在水中将氨氧化成亚硝酸，通常被称为"氨的氧化者"，其所维持生命的食物来源是氨；另一个是硝酸菌属，将亚硝酸分子氧化成硝酸分子。硝化细菌在中性、弱碱性、含氧量高的情况下发挥最佳效果，可以将对水产养殖动物有毒害作用的氨和亚硝酸转化为无毒害作用的硝酸分子，成为浮游植物的营养盐。硝化细菌是自养性微生物，需要在体内制造有机物供其生长，这决定了硝化细菌的繁殖速度要比异养性微生物慢得多，一般异养性微生物可几十分钟内增殖一倍数量，而硝化细菌则要在 1～2 天才能增殖一倍的数量。另外硝化细菌不喜欢有机物，水体中过多的有机物反而会抑制硝化细菌的生长繁殖。硝化细菌在水产养殖中的作用是将池塘中的亚硝酸盐转化为硝酸盐，净化水体，缓解甚至消除水产养殖动物因亚硝酸盐中毒所产生的症状，避免"死底症"发生。

④ 酵母菌、乳酸菌：酵母菌是喜生长在偏酸环境的需氧菌，在肠道内大量繁殖，它是维生素和蛋白质的来源，可以增加消化酶的活性，并能增加非特异性免疫系统的活性。酵母菌的致死温度为 50～60℃，配合饲料制粒时的温度也可以将其杀死。乳酸菌是一种能使糖类发酵产生乳酸的细菌，能抑制有害微生物活动、致病菌增殖、有机物腐败。乳酸菌可以分解在常温下不易分解的木质素和纤维素，使有机物发酵转化成对动植物有效的养分。有实验证明，酵母菌与乳酸菌共用，可提高对虾幼苗的生长率、成活率。

⑤ 噬菌蛭弧菌：是一类专门以捕食细菌为生的寄生性细菌，自然界广泛分布于水体和土壤中，具有独特的裂解细菌的生物学特性，同时又可有效地控制养殖水体中的 COD、硫

化物和氨氮，是养殖水体中天然的生物净化因子和活性抗生素，对改善养殖环境、防治水产动物病害具有重要意义。噬菌蛭弧菌裂解细菌的菌谱广，对致病菌的裂解作用明显大于非致病菌，且肠道病原菌更易被裂解。

⑥ 有益微生物菌群——EM 菌（effective microorganisms）：是日本琉球大学著名微生物学家比嘉照夫 1992 年在联合国环境大会上提出来的新型复合微生物菌剂，EM 菌意为"有效微生物菌群"。EM 菌技术就是这种复合微生物菌剂的研究应用技术。EM 菌是由光合细菌、放线菌、酵母菌等 5 科 10 属 80 多种微生物复合培养而成。各种微生物相互作用，共同发展，发挥出多种功能，促进动植物生长，抑制病害发生。EM 菌在水产养殖上的主要作用是提高养殖动物对养分的吸收与转化，促进动物残留物等有机物质的分解，抑制腐败类微生物和某些病原微生物的生长，同时产生氨基酸、核酸等生物活性物质，改善水生态环境，提高抗性，提高品质，增加产量。

此外，还有反硝化细菌、硫化细菌等一系列菌种。反硝化细菌由具有反硝化作用的微生物种群组成，主要是把硝酸或亚硝酸转变成氮气释放出来，多用于底泥处理。在养殖池底层溶解氧低于 0.5mg/L，pH 在 8～9 条件下，反硝化细菌能利用有机物中的底泥作为碳源，将底泥中硝化盐转为无害的氮气排入大气中。反硝化过程能大量消耗底层发酵产物和沉积于底层的有机物，迅速减少底层污泥中有机物和硝酸盐的含量，有效预防因气候突变引起水质剧变对鱼虾产生影响。

硫化细菌是一种能将无机硫化物氧化为硫酸的自养型细菌，并从氧化无机硫中获得能量。硫化细菌广泛分布于池塘底泥和水中，其氧化作用提供了水生植物可利用的硫酸态硫元素，降低池内硫、硫化氢的浓度。

（2）生物预防作用：生物预防虽然发明的时间很长，但被大规模的应用到水产养殖业上，却是近几年的事情。国内目前主要在高密度集约化养殖中应用较多，池塘养殖中主要应用在对虾养殖。由于微生物产品的特殊性和养殖条件的复杂多样性，使得生物预防的应用效果存在一定的不稳定性。随着菌种筛选技术、产品加工工艺的不断完善，生物预防的应用会逐步得到更多人的认可。更为重要的是，生物预防在改善水产动物的品质方面具有抗生素、消毒剂等化学药剂无法比拟的优势。目前，全球都在提倡健康养殖，这给生物预防在水产养殖上的广泛应用提供了难得的契机。生物预防的作用主要有以下 4 个方面。

① 拮抗与免疫激活作用：有益微生物能通过竞争作用调节水生动物宿主体内的菌群结构，包括竞争黏附位点、对化学物质或可利用能源的争夺以及对铁元素的争夺，有的有益微生物在生长过程中产生抑菌物质，如乳酸菌产生乳酸、乳酸菌素和过氧化氢等，对病原微生物具有抑制作用。有的有益微生物具有免疫激活作用，是良好的免疫激活剂，能增强养殖动物的非特异性免疫活性。还有的能防止有毒物质的积累，从而保护机体不受毒害。

② 微生态的平衡作用：健康水产动物体内的微生态平衡会由于病原体的入侵、环境因素的变化等原因而被破坏。如果破坏程度超出了养殖动物的适应能力，会使养殖动物的免疫力下降，导致营养和生长障碍以及疾病发生。这时，补给适当有益微生物，会使微生态环境及时得到修补，让水产动物恢复到健康状态。一些需氧菌制剂，特别是芽孢杆菌可以消耗肠道内的氧气，造成厌氧环境，有助于厌氧微生物的生长，从而使失调的菌种平衡，恢复到正常状态。

③ 促生长作用：饲用有益微生物不仅能提高养殖动物对病原菌的抵抗力，预防疾病的发生，而且具有促进其生长作用。作为饲料添加剂的许多有益微生物，其菌体本身含有大量

的营养物质，同时随着它们在动物消化道内的繁殖、代谢，可产生动物生长所需要的营养物质，还可产生消化酶类，协助动物消化饵料，提高饲料的转化率。

④ 水质调节作用：光合细菌具有独特的光合作用能力，能直接消耗利用养殖水体中的有机物、氨态氮，还可利用硫化氢，并可通过反硝化作用除去水中的亚硝态氮，从而改善水质，有益微生物进入养殖池后，可以参加水体最基础的物质循环，把有机物降解为硝酸盐、磷酸盐和二氧化碳等，为单细胞藻类的生长繁殖提供营养；而单细胞藻类的光合作用又为有机物的氧化分解、微生物及养殖动物的呼吸提供溶解氧，构成一个良好的生态循环。

目前市场上销售的微生态制剂除光合细菌、芽孢杆菌外，大多为复合菌剂，即采用上述菌种中的几种混合而成。也有一些厂家生产的微生态制剂采用的是经过基因改造的工程菌。近几年，在水产养殖上作为环境修复剂应用较多的是光合细菌和芽孢杆菌。

二、提高养殖群体免疫抗病能力

（一）培育和选择抗病力强的鱼类品种

进行抗病、抗逆养殖新品种的选育是开展健康养殖的关键。我国是水产养殖大国，养殖的水产动物上百种。目前我国苗种培育技术不稳定，生产工艺落后，主要养殖种类绝大多数都没有经过人工选育和品种改良，遗传基础还是野生型的，其生长速度、抗逆能力乃至品质都急需经过系统的人工育种而加以改进。这与农业和畜牧业中产量和质量及抗逆能力的提高，在很大程度上依靠品种的更新和改良有很大的差距。品种问题已成为制约我国水产养殖业稳定、健康和持续发展的瓶颈问题之一。此外，我国多数的鱼苗场设施和设备比较落后，苗种培育期间各种要素的可控程度差，一旦发生变故，实施应急措施的能力受到极大的限制，也制约了新技术的开发和利用，从而影响苗种的质量和数量。因此，建立设施和设备较为先进的鱼苗场和积极开展抗病、抗逆养殖品种的选育是健康养殖的当务之急。

对水温、溶氧、盐度、碱度、肥水的适应能力强，对病害抵抗力强的鱼类不仅可以扩大在各类水体的养殖范围，而且为高密度混养、提高成活率创造了良好的条件。一般抗逆、抗病力强的种类往往是良好的养殖鱼类，如我国传统的四大家鱼。但是，不同品种的抗病性能存在差异，如草鱼易发生出血病，在出血病多发的地方，可以用鳊鱼轮换或替代草鱼；异育银鲫'中科3号'抵抗孢子虫等病害的能力有显著提高。目前，正进行异育银鲫"中科5号"的培育，该新品种抗病力强，有望抵抗孢子虫病和鳃出血症。具有较强的抗病害及抵御不良环境能力的养殖品种，不但能减少病害的发生，降低养殖风险，增加养殖效益。同时也可以避免大量用药对水体可能造成的危害以及对人类健康的影响。例如，对虾无特定病原群体的选育，为减轻对虾暴发性流行病的危害起到了重要作用。因此，研究开发抗病、抗逆养殖品种，对于健康养殖的可持续发展具有重大的意义。目前，水产养殖抗病、抗逆品种研究还处于起步阶段，要取得突破性进展，必须依靠现代生物技术与遗传育种技术的结合。

近年来，我国科研人员运用常规育种和现代育种技术已培育出一批水产新品种。截至2016年，国家水产原种和良种审定委员会审定通过的水产养殖新品种共达168个，涵盖了鱼、虾、贝、蟹等主要养殖种类。目前水产培育抗病力强的品种有以下几种方法。

1. 选育自然免疫的品种

根据鱼类病后可获得免疫性的原理，在发病池中将存活下来的鱼用专池饲养，有目的地选育抗病力强的品种。

2. 杂交培育抗病力强的品种

利用免疫遗传学原理，采用鱼类种间杂交，培育抗病力强的新品种。

3. 理化诱变培育抗病品种

理化诱变育种是指在人为的条件下，利用物理辐射诱变技术（如射线、紫外线、微波等），亚硝基乙基脲烷（NEU）、5-溴尿嘧啶（BU）、甲基磺酸乙酯（EMS）等化学药物诱发生物体产生突变，从中选择、培育抗病动物新品种。

4. 采用细胞和基因工程技术培育抗病品种

我国学者利用细胞工程等技术已连续培育出三代异育银鲫新品种，如"中科3号"、"中科5号"抵抗孢子虫能力较强。有学者报道，将抗草鱼出血病的团头鲂的 DNA 转移到草鱼受精卵，用草鱼出血病病毒人工攻毒，选出一批抗出血病草鱼，现已培育成熟，繁殖了子代。此外，全基因组测序为水产生物的机制研究提供了大量数据，我国遗传育种学家已经开始在水产动物分子设计育种技术、全基因组育种技术等方面进行了探索和研究，如在海水贝类完成了长牡蛎、虾夷扇贝和栉孔扇贝的全基因组框架图的基础上，成套研发了低成本、高通量遗传标记分型技术，建立了贝类全基因组选择育种分析评估系统。

（二）免疫预防

免疫预防是指调动动物体自身防御能力，防止病原体的入侵、繁殖和扩散传播，以维持自身体内环境的稳定，达到动物体健康的过程。通常是采用人工自动免疫的方法，增强动物体的自身免疫能力，以达到预防疾病的发生的目的。

水产动物与其他动物一样，在长期的进化和不断的同病原体作斗争的过程中，自身形成了若干有效的防御机制。当病原体入侵动物机体时，其自身的防御机制产生一系列的生理反应，这些反应包括：组织病原体的入侵；组织入侵者的正常繁殖；控制其传播，解除病原体的毒害作用；修复机体的损伤，水产动物的这种对病原体的抵抗力，也就是免疫力。免疫与感染是相对的，两者处于动态平衡中，一旦病原体与机体的平衡遭到破坏，机体就会受到病原体的袭击而被感染，出现症状并发生疾病。我们学习并利用免疫学的知识，提高水产养殖动物的免疫力，以预防疾病的发生。目前，免疫学在水产动物疾病控制上的应用正在迅速发展。但与免疫学在其他方面的应用相比，仍有很大的差距，这与水产动物免疫的特点有关：水产动物的病原体与人或其他养殖动物的病原体不同，有许多属于条件致病菌，且水体中病原体的种类较多；水产动物是变温动物，其非特异性免疫与特异性免疫机制受外界环境变化的影响较大；水产动物的抗体分子与人或其他动物疾病中最为有效的已知抗体不同；水产动物疫苗有效的给予途径存在较多困难。虽然有诸多的不利影响，但随着养殖设施的完善，养殖条件和养殖技术的提高，特别是健康养殖和清洁生产的开展，免疫学在水产养殖上的应用越来越被人们所重视。

人工免疫是根据养殖动物自然免疫的原理，用人工的方法，使鱼体获得的特异性免疫。人工免疫广泛地应用于预防传染病，也用于治疗某些传染病。人工免疫包括主动免疫和被动免疫两种。人工主动免疫是注射或服用疫苗，可以维持较长的时间，是当今最为广泛的人工诱导的免疫方法，如草鱼出血病的弱毒疫苗、病毒性血症灭活疫苗、鲤春病毒血症减毒疫苗等。人工被动免疫是指注射同种或异种抗体获得免疫力的方法，可维持的时间就较短，在水产刚起步研究应用。

人工主动免疫是将人工制成的疫苗、菌苗、瘤苗、类毒素或细胞免疫制剂等，接种到水产动物体内,使水产动物自身产生对相应疾病的防御能力。用病原菌制成的抗原制剂称为菌苗。用病毒、立克次体制成的抗原制剂称为疫苗,以上两种习惯统称疫苗。用肿瘤组织制成的抗原制剂称为瘤苗。细菌的外毒素经 0.3%~0.4% 的福尔马林处理后,毒性消失而免疫原性仍然保留,即为类毒素。细胞免疫制剂有干扰素和转移因子等。由于鱼类与其他脊椎动物相似,受抗原刺激可以产生特异性的细胞免疫和体液免疫。因此,在水产动物中对鱼类的免疫研究得较多。

1. 疫苗的种类

水产疫苗按抗病原的种类可分为细菌疫苗、病毒疫苗和寄生虫疫苗;按组成成分可分为单价疫苗、多价疫苗和混合疫苗(多联疫苗);按疫苗制备方式可分为活疫苗、灭活疫苗(包含土法疫苗)、亚单位疫苗及生物技术疫苗等。

(1)活疫苗:在兽(渔)医临床中有强毒苗、弱毒苗和异源苗 3 种,目前水产活疫苗中应用较多的是用致病性已大为减弱的病毒减毒株或变异的弱毒株制备的疫苗,称为弱毒疫苗,包括 VHSV 的 F25(21)抗热株苗、CCV 减毒疫苗、疖疮减毒疫苗、IHNV 减毒疫苗和草鱼出血症细胞培养的弱毒疫苗。弱毒疫苗接种后接近于自然感染,能够有效激发鱼体细胞免疫,并能在体内繁殖,因而疫苗用量少,免疫持续时间较长,且不必添加佐剂。但其不足之处主要是活疫苗在自然条件下安全性差,可能会导致病毒的转变而在生态环境中失去控制;同时,活疫苗储存运输不方便,且保存期短。

(2)灭活疫苗:是经理化方法将病原微生物灭活,但其仍保持免疫原性,接种后使水生动物产生特异性抵抗力的疫苗。灭活疫苗研制周期短,使用安全,易于保存,但其接种后不能在体内繁殖,因此需要接种剂量较大,免疫持续时间短,且需要加入适当的佐剂以增强免疫效果。此类疫苗包含多种组织浆灭活疫苗、弧菌灭活疫苗、嗜水气单胞菌疫苗、链球菌疫苗,以及欧美国家鲑鳟鱼养殖中常用的冷水病疫苗、VHS 疫苗、PHV 疫苗等。

(3)亚单位疫苗:是去除病原体中与激发机体保护性免疫无关甚至有害的成分,但保留有效免疫原成分制作的疫苗。亚单位疫苗较全病毒疫苗除去了产生不良反应的物质,副作用减少。目前,水产上研究较多的是建立在细菌外膜蛋白、脂多糖等保护性抗原免疫原性成分基础上的亚单位疫苗制备,但大部分还在试验阶段,没有商业化生产。例如,利用细胞肿大虹彩病毒(RSIV)衣壳蛋白 351R 基因转化大肠杆菌,经灭活处理后注射真鲷可对 RSIV 感染产生很好的免疫保护作用。亚单位疫苗以直接被合成或通过重组 DNA 技术生产,不含有病原的毒力因子,并且由基因工程菌表达,安全性好,生产简单易控;使用时通常需添加佐剂,或与载体偶联,以增强其免疫保护性。

(4)基因工程疫苗:指应用重组 DNA 技术,将病原的保护性抗原基因在细菌、酵母或细胞等基因表达系统中体外表达,生产能诱导机体产生保护性免疫反应的病原蛋白质,再经过分离纯化而制备的疫苗。应用基因工程技术能制备不含感染性物质的亚单位疫苗、稳定的减毒疫苗以及多价疫苗,其兼具亚单位疫苗的安全性和活疫苗的免疫效力。目前,水产养殖上在研究应用的基因工程疫苗有 IHNV、IPNV、FRV、鳗鱼病毒和文蛤病毒等疫苗,其中传染性胰脏坏死病毒(IPNV)VP2 重组亚单位疫苗是目前唯一商品化的鱼用重组蛋白疫苗。

(5)DNA 疫苗:是将编码某种蛋白质抗原的重组真核表达载体直接注射到动物体内,被宿主细胞摄取后并转录和翻译表达抗原蛋白,诱导机体产生非特异性和特异性免疫应答,从而起到免疫保护作用。DNA 疫苗有别于其他疫苗之处在于它利用载体持续表达抗原,而不是直接使用抗原。与传统疫苗相比,DNA 疫苗具有可诱导更全面的免疫反应、稳定性更高、生产成本低、易于大规模生产等优点，且既具有减毒疫苗的优点，又无返毒的危险，被看作是继传统疫苗及基因工程亚单位疫苗之后的第三代疫苗。目前DNA疫苗主要集中在鲑鳟鱼类IHNV、VHSV、杆状病毒、鲤春病毒（SVCV）等传染性病毒病的防治上，而挪威已批准使用一种可注射的、用病毒蛋白VP3制作的抗IPN疫苗。

2. 水产疫苗

目前国外已有针对20多种水产病原的100多种鱼类疫苗被批准上市，鱼类病毒病疫苗主要有传染性胰脏坏死病的灭活疫苗、减毒疫苗、多肽疫苗和基因工程疫苗；传染性造血组织坏死病的灭活疫苗、减毒疫苗和基因工程疫苗；斑点叉尾鮰疱疹病毒病的减毒疫苗和灭活疫苗；病毒性血症的灭活疫苗和减毒疫苗；鲤春病毒血症的减毒疫苗；草鱼出血病的组织浆疫苗、灭活疫苗和弱毒疫苗等。鱼类细菌病疫苗主要有鲑、鳟、鳗鲡、鲤、金鱼等鱼类类结疖病的灭鲑产气单胞菌灭活全菌苗、菌体成分苗和减毒疫苗等；鲑、鳟、鳗鲡、鲤、金鱼、罗非鱼等鱼类的弧菌病的鳗弧菌单价、多价灭活全菌苗和菌体成分苗（脂多糖）；淡水鱼类的细菌性败血病的嗜水气单胞菌灭活全菌苗、菌体成分苗和弱毒菌苗；鲑、鳟鱼类红嘴病的鲁克氏耶尔森氏菌灭活全菌苗；鳗鲡、斑点叉尾鮰的爱德华氏菌病的迟钝爱德华氏菌灭活全菌苗、菌体成分苗；草鱼、鲤、鳜等鱼类细菌性烂鳃病的柱状嗜纤维菌灭活全菌苗、菌体成分苗；草鱼细菌性烂鳃、肠炎、赤皮病的组织浆疫苗（又称土法疫苗）等。

水产细菌病土法疫苗的制备：取患有典型症状病鱼的肝、脾、肾等病变组织，用清水冲洗后称重，用研钵磨碎，加5～10倍的生理盐水，成匀浆后用两层纱布过滤，取滤液。将滤液经60～65℃恒温水浴锅灭活2h后，加入福尔马林使其最终浓度为0.5%，封口后，置于4℃冰箱中保存。做安全及效力试验后即可使用。

病毒病组织浆疫苗的制备：取患有典型症状病鱼的肝、脾、肾、肌肉、肠等病变组织，称重，剪碎，加10倍的无菌生理盐水制成匀浆，置于3000～3500r/min的离心机中，低温离心30min，取上清液，加入青霉素1000U/ml，链霉素1000μg/ml，混匀后在4℃下过夜除菌，即制成病毒悬液，再加入福尔马林至最终浓度为0.1%，摇匀后，置32℃恒温水浴锅灭活72h，封口，置4℃冰箱保存，做安全及效力试验后方可使用。

根据国家兽药基础信息查询系统相关数据，国内仅有牙鲆溶藻弧菌、鳗弧菌、迟缓爱德华氏菌病多联抗独特型抗体疫苗、大菱鲆迟钝爱德华氏菌病活疫苗（EIBAV1株）、草鱼出血病活疫苗（GCHV-892株）、嗜水气单胞菌败血症灭活疫苗四种疫苗拿到批准文号，另有两种疫苗：大菱鲆腹水病迟钝爱德华氏菌弱毒活疫苗和大菱鲆鳗弧菌活疫苗（MVAV6203株）进入临床试验阶段。

3. 免疫促进剂

免疫促进剂根据其功能的不同可分为两大类：一类能增强水产动物的非特异性免疫功能；另一类能增强由疫苗诱导的特异性免疫功能（又称为佐剂作用）。目前，研究较多的是前者。免疫促进剂的种类较多，已证实对水产养殖动物具有免疫激活作用的主要有弗氏完全佐剂、微生物多糖（葡聚糖、脂多糖）、左旋咪唑、几丁质和乙酰几丁质、维生素（C、E）、天然动植物提取物、乳铁蛋白、生长激素和催乳素等。在水产动物疾病预防中，目前应用较多的是非特异性免疫促进剂，通过激活水产动物自身的非特异性免疫潜能提高鱼体抗病能力。

4. 疫苗接种的方法

水产动物免疫预防成败关键是能否将疫苗接种到养殖动物体内，通常采用的接种方法有注射法、口服法、浸泡法和喷雾法等。现有研究表明，通过注射、浸泡草鱼出血病疫苗，可大大提高草鱼抵抗出血病能力。有些地区还研发使用了"三联疫苗"、"四联疫苗"，对几种主要传染性鱼病都有一定效果。国外有学者使用口服疫苗预防硬头鳟的疥疮病成功，开创了鱼类口服免疫的先河。

（1）注射法：将定量的疫苗直接接种到养殖动物的体内，因此免疫效果较稳定，而且疫苗的用量较少，但此法操作不便，容易损伤受免疫的养殖动物，在养殖生产中实施注射法有一定的困难。注射免疫主要诱导鱼体系统免疫应答，可以使血清抗体极显著增加，免疫保护率高于其他免疫接种方法，免疫效果明显且稳定；并且疫苗剂量准确、可控，环境条件对疫苗影响小。因此，适合于免疫学研究的小样本试验免疫及小规模集约化养殖鱼类的生产免疫。

（2）口服法：具有操作简便，对受免疫的动物造成的应激性刺激较小等优点，但是此法接种的疫苗进入水产动物的消化道后，可能受消化作用的影响而失去其免疫原性，而且需要的疫苗量较大。目前，已经应用的口服疫苗多为全菌和病毒灭活疫苗，经过包被处理后进行口服免疫可以获得很好的免疫效果，免疫鱼血清特异性抗体水平明显增加，同时肠黏液、胆汁及体表黏液抗体也呈增加趋势，并且免疫鱼可以获得明显高于对照鱼的免疫保护率。一般情况下，口服免疫后鱼体黏膜系统免疫应答高于浸泡免疫和注射免疫，而系统免疫应答低于注射免疫，鱼体获得的免疫保护率低于注射免疫而高于浸泡免疫。口服法接种能否成功，关键在于能否制备出一种在水产动物消化道内容易吸收，而其免疫原性又不被破坏的疫苗。

（3）浸泡法：浸泡免疫接种是鱼类等水生动物所特有的一种免疫接种方法，是指将免疫对象放到含有一定浓度疫苗的溶液中浸泡一段时间，以达到对鱼体进行免疫的目的。迄今为止，浸泡法是在水产动物免疫接种中应用最为成功的一种方法。此法有操作简便，对受免疫动物的应激性刺激比注射法小和免疫用量较口服法少的优点。目前，已进入商品化生产的渔用疫苗大多采用了浸泡接种的途径。在免疫学研究和疫苗应用过程中，通过浸泡方法进行免疫接种的主要疫苗类型包括细菌灭活疫苗、DNA疫苗、亚单位疫苗等，不同种类的疫苗浸泡免疫时需要采用适当的浸泡方法、浸泡助剂和环境条件，才能获得理想的免疫效果。首先，全菌疫苗具有一定的浸泡免疫效果，虽然浸泡免疫后鱼体血清抗体水平增加不明显，与对照鱼差异不显著，然而黏液抗体则显著增加，免疫鱼可以获得一定的免疫保护率。在实际操作中，一般采用改变浸泡环境渗透压及一定频率的超声波处理的方法提高鱼体鳃和皮肤对疫苗的摄入量，提高鱼体黏膜和系统免疫应答水平，进而有效地提高免疫保护率。其次，DNA疫苗的浸泡免疫效果较好，但是疫苗必须通过适当的免疫佐剂的处理，以提高疫苗摄入量及在鱼体内的表达水平。

（4）喷雾法：疫苗进入受免疫动物的途径和机体产生免疫应答的机理与浸泡法相似，但与浸泡法相比，还需要一定的接种设施方能进行。因此，这种方法在实践中较少使用。

（三）健康养殖和管理

健康养殖是水产动物传染病综合防治的前提基础条件。除坚持合理放养、合理投喂和水质调控等方面外，日常养殖的精细操作不可忽视。另外，日常管理的工作，须持之以恒地贯穿于整个养殖过程中，切不可掉以轻心。

1. 健康养殖

健康养殖是指根据养殖对象正常活动、生长、繁殖所需的生理、生态要求，选择科学的养殖模式，将养殖动物通过系统的规范化管理技术，使其在人为的控制生态环境下健康快速生长。现行的水产养殖技术多从追求产量和经济效益出发，结果非但达不到所追求的高产高效,反而造成了自身养殖环境的恶化和疾病的流行,影响了养殖产量和经济效益,同时还对自然环境产生了不良的影响。可持续性的健康养殖应当是健康的苗种培养、放养密度合理、投入和产量水平适中,通过养殖系统内部废弃物的循环再利用,达到对各种资源的最佳利用,最大限度地减少养殖过程中废弃物的产生,避免疾病的流行。在取得理想的养殖效果和经济效益的同时,达到最佳的环境生态效益。

当今世界水产养殖高新技术迅猛发展,我们应该有计划地逐渐将农业化养鱼向集约化养殖方式发展,学习国外先进科技,利用现代生物技术积极开展健康养殖。健康养殖管理是在特定的养殖方式下,根据养殖种类的不同生长阶段和生产管理的特点,采用合理的养殖技术和养殖模式,并对水质进行合理的管理和技术调控,维持良好的养殖生态环境,控制病害的发生。具体的管理措施和技术有很多,这里讲合理放养、合理投喂、水质调节、日常管理4个方面的问题。

1)合理放养

各种水环境对水产养殖动物均有一定的容量,应根据不同养殖品种及生长阶段,确定合理的放养密度。同时,根据不同的养殖模式和各种养殖动物与水中其他生物之间的关系,合理搭配放养其他品种养殖动物。在合理放养的条件下,能够提高单位水体的养殖产量和经济效益,有利于改善水的环境条件,预防疾病的发生。鲢鳙鱼利用水体表层空间,不仅是养殖主体鱼,又是生态调节的主要品种,主要靠施肥培藻生长;草鱼、鲤、鲫等种类利用中水层和底水层空间,以配合饲料为主;鲴类等底层鱼类是池塘的"清洁工",以残饵为食,常作为配养对象。根据主养对象的不同这种基本的养殖模式又细分为多种养殖形式,如以滤食性鲢鳙鱼为主体,一般占放养量的60%以上,主要靠施肥培藻;以草鱼为养殖主体,草鱼、鲤、鲫等占60%以上,主要靠投饵养殖。但不论哪种养殖形式,其鲢鳙比例均不得低于20%,以保证池塘水质良好。

2)合理投喂

开展健康养殖,保持水产养殖的可持续发展,饲料投饵技术非常关键。首先,应加强养殖品种摄食行为学的研究,应用摄食生态、摄食行为的特性,提高投饲的科学性。根据不同鱼类的摄食习性,提高饲料的利用率,减少对水体环境的污染。同时,还要大力研究和推广应用先进的饲料投喂技术,如计算机控制的饲料投喂技术、自动投喂技术等。保证鱼类生长需要,尽量减少饲料的浪费和对养殖环境的污染。饲料的质量和投喂的方式,不但是保证水产养殖动物正常生长、生活,获得较高的产量和质量的重要措施,也是增强水产养殖动物对疾病抵抗力的重要措施,应根据不同养殖品种,选择能完全满足水产养殖动物各阶段所需营养物质、适口及营养适宜的饲料,满足其生长、生活的需求,提高其对疾病的抵抗力,营养不全面或营养成分配合不当,将导致营养缺乏症或使养殖动物生理机能下降,从而导致对环境变化或对疾病的抵抗力下降。投喂腐败变质的食物,可直接引起养殖动物生病,甚至死亡。投喂鱼类的天然饵料要鲜活、适口,人工饵料要求新鲜,不能变质发霉。有条件时可以制成混合饵料,或搭配投喂。合理投喂就是在投喂方式上要坚持"四定"(定质、定量、定时、定位)投饵原则,保证饵料营养全面,适口性好,不含病原体及有毒或有害物质,根据不同养殖动物的不同阶段,投喂适量的饵料,并在一定的环境条件下,适当地做出调整,勿使其摄食过饱或摄食不足。

3)水质调节

水体是水产动物生长和生活的空间,是其氧气和营养物质的来源,也是其排泄物的载体，同时水中还生活着许多其他生物。因此，水环境的变化对养殖动物生长和生活有很大的影响。定期检测养殖水体的理化指标，做好应急措施的准备。另外，养殖环境中的生物，尤其是浮游植物与浮游动物是保持水体生态环境的重要生物，应将其种类及数量保持在一定的水平，以保持稳定的生态环境。养殖者应每天观察水色及透明度变化情况，若水色及透明度变动较大，可采取换水、施肥或使用某些化学药物进行水质调节。

近几年，养殖水体的微生态调控发展迅速、备受关注。微生态调控是精养水体健康养殖、病害生态防控的一项基本技术，主要是利用有益微生物制剂调节和改善水底质环境，达到改善水质、促进生长、提高养殖效益的目的。微生态制剂是从自然界中筛选、分离纯化、诱导、强化培养得到的活性有益微生物种群，以芽孢杆菌类为主导菌，含有多个共生菌群，兼有好氧厌氧双重代谢机制。一般市售成品芽孢杆菌处于休眠状态，一进入养殖水体即萌发复活，并以几何倍数迅速繁殖。目前在水产养殖池塘中应用的有益微生物种类主要有芽孢杆菌、光合细菌、硝化细菌、蛭弧菌和酵母菌等。

4）日常管理

在日常管理中，除了投饵施肥、水质调控、消毒防病之外，拉网捕鱼要动作轻快细心操作，以免损伤鱼体，导致细菌感染而发生鱼病。日常管理的内容较多，主要应做好以下几个方面的工作。

（1）定时巡池：观察养殖水产动物的活动及摄食情况，密切注意池水的变动，以便发现问题及时处理；经常巡视池塘，观察鱼类动态，每天早、中、晚巡塘3次。黎明是一天中溶氧最低的时候，要检查鱼类有无浮头现象。如发现浮头，必须及时采取措施。午后14：00～15：00是一天中水温最高的时候，应观察鱼的活动和吃食情况。傍晚巡塘主要是检查全天吃食情况和有无残剩饵料，有无浮头预兆。酷暑季节，天气突变时，鱼类易发生严重浮头，还应在半夜前后巡塘，以便及时采取措施。

（2）做好鱼池清洁卫生工作：及时清除养殖动物的粪便、残饵及动物尸体，清除杂草、螺等有害生物，防止病原体的繁殖和传播；定期排污和换水，保持水质清新。池内残草、污物应随时捞去，清除池边杂草，保持良好的池塘环境。

（3）定期检测养殖水体的理化指标，做好应急措施的准备。各种水产养殖动物对水质的理化指标均有一定的要求，这些理化指标包括水温、pH、溶解氧、盐度、氨氮、亚硝态氮和硫化氢等，在养殖过程中应定期检测水质的理化指标，发现超标，应及时采取措施，尽力控制这些生理指标在水产养殖动物生长和生活的适宜范围内。

（4）定期对养殖动物进行病原体抽样检查，早发现疾病，及早治疗。如发现死鱼，应检查死亡原因，并及时捞出，以免病原扩散。

（5）投喂管理。根据天气、水温、季节、水质、鱼类生长和吃食情况确定投饵、施肥的种类和数量，并及时做好病害防治工作。

（6）做好池塘管理记录和统计分析。做好养殖管理日记，对各类鱼种的放养及每次成鱼收获日期、尾数、规格、重量，每天投饵、施肥的种类和数量以及水质管理和病害防治等情况，都应有相应的表格记录在案，以便统计分析，及时调整养殖措施，并为以后制订生产计划，改进养殖方法打下扎实的基础。

（7）其他管理事项

① 掌握好池水的排注，保持适当的水位，做好防旱、防涝、防逃工作。

② 做好全年饲料、肥料需求量的测算和分配工作。选择合适的青饲料品种，做到轮作、

套种、搞好茬口安排、及时播种、施肥和收割，提高青饲料的质量和产量。

③ 合理使用渔业机械，搞好渔机设备的维修保养和用电安全。

④ 在捕捞、运输、放养和筛选等操作中应小心谨慎，避免养殖动物受伤，或使养殖动物产生应激反应，保持养殖动物机体的正常的生理状态，防止由于机体损伤或产生应激反应后，使养殖动物对病原体的抵抗力下降。

三、控制和消灭病原体

通过传染或侵袭途径引起养殖动物生病的生物体称为病原体，控制和消灭病原体，是预防水产养殖动物疾病发生的最为有效的措施。在养殖生产中，采取有效措施，控制或消灭病原体，可减少或避免疾病的发生。

（一）彻底清池消毒

池塘是水生动物生活栖息的场所，同时也是各种病原体的滋生地，池塘环境的优劣，直接影响水产动物的生长和健康，因此，在投放养殖动物前，一定要对池塘进行清塘消毒，清除过多的淤泥和污物，并用药物杀死病原体。最为有效和常用的清池药物是生石灰和漂白粉，水泥池也可用高锰酸钾消毒。

1. 生石灰清池

生石灰清池的方法有干池法和带水清池法两种。

（1）干池法：将池水排出，在池底留有 5～10cm 的水，并在池底挖几个小潭，将生石灰放入潭中，待生石灰溶化后向四周均匀泼洒，每 $100m^2$ 用量为 10～30kg。

（2）带水清池法：将生石灰在水中溶化后全池均匀泼洒。带水清池可避免清池后加水时又将病原体及有害生物随水带入池中，效果较好，更适合于水源较缺乏的养殖池，带水清池法，生石灰的用量较大，一般水深 1m，每 $100m^3$ 用量为 20～50kg。清池后 7～10 天，药性消失后即可放入养殖动物。生石灰清池不仅可杀灭病原体和有害生物，还具有改良池塘环境和增肥的作用。

2. 漂白粉清池

用适量的水将漂白粉充分溶解后，全池均匀泼洒。干池法每 $100m^2$ 用量为 1～3kg。带水清池一般水深 1m，每 $100m^2$ 用量为 2～5kg。清池后 4～5 天药性消失，即可放入养殖动物。漂白粉杀灭病原体和有害生物的效果与生石灰相似，而且有用药量少、药性消失快等优点，但没有改良水质和增肥的效果。

（二）强化检疫及隔离

目前国际和国内各地区间水产动物的运输或交换日趋频繁，为防止病原体随水产动物的移植或交换而相互传播，必须对其严格检疫。对养殖动物检疫，能了解病原体的种类、区系及其对养殖动物的危害、流行情况等，以便及时采取相应措施，杜绝病原体的传播和疾病的流行，水产养殖动物的菌种及成品的流动范围较为广泛，容易造成病原体的扩散和疾病的流行。因此，在养殖动物输入或输出时应认真进行检疫。

在养殖场内部，当有养殖动物生病时，首先应采取隔离措施，对发病池或区域封闭，池内养殖动物不向其他池塘或地区转移，避免疾病的传播。发病池使用的工具应专用，且应及时消毒。病死动物的尸体应及时捞出，并对其进行销毁或深埋。发病池及周围的进水、排水渠道都应该进行消毒处理。

(三)药物预防

水产药物具有防病治病作用或改良水环境作用,但药物也有毒副作用,药物的频繁使用或随意加大用药量,可导致病原体产生抗药性,对养殖动物产生毒害和刺激作用,并且对养殖水环境产生极为不利的影响。因此,在药物预防中,切不可滥用药和超量用药,应根据养殖环境、条件、养殖动物和病原体的不同,选择合适的药物和用药方法进行药物预防。常用的药物预防方法有以下几种。

1. 动物体消毒

为切断疾病的传播途径,避免将病原体带入养殖水域,在养殖动物放养或分塘换池时,对其进行消毒。鱼种入池前进行消毒,可以杀灭体表和鳃部的病菌和寄生虫。消毒一般采取高锰酸钾、漂白粉,或漂白粉与硫酸铜合剂药浴法,在对养殖动物体进行消毒前,应认真做好病原体的检查工作,根据病原体的不同种类,选择适当的药物进行消毒处理,以期取得较好的效果。动物体消毒对较大的养殖水域和网箱养殖更为重要。

2. 饲料消毒

投喂清洁、新鲜、不带病原体的饵料,一般不用消毒。必要时可将水草、旱草等放在浓度为 6mg/L 的漂白粉溶液中浸泡 20~30min 后再投喂。卤虫卵可用浓度为 300mg/L 的漂白粉溶液浸泡消毒,淘洗至无氯味时(或用浓度为 30mg/L 硫代硫酸钠去氯后)再进行孵化。动物性饵料需冷冻后再投喂。

3. 工具消毒

养殖用的各种工具,往往成为传播疾病的媒介。因此,在发病池使用过的工具,未经消毒处理,不能直接用于其他池塘,以避免疾病从一个池塘传到另一个池塘。一般网具可用浓度为 20mg/L 的硫酸铜溶液或浓度为 50mg/L 的高锰酸钾溶液、浓度为 100mg/L 的福尔马林溶液、浓度为 5% 的食盐水等浸泡 30min。木制或塑料制品的工具,可用 5% 的漂白粉溶液消毒,洗净后方可使用。较大型的养殖工具在阳光下暴晒即可。

4. 食场消毒

食场内常有饵料残留,腐败后为病原体的繁殖提供了条件,因此除注意投饵量适当,每天应及时捞出残留饵料,清洗食场和食台。在疾病的流行季节,应定期在食场周围泼洒漂白粉、硫酸铜和敌百虫等药物,也可以在食场上挂篓或挂袋。用量要根据食场的大小、水深、水质及水温而定,以养殖动物不对药物产生回避反应为宜。

5. 水体消毒

在疾病的流行季节,要定期向养殖水体中施放药物,以杀灭水体中及养殖动物体上或鳃上的病原体,通常采用全池泼洒法。如定期在养殖池塘中泼洒漂白粉 1mg/L 或生石灰 20~30mg/L,预防细菌性疾病。定期泼洒硫酸铜 0.7mg/L 和敌百虫 0.3~0.5mg/L,预防寄生虫病的发生。另外,可以将中草药扎成小捆,放在水中沤水,待药物成分释放出来后,也可杀死病原体,预防疾病的发生。例如,乌桕叶沤水可预防细菌性烂鳃病,苦楝树枝叶沤水可预防车轮虫病。在进行水体消毒时,应根据养殖环境、养殖对象和疾病流行情况的不同,来确定用药的时间和施药的种类,切不可滥用药物。

6. 定期口服药物

预防传染性疾病一般采用口服药物法,定期让养殖动物口服一定的药物,将药物拌入饵料中制成药饵投喂，可以有效地预防疾病的发生。根据养殖对象、疾病的种类和流行规律的不同而选择不同的药物，一般是在疾病的流行期前或流行高峰期，针对性地投喂一些抗病原体或提高养殖动物生理机能的药物来预防疾病的发生，如一些对病原体敏感的抗生素、维生素和中草药等。目前常用内服杀菌药有土霉素、氟哌酸、环丙沙星、新诺明等抗生素类药物，牛黄、大黄、黄芩、黄连、连翘、大蒜素、大青叶、穿心莲等中草药类。内服杀虫药有硫双二氯酚、阿苯达唑、吡喹酮等，以及槟榔、雷丸、苦参子、常山等中草药类。应尽量多用中草药，避免产生抗药性和影响养殖水环境。一般要求每半个月口服一次；几种药物交替使用为好。科学合理地使用药物主要包括以下三个方面。

（1）严禁使用禁用药物：在病害防治过程中，要严格遵守国家的有关法律、法规，禁止使用那些对人类健康、生态环境及水产品质量安全造成巨大危害的药物。《食品动物禁用的兽药及其他化合物清单》（农业部第193号公告）中的禁用渔药，《无公害食品渔用药物使用准则》的禁用药物，配合饲料中禁止添加与使用，无公害水产养殖单位必须遵守。

（2）合理使用限用药物：我国农业部235号公告中规定的兽药用于鱼病防治，产品上市前必须严格控制其残留量，保证其药物残留不超过公告中所标明的残留限量。科学合理使用限用药物，主要遵循以下几个原则：根据发病症状和病原对疾病作出正确诊断，是正确选用药物和获得良好药物疗效的基础，可以有效避免滥用渔药，或盲目增大药量，或增加用药次数、延长用药时间等错误操作。了解药物的适用性和理化特性以及影响药物效果的相关因素，是科学用药的另一个重要方面。鱼池施药应根据鱼病的病情、养殖品种、饲养方式、施药目的（是治疗还是预防鱼病）来选择不同的用药方法。渔药的使用方法很多，一般有全池泼洒法、局部泼洒法、挂（篓）袋法、浸泡法、涂抹法、混饲口服法和注射法等。例如，采用全池泼洒法需先准确计算鱼池水体，为此要测量鱼池的长度、宽度和水深，圆形池塘需测出半径，再准确计算体积。需要说明的是方形鱼池一般是有坡度的，其横断面呈梯形，在计算体积时其长度和宽度的测量应以水面至池底的1/2处为准。用药过程中要根据疾病和药物不同，选择最有效的办法，以达到最佳的用药效果。了解和掌握病原菌耐药状况的变化，是准确使用抗生素类药物的前提。尽量避免细菌耐药性产生，一旦发生将使病原体对药物的敏感性下降直至消失，致使药物的疗效降低至无效。

（3）严格执行休药期：各种药物进入水产动物体内之后，均会出现一个逐渐衰减、降解的过程，因为药物的种类、水域环境及养殖品种的不同，药物在水产动物体内的代谢过程所需要的时间长短也不同。在使用药物时，一定要注意休药期。每种药物都有相应的休药期，一般为1~3个月，休药期的长短，应以确保上市水产品的药物残留限量符合国家相关法律、法规标准要求为前提，如NY5070《无公害食品水产品中渔药残留限量》及国家无公害水产品的标准等。

（四）控制或消灭敌害生物

敌害生物包括水生昆虫、水螅、水蛇、水鸟、水鼠和凶猛鱼类等造成的危害。有些病原体的生活史较为复杂，其寄生宿主可能有几个，水产养殖动物仅是其中的一个，控制或消灭其他的寄主，切断生活史，也可控制病原体的繁殖，预防疾病的发生，如清除螺类、驱赶水鸟、防鼠灭鼠、控制猫和狗等。杀灭蚊、螺、蚤类等传播媒介并防止它们的出现，在消灭传染源、切断传播途径、阻止传染病流行、保障人和鱼类健康等方面具有非常重要的意义，是兽（渔）医综合性防疫体系中的重要组成部分。在规模化生产实践中，防鼠灭鼠工作是根据害鼠的种类、密度、分布规律等生态学特点，在水产动物区墙基、地面和门窗的建造方面加大投入，让鼠类难以藏身和滋生；在管理方面，应从水产动物池舍内外环境的整洁卫生等方面着手，让其难以得到食物和藏身之处，并且要做到及时发现漏洞及时解决。由于规模化养殖中的场区占地面积大、建筑物多、生态环境非常适合鼠类的生存，要有效地控制鼠害，必须动员全场人员挖掘、填埋、堵塞鼠洞，破坏其生存环境。通过灭鼠药杀鼠是目前应用较广的方法，常常能收到非常显著的灭鼠效果。

第四节　水产动物传染病的治疗和生物安全

随着医学技术的不断发展，无论是细菌性的还是病毒性的传染病，都可采取一定的方法进行治疗。通过治疗，可以挽救患病动物，最大限度地减少疾病所造成的经济损失；同时作为传染病综合防治的重要内容，各种治疗措施可以阻止病原体在机体内的增殖，在一定限度内起到清除传染源的作用。但是动物传染性疫病不同于一般的疾病，在治疗过程中应严格注意其特点。

一、传染病的治疗及预后

传染病治疗通常分为针对病原体的对因治疗和针对患病动物的对症治疗。

（一）对因治疗

对因治疗又分为免疫治疗和抗菌药物治疗。

1. 免疫治疗（immunotherapy）

在正常情况下，机体的免疫系统能发挥自身的免疫调节作用，抵抗外来微生物的感染，或及时消除自身反应性淋巴细胞，防止发生自身免疫性疾病。如果机体的免疫功能降低或亢进，则会导致免疫缺陷、肿瘤或自身免疫病。针对机体低下或亢进的免疫状态，人为地增强或抑制机体免疫功能以进行疾病治疗的方法称为免疫治疗。因此，免疫治疗的作用主要是增强免疫功能以清除机体内的病原体或降低机体免疫反应以减轻过度反应引起的损害。免疫治疗具有以下几种类别。

（1）按对机体免疫功能调节的方向分为免疫增强疗法和免疫抑制疗法。免疫增强疗法可用于治疗各种病原体引起的感染及免疫缺陷病等，可供使用的方法或制剂有非特异性免疫增强剂、疫苗、抗体或淋巴细胞的被动注射、细胞因子等。免疫抑制疗法主要用于治疗各种类型炎症、超敏反应、自身免疫病和移植排斥等，常用的方法或制剂包括非特异性免疫抑制剂、淋巴细胞及其表面分子抗体等，该法在鱼类应用较少。

（2）按对抗原性物质的特异性分为特异性免疫治疗和非特异性免疫治疗。特异性免疫治疗的作用包括通过不同抗原诱导机体产生抗体或效应淋巴细胞等效应因子，使机体对相同抗原的刺激能够产生特异性免疫应答反应或免疫耐受以达到治疗疾病的目的，其特点是见效比较慢，但维持时间长；直接向机体输入特异性免疫应答产物，如抗体或效应淋巴细胞，使机体立即获得针对某一抗原的免疫应答或免疫耐受，该法见效快，但维持时间短；利用抗体反应的特异性，在体内特异性地去除某一类免疫细胞群体，如T细胞，以抑制机体的免疫功能。非特异性免疫治疗包括非特异性免疫增强剂或非特异性免疫抑制剂的应用，该两类制剂的作用没有特异性,对机体免疫功能具有广泛的增强或御制作用,应用时容易导致机体出现不良反应。

(3)按机体内免疫力获得的方式分为主动免疫治疗和被动免疫治疗。主动免疫治疗是指给免疫应答健全的机体接种疫苗或免疫佐剂,通过激活或增强机体的免疫应答反应而使机体自身产生抵御疾病的能力。常用的主动免疫治疗制剂包括各种疫苗、卡介苗或其他免疫佐剂等。

被动免疫治疗又称过继免疫治疗(adoptive immunotherapy),是指将机体内对某种病原体的免疫应答产物转移给其他动物个体,或者将自体细胞在体外经过处理后再回输自身以发挥治疗作用的方法。常用的被动免疫治疗制剂包括特异性多克隆抗体、单克隆抗体、免疫球蛋白、转移因子、免疫效应细胞等。在动物传染病的预防和治疗过程中,各种免疫血清的被动免疫治疗发挥了非常重要的作用,其中有些制剂一直在临床上广泛使用。

由于传染病发生后,机体内细胞因子网络的平衡被打破,细胞因子的产生或其受体表达发生异常,因而出现病理性变化甚至引起严重的多器官损伤。细胞因子疗法主要是通过恢复原有网络的平衡,对已被暂时抑制的机体免疫系统起到补偿作用,从而达到增强机体抗病能力和治疗疾病的目的。目前有一些细胞因子已经进入临床试验阶段。

2. 抗菌药物治疗

在兽(渔)医临床上,各种抗菌药物的应用非常普遍,是细菌性传染病的主要治疗药物。在使用时应遵守前述的用药原则,选择高效、价廉、使用方便、残留量低、对人和鱼毒副作用小的药物,并且剂量应足够、用药途径和疗程应适当,防止产生耐药性菌株。应避免未查明疾病原因盲目用药、有病无病长期重复用药、疗程和用药间隔期过长或过短、用药剂量过大或过小、用药途径或时机不当、药物残留和配伍禁忌等现象的发生。

3. 中草药疗法

某些中草药能够增强机体的免疫功能,具有抗应激、抗菌、抗病毒、促生长和改善动物产品质量及风味等多重作用。由于中草药具有天然属性、毒副作用小、在产品中不出现残留、使用简便、效果持久等优点,在一些疫病的治疗过程中证明有明显的效果。因此,应加强该类药物的研究和开发,以便在临床实践中有选择地使用。

(二)对症治疗

对症治疗是指为了缓解或消除患病动物的临床症状、增强机体的一般抗病能力、调整和恢复生理机能而进行的治疗方法。水产常用的对症疗法有止血、补液、镇痛、镇静、止泻、助消化、强心、防止酸或碱中毒、调整电解质平衡以及某些急救性和局部性的处理措施等。在治疗过程中,应根据具体情况选择相应的对症疗法,以便促进患病动物的快速恢复。

(三)治疗效果评价及预后

1. 治疗效果评价

动物传染病治疗效果评价的目的主要是便于对现行治疗方法或措施有一个客观的认识,以利于在临床实践中选择最佳的方法。评价某种药物或治疗方法临床疗效的常用方法是流行病学试验。

2. 疫病预后

疫病预后(prognosis)是指对传染病结局的概率预测,即对发病后疾病未来过程的一种预先估计。传染病预后包括治愈、死亡、并发症、恶化、复发和缓解等多种结局,也包括生产性能和经济效益等情况的预测。正确估计患病动物的预后,有助于作出更科学、合理的治疗决策。

1)影响传染病预后的因素

(1)各种传染病的自然史对其预后有非常重要的影响,由于不同传染病的自然史不同,因而其预后有很大差异。

(2)动物的年龄、性别、体质、营养状况、免疫力等可影响传染病的预后。

(3)对致病因素的暴露状况,如侵入病原体的种类、数量、毒力等因素不同,传染病的预后也不同;即使是同一株病原体,感染剂量越大则预后越差。

(4)病情和病程,如同样的疾病,病情重者预后差。此外,疾病的早期、中期、晚期,病变部位和临床型等均与预后有关。

(5)人为干预措施,如及时的诊断、合理的治疗以及各种防疫消毒措施等均可影响传染病的预后。

2)预后常用指标

(1)病死率:在某病的患病动物中,死于该病者所占的比例。在比较病死率时,应注意年龄、性别、病情等因素的影响。

(2)缓解率:指某病的患病动物中,经过治疗病情缓解者所占的百分比。

(3)复发率:指某病的患病动物中,经过一段临床症状消失期后复发个体所占的百分比。

(4)其他指标,如各种生产性能指标和经济效益分析结果等。

二、生物安全

兽(渔)医生物安全(veterinary biosecurity)是指采取必要的措施切断病原体的传入途径,最大限度地减少各种物理性、化学性和生物性致病因子对动物群造成危害的一种动物生产体系。由于该体系集饲养管理和疾病预防为一体,通过阻止各种致病因子的侵入,防止动物群受到疾病的危害,不仅对疾病的综合性防治具有重要意义,而且对提高动物的生长性能,保证其处于最佳生长状态也是必不可少的,因此它是水产动物传染病综合防治措施在集约化养殖条件下的发展和完善。兽(渔)医生物安全是目前最经济、最有效的传染病控制方法,同时也是所有传染病预防的前提。它将疾病的综合性防治作为一项系统工程,在空间上重视整个生产系统中各部分的联系,在时间上将最佳的饲养管理条件和传染病综合防治措施贯彻于动物养殖生产的全过程,强调了不同生产环节之间的联系及其对动物健康的影响,其总体目标是保持动物处于最佳的生产状态,最大限度地减少传染病的发生及其造成的损失,以获得最大的经济效益。

要使兽(渔)医生物安全体系充分发挥应有的作用,养殖场还必须制定一套严格的管理规章制度及其监督执行方法,才能使良好的生物安全措施真正落到实处。不同的生产类型需要的生物安全水平不同,体系中各基本要素的作用及其意义也有差异。兽(渔)医生物安全的内容主要包括动物及其养殖环境的隔离、人员物品流动控制以及疾病控制等。在现有生产条件下实施兽医生物安全体系时,能最大限度地降低疾病的发生及危害程度,但并不能绝对阻止病原体进入动物群,因此必须配合饲养管理、免疫接种或药物预防等措施,才能获得最佳效果。在养殖场传染病的控制过程中，应充分理解生物安全的内涵，将兽（渔）医生物安全的各种措施和方法贯彻落实到养殖生产的各个环节。

第五节 水产动物检疫、疫病监测和疫情报告制度

一、检疫和疫病区划

（一）水产动物检疫

水产动物检疫（quarantine）是指由法定的机构或人员按照法定的方法与标准对水产动物和水产品的疫病状况及卫生状况实施定性检测和处理的强制性的技术措施，强制性查、定性和处理，并出具结论性法定证明的行为。检疫工作的正常运行必须依据于相应的法律法规，目前涉及动物检疫的法律法规主要有《中华人民共和国进出境动植物检疫法》《中华人民共和国进出境动物检疫法实施条例》《中华人民共和国动物防疫法》《中华人民共和国进境动物一、二、三类传染病、寄生虫病名录》等。根据国际惯例和检疫工作的任务，国家兽（渔）医行政部门应在对外开放口岸和动物进出境集中地设立动物检疫机关，依法实施进出境动物的检疫工作；在各基层行政区设立兽医检疫机关，对动物及其产品的生产、销售、运输和加工等环节进行强制性检疫。同时依法规定了防疫检疫人员相应的权利和义务，以保证兽（渔）医的检疫顺利进行和协调统一。检疫的基本内容是水产动物、水产品或其他检疫物，如疫苗、血清、动植物废弃物以及装载容器、包装物和可能污染的运输工具等检疫对象中的传染病、寄生虫病和其他有害生物。在检疫过程中，通常根据检疫类型和检出疫病的种类采取不同的处理措施。

1. 国境检疫

国境检疫是一项政策性和技术性相结合的兽（渔）医卫生防疫工作，对维护国家主权、控制动物重大疫病的传入和流行，保障养殖业的正常发展和人民的身体健康都有重要的意义。国境检疫分为入境检疫、出境检疫、过境检疫和国际运输工具检疫等。

（1）入境检疫：是指从国外引进水产动物及其胚胎、精液、受精卵等时必须按规定履行的入境检疫手续。基本程序包括签订双边检疫议定书、检疫审批、报检、现场检疫、隔离检疫以及检疫放行和处理。在检疫过程中，若发现农业部颁布的《中华人民共和国进境动物一、二、三类传染病、寄生虫病名录》中一类疫病或双边检疫议定书规定的疫病时，全群动物或动物遗传物质禁止入境，做退回或销毁处理；检出二类病的阳性动物应退回或销毁，同群的其他动物进行隔离观察，阴性时可以入境。

（2）出境检疫：是指对输出到其他国家和地区的水产动物及水产产品出境前实施的检疫。出境动物产品检疫是指对输出到其他国家和地区的、未经加工或虽经加工但仍然有可能传播疫病的动物产品实施的检疫，出境检疫的基本程序包括报检、检疫、出证和离境。

（3）过境检疫：是指对经某国国境运输的水产动物、水产品、其他检疫物及装载运输工具、装载容器等实施的检疫。过境动物时必须事先征得过境国检疫机关的同意，事先办理检疫许可手续并按照指定的口岸和路线过境。动物过境检疫许可的程序包括过境申请、填写过境检疫申请表、过境检疫许可办理、报检及检疫，经检疫合格者可准予过境。

2. 国内检疫

国内检疫是指为有效地防止重要疫病的发生和传播，根据法律规定由法定机构或人员对境内水产动物及水产品实施的、具有法律效力和法律后果的技术措施和政府行为。它不仅直接关系到动物养殖业的生产安全，同时对保障人民的身体健康、维护我国的国际贸易信誉等都具有重要的意义。根据检疫的设置地点、检疫对象和要求等，将国内检疫分为产地检疫、运输检疫和屠宰检疫等形式。

（1）产地检疫：是指对动物离开养殖场地之前的检疫。产地检疫是及时发现并扑灭传染源、阻止疫病扩散的有效方法，同时也是保证动物及其产品质量、维护人民身体健康的重要措施。产地检疫一般分为养殖场地检疫、交易检疫等形式。检疫的程序及内容包括当地的疫情调查、查验动物的免疫接种状况、动物群体及个体的临床检查、患病动物的病理学检查以及实验室检验等。若在检疫过程中发现法定的各类疫病，应按照《中华人民共和国动物检疫法》的有关规定处理。

（2）运输检疫：是指对通过铁路、公路、码头、航空运输的动物及其产品进行的检疫。运输检疫通常包括铁路检疫、公路运输检疫、码头运输检疫和航空运输检疫等，它是防止动物疫病扩散、控制疫病发生和流行的重要措施之一。

（3）屠宰检疫：屠宰场是动物及其产品的集中地，各种动物从不同的地区汇集于此，而出来的产品又运输到各地，甚至远销到国际市场，因此屠宰检疫是防止肉品污染和动物疫病的传播流行、提高肉品卫生质量和保障人民身体健康的重要环节。屠宰检疫又分为宰前检疫和宰后检疫两个部分。

（二）疫病区划

疫病地区是指为了控制疫病而在一个国家内部划定的某一区域。疫病区域是指为了控制疫病而在几个国家或相邻国家间划定的某一地界范围。评价某水产动物或水产品出口国的动物疫情时，过去习惯以国家为单位来考虑，如某国境内某个地区存在或怀疑有某种疫病时，则将该国看做有疫情国家而不再进行风险评估。这种采取风险回避的政策，对水产动物或水产品的国际贸易起到了极大的阻碍作用。从水生动物卫生角度看，这种做法不一定必要，因为河流、地理环境屏障对水生动物疫情的限制往往比国界更为有效。人口密度、媒介分布、动物流动及管理措施等因素，对国内和国际水生动物疫情的分布也有很重要的作用。因此，将地区或区域区划概念引入国际贸易水生动物卫生法规，对认识和理解水产动物疫病存在或范围变化具有重要的实际意义。

1. 地区区划

（1）地区区划的要求：一个国家要有效地控制水生动物疫情、促进水产动物或水产品的国际贸易，必须尽快建立法定报告疫病的区划体系。疫病的地区区划通常根据疫病的种类、传播方式和一个国家内部的疫情情况确定。地区的大小、位置和界线应由兽（渔）医行政管理部门确定，并需要通过国家立法来执行和实施；地区的边界可以利用自然或人为的有效隔离屏障，也可通过法律途径确立地区边界。地区内部的机构必须健全以便监督和检查各种防疫措施的执行情况，防止或控制地区间水产动物、水产品、水生动物遗传材料、生物制品、病理材料和鱼源性饲料的流动。建立地区区划体系的国家，需要具有一套有效的兽（渔）医组织管理机构和适当的行政机构以提供法律支持和财政资源，并能够根据需要采取有效的疫病控制措施。当疫病暴发时，应立即向 OIE 报告，以表明疫病监控系统正在有效运作。

（2）地区区划的类型：根据地区内疫情状况及其采取的防疫对策，可将一个国家区划为以下几种地区类型。

① 非免疫无疫病区（noimmunizated free zone）：是指通过定期或及时的疫病报告记录系统，表明在OIE规定的期间水产动物群没有接种过某种疫苗，也没有发生过该种疫病，但疫病检测系统仍在正常运行的地区。具有某种疫病流行的国家，也可以建立非免疫无疫病地区，但该区内的兽（渔）医机构必须能够了解养殖场的疫病状态。当怀疑某种疫病暴发时，应立即进行调查并将疫病调查或诊断的结果向OIE报告。必要时该地区要设立监测区，使其内部与国内其他地区或邻国感染区相隔离。当无疫病区需要从国内或其他地区或从有某种疫病的国家引进水生动物时，必须严格执行兽（渔）医部门确立的疫病管理和控制制度，但应禁止从感染地区或国家进口水产动物或水产品。

② 监测区（monitoring zone）：通常位于非免疫无疫病区的外围。根据水环境、地理条件和疫病的性质，监测区的面积应适当，区内鱼类不进行相应的免疫接种，鱼类流动应严格控制，同时区内必须有先进的疾病监控系统。当怀疑疫病暴发时，必须立即进行调查，确诊后立即扑灭。根据疫病的流行动态，监测区的范围可以放大或缩小。监测区从疫区或其他国家进口易感动物时，应按兽（渔）医行政管理部门制定的疫病控制程序进行操作。

③ 缓冲区（buffer zone）：是指为保护无疫病国家或地区鱼类健康而对鱼类进行系统免疫接种的地区。根据地理和水环境条件及疾病的性质，缓冲区应有足够的面积。接种鱼类要使用永久性标记，使用的疫苗必须符合OIE标准。缓冲区也需拥有先进的疫病监控措施，应严格控制水产动物的流动。当怀疑疫病暴发时必须立即调查和诊断，确诊后应迅速采取扑灭措施。缓冲区需要从国内疫病存在地区或其他国家进口易感动物时，必须严格执行兽（渔）医行政管理部门制定的疫病控制措施相防疫制度，鱼类经过免疫接种后方可进入缓冲区。

④ 免疫无疫病区（immunizated free zone）：为了对抗外来疫病的威胁，无疫病国家或地区可以对鱼群实施免疫接种以建立免疫无疫病区，而有疫情的国家或地区通过谨慎地免疫接种也可以建立免疫无疫病区，但宣布该地区无疫病时必须有系统的疾病监测数据。无疫病区从有疾病的其他地区或国家引进易感动物时，必须按兽（渔）医行政管理部门制定的控制措施进行，而且引进的水生动物必须通过检疫，然后进行免疫接种，并做永久性标记后才可进入该无疫病区，但原则上应禁止该区从感染地区或国家进口水产动物或水产品。

⑤ 疫区（infected zone）：是指在一个国家内经诊断有《国际动物卫生法典》所指疫病存在的地区。疫区通常应以缓冲区和监测区与其他无疫病地区隔开，并且要严格控制疫区向无疫病区内调运易感动物。疫区内动物的管理可参考以下方法：禁止活鱼调离疫区；疫区内的鱼可用车辆直接运往位于监测区的专门屠宰场进行急宰；在特殊情况下，当符合兽（渔）医行政管理部门制定的控制措施时，试验证实无感染的活体水生动物可进入监测区；经过流行病学分析，疾病不会造成传播时活体水生动物可调离疫区。疫区的维持期限常根据疫病的种类及采取的兽（渔）医卫生措施和控制方法而有所不同。

⑥ 无疫病区的认可：希望获得无疫病区认可的国家或地区，必须证明自己对强制法定报告疾病具有可靠的疫病监测体系和有效的兽（渔）医组织。兽（渔）医机关必须准确标明地区划界，详细说明边界控制情况，并要求进一步提供已经采取措施的有关资料和信息，如水生动物流动控制情况和检疫等，符合这些条件的国家可向OIE递交无某种疾病地区的证明材料，要求OIE认可并列入相应名单。

2. 区域划分

水产动物卫生状况相同及疫病控制措施类似的相邻国家或不同国家的相邻地区，可作为一个疫病控制区域。该区域必须要具有有效的自然或人为分界标志，或通过法律明确界定边界线。在这一区域内必须具有国际公认的传染病学检测体系以及针对某种特定疫病的共同防治策略和方法。

二、疫病监测

疫病是指发生在人、动物或鱼身上，并具有可传染性的疾病的统称，一般泛指流行性急性传染病。疫病监测是指系统、完整和连续地收集水产动物疫病有关的资料，经过分析、解释后及时反馈和利用信息并制定有效防治对策的过程。疫病监测具有以下基本特征：资料收集的连续性和系统性；收集的资料不仅包括发病和死亡，还包括与疫病发生、流行和防治有关的其他问题；不仅是将监测的原始资料进行汇总、分析和解释，还包括信息反馈和利用的过程。疫病监测是水生动物疫病控制工作的重要组成部分，可为国家制定动物疫病控制规划和疫病预警提供科学依据，同时对动物保健咨询以及保证输出动物及其产品的无害状态都具有非常重要的意义。

（一）监测对象和主要内容

疫病监测的对象虽然在不同国家或地区具有一定的差异，但主要包括重要的动物传染病和寄生虫病，尤其是危害严重的烈性传染病和人畜鱼共患性疫病。我国则将各种法定报告的动物传染病和外来动物疫病作为重点监测对象。对某种具体传染病进行监测时，应综合考虑其特点、预防措施的需要和人力、物力、财力等方面的实际条件，适当选择下述内容进行监测。疫病监测的内容主要包括如下几个。

（1）动物的群体特性以及疫病发生和流行的社会影响因素。

（2）动物疫病的发病、死亡及其分布特征。

（3）动物群的免疫水平。

（4）病原体的型别、毒力和耐药性等。

（5）野生动物、传播媒介及其种类、分布。

（6）动物群的病原体携带状况。

（7）疫病的防治措施及其效果等。

（8）疫病的流行规律。

（二）监测程序

水生动物疫病的监测程序包括资料收集、资料的整理和分析，资料的表达、解释和发送等。

1. 资料收集

疫病监测资料收集时应注意完整性、连续性和系统性，资料来源的渠道应广泛，确保准确无误。收集的资料通常包括疫病流行或暴发及发病和（或）死亡等资料；血清学、病原学检测或分离鉴定等实验室检验资料；现场调查或其他流行病学方法调查的资料；药物和疫苗使用资料；动物群体及其环境方面的资料等。上述资料可通过基层监测点按常规疫情进行上报，或按照周密的设计方案，要求基层单位严格按规定方法调查并收集样品和资料信息。收集资料时通常应注意如下几点。

(1) 尽量收集并提供发病率和死亡率的准确数据，但也应注意收集有关患病动物增加或减少趋势的数据。

(2) 当发现流行速度快、以前未记录过的疾病以及与全新饲养管理制度相关的疾病，尤其是新传入的外来疫病时，应有迅速反应的能力和态度。

2. 资料的整理和分析

资料的整理和分析是指将原始资料加工成有价值信息的过程。通常包括以下步骤。

(1) 将收集的原始资料认真核对、整理，同时了解其来源和收集方法，选择符合质量要求的资料录入疫病信息管理系统供分析用。

(2) 利用生物统计学方法将各种数据转换为有关的指标。

(3) 解释不同指标说明的问题。

3. 资料的表达、解释和发送

将资料转化为不同指标后，要经统计学方法检验，并考虑影响监测结果的因素，最后对所获得的信息作出准确合理的解释。运转正常的动物疫病监测系统能够将整理和分析的疫病监测资料，以及对面临问题的解释和评价，迅速发送给有关的机构或个人。监测信息的发送应采取定期发送和紧急情况下及时发送相结合的方式进行。信息的主要内容应包括被列入连续监测计划的各种疫病信息，如现时性、累计性和地区性的疫病资料；对选定疫病更深入研究的定期资料；特定疫病防治的研究进展；对现时疫情和可能出现的疫情发出警报；建议有关疫病控制方面的立法；预测未来疫病的流行形式或疫病事件；紧密追踪特定病例或暴发的信息概要；重要的文献摘要和其他类型的疫病信息等。

（三）监测手段

疫病监测的内容很多、监测手段多种多样，通常包括临床观察、病原学检测、血清学检测、动物群体特性和疫病流行影响因素的调查、哨兵动物等。

1. 临床观察

临床检查是疫病监测的最重要方式之一，现场人员通过定期对动物群进行系统检查，发现异常时进一步调查原因，若出现外来病、新发生的疫病和法定的一类、二类疫病时应及时按规定进行疫病报告。

规模化养殖场通过疫病流行状况和防治对策效果等有关资料的收集与整理，可发现疫病变化的趋势及影响疫病发生、流行和分布的因素，适时制定和改进防疫措施；通过对环境、疫病、动物群等方面长期系统的监测、统计和分析，可对场内疫病的流行进行预测。

2. 病原学检测

根据疫病流行现状和水生动物及其产品国际贸易的要求，应用各种病原学检测方法，重点检测某些具有重大经济影响的法定一类、二类动物疫病病原体是疫病监测工作的重要内容。由于全国性疫病监测涉及面广，可使用的监测资源有限，所以进行病原检测时应注意以下几项内容。

(1) 检测对象和样品的采集应有代表性。

(2) 可采集渔场、市场或屠宰场中的动物样品进行检验。

(3) 可通过有组织、有计划地设立哨兵动物进行检验和分析。

(4) 及时收集兽（渔）医诊断实验室的检测结果。

(5) 可对保存的样品进行追踪检查。

（6）经常性地分析兽（渔）医诊断实验室的检验记录以减少或防止疫病监测工作的盲目和被动状态。

3. 血清学检测

通过血清流行病学的方法，研究机体内血清抗体出现和分布的规律性，以阐明疫病在动物群中的分布及其原因。规模化养殖场实行抗体水平的连续检测对评价疫苗免疫的效果、制定合理的免疫程序、发现动物群中隐性感染者以及评估疫病防治效果等都具有重要的意义。由于该方法具有敏感、特异、简便和安全等特点，因此在疫病监测过程中具有以下几个方面的作用。

（1）查明动物群中疫病，包括检测一些以隐性感染为主疫病的流行状况。

（2）根据不同地区动物群某种疫病的抗体水平及其分布，推测疫病现在和过去的流行和分布状态。

（3）根据疫苗接种前后抗体滴度的变化，正确评价免疫的效果。

（4）根据发病初期和康复期动物血清抗体水平的升高幅度，对疫病进行确诊。

（5）通过系统、连续地抗体检测，推测疫病流行的动态变化，为疫病预测或防治对策的制定提供依据。

4. 动物群体特性和流行影响因素的调查

水生动物群体特性和疫病流行影响因素的调查包括动物种类、品种、年龄、性别、生理状态和遗传特性，饲养/野生、用途（如苗种、产肉或宠物）、管理和饲养情况以及预防措施等调查；动物的销售和流通方式，人们的生活习惯、风俗、文化、科技水平和兽医法律法规的贯彻执行情况等调查。

5. 哨兵动物

哨兵动物（sentinel animal）是指为了查明某一特定环境中某传染因子的存在状况，有意识地在该环境中暴露的易感动物。当哨兵动物被引入到一个国家、地区或养殖场时，由于在新的环境条件下机体缺乏特异性的免疫力，故发病率和死亡率会明显升高，病原体的富集作用也比较强。自然来源的野生动物和人工标记的养殖动物均可作为哨兵动物使用。哨兵动物的作用主要表现为以下几个方面。

（1）评价疫病根除或环境消毒的效果。

（2）用作某种疫病病原体或其传播者采集的活诱饵。

（3）结合其他方法对疫病进行确定诊断等。

（四）监测方法

疫病的监测方法通常包括被动疫病监测和主动疫病监测两种。

1. 被动疫病监测

被动疫病监测是疫病相关资料收集的常规方法，主要通过需要帮助的养殖业主、现场兽（渔）医、诊断实验室和疫病监测员以及屠宰场、动物交易市场等以常规疫病报告的形式获得资料。由于通过该方法容易获得和分析疫病信息，因此加强被动监测系统具有重要的意义，但完全依赖于被动监测系统常常会导致疫病报告频率明显低于实际发生频率的现象，故被动监测必须有主动疫病监测系统作为补充，尤其对紧急疫病更应强调主动监测。

2. 主动疫病监测

主动疫病监测是指根据特殊需要严格按照预先设计的监测方案，要求监测员有目的地对动物群进行疫病资料的全面收集和上报的过程。该系统具有全面探索疫病发生、追踪特定疫病和监控其控制或净化进程等功能。主动监测的步骤通常是按照流行病学监测中心的要求，监测员在其辖区内随机选择采样地点、动物群和动物进行采样，同时按规定的方法填写采样表格。采样表格通常包括的内容有采样员信息、采样地点及动物群信息、动物编号及来源、采样的种类、数量及其编号、测定的疫病、测定的结果和流行病学监测中心的评价等。

三、疫情报告制度

（一）国内疫情报告系统

为了使动物防疫部门及时掌握动物传染病的流行情况，制定有效的防疫措施以便迅速准确地控制疫情，相关人员应根据国家有关规定的时间和程序，及时向上级政府和动物防疫监督机关报告动物疫情。

1. 法定报告人

按照《中华人民共和国动物防疫法》规定，任何与动物及其产品生产、经营、屠宰、加工、运输等相关的单位或个人，都作为法定的动物疫情报告人，在发现动物传染病或疑似传染病时，都应及时向当地动物防疫机构或乡镇畜牧兽医站、水产部门报告；任何单位和个人都不得以自身利益或其他原因为借口，瞒报、谎报或阻碍他人报告动物疫情。

2. 报告内容

动物疫情的报告内容包括我国法定的一类、二类和三类动物疫病。疫病报告的内容包括疑似疫病的种类；疫病暴发的确切地点，发生疫病的养殖场户的名称和地址；发病动物的种类；病死动物的估计数量；发病动物临床症状和剖检变化的简要描述；疫病初次暴发被发现的地点和蔓延情况；当地易感动物近期的来源和运输去处；其他任何关键的流行病学信息，如野生鱼类疫病和昆虫的异常活动；初步采取的疫病控制措施等。

3. 报告方式

动物疫情的报告方式有口头报告、书面报告、电话报告和电子邮件报告等方式。当疑似疾病或误诊疾病经过确诊或排除后，也应及时报告。

4. 报告时间

要求发现疫病时立即报告，不能拖延时间，以免疫情扩散。若发生重要疫病或扩散蔓延迅速的紧急疫情，特别是怀疑为鲤春病毒血症、虾白斑病等重要传染病时，要求有关人员或机构应以最迅速的方式上报疫情。

5. 疫情报告处理

有关部门接到动物疫情报告后，应及时派人深入现场进行疫病诊断和疫情紧急处理，并根据具体情况逐级上报，同时通知邻近单位及有关部门注意防疫。

6. 疫病发生现场处理

当动物突然死亡或怀疑发生传染病时，除立即报告动物防疫监督机构外，在兽（渔）医人员未到现场或未作出诊断前，应将患病动物进行隔离并派专人管理，对患病动物污染的环境和用具进行严格消毒，患病动物的尸体应保留完整，未经兽（渔）医检查同意不得擅自急宰和剖检，以便为疫病的准确、快速诊断提供材料，并防止病原体的扩散。

（二）国际疫情报告系统

为了限制重要动物疫病的扩散，协助世界范围内更好地控制动物疫病，OIE 对其成员国规定了动物疫情国际通报的权利和义务，其程序和内容简述如下。

（1）当某成员国或某地区出现 OIE 规定的 A 类疾病或对其他国家具有重要流行病学意义的非 A 类疾病时，应在 24h 内通过电传、电报、传真或电子邮件通报中央局（即 OIE 常设秘书处）。

（2）初次通报后，在疫情稳定或疫病根除之前应按上述方法每周上报一次疫情控制的进展情况。

（3）疫情扑灭后或未发现重大疫情的国家或地区，应对 A 类疾病和具有重要流行病学意义的非 A 类疫病，按月上报其控制和存在状况。

（4）所有 A 类、B 类及其他具有重要社会经济意义的疫病每年应上报一次。

在疫病发生时，各国兽医行政管理部门除报告上述内容外，还应通报为防止疫病传播所采取的措施，包括检疫措施、疫区内动物及其产品和其他物品等流通的限制措施、传播媒介的控制措施等。

第四章 水产动物病毒性传染病

近年来，水产动物病毒性传染病频繁发生，而且呈现暴发流行的上升趋势，给水产养殖业带来巨大的经济损失。目前绝大多数抗菌药物对病毒治疗无效，少数用于治疗病毒的药物，如干扰素等都很昂贵。因此，防治水产动物病毒性传染病应强调"以防为主、防治结合"的原则，要做好严格检疫工作，勿从疫区购进苗种，加强池塘和苗种消毒，最好采用疫苗免疫的预防措施，采用中草药防治病毒病也具有一定的疗效。通过本章学习，进一步掌握水产动物病毒性传染病的发生和流行规律、临床症状、病理变化、诊断及综合防治措施。该章的重点内容是鱼、虾类等病毒性传染病的特点及诊治方法，特别要关注我国将其列为二类的动物疫病传染病，以及一些新现病毒病。

第一节 鱼类病毒性传染病

一、草鱼出血病

草鱼出血病（hemorrhage disease of grass carp），是 1972 年在我国发现并开展系统研究的第一个鱼类病毒病，该病流行范围广，发病季节长，发病率高，对草鱼种的生产可造成很大的经济损失。草鱼出血病是一种严重感染草鱼和青鱼的病毒性传染病，我国将其列为二类动物疫病。

【病原】 草鱼呼肠孤病毒（*Grass carp reovirus*, GCRV），又称为草鱼出血病病毒（*Grass carp hemorrhage virus*, GCHV）。病毒为水生呼肠孤病毒 C 型的成员，病毒颗粒呈球形，无囊膜，有双层核衣壳，外观为二十面体，直径 65～70nm，病毒核酸为双链 RNA。通过对纯化的 GCRV 完整颗粒进行电泳分析显示成熟的病毒含有 7 种衣壳蛋白组分（VP1～VP7），分子质量为 34～138kDa。病毒对酸（pH3）、碱（pH10）、乙醚和氯仿不敏感，对热稳定，需 65℃ 1h 才能完全灭活；病毒不耐反复冻融，对去垢剂敏感，可用聚乙烯吡咯烷酮碘（又称聚维酮碘）杀灭。病毒可在草鱼肾细胞（CIK）、草鱼吻端细胞（ZC7901）、草鱼鳍条细胞（CF）、草鱼性腺细胞（CO）中增殖。在感染细胞后第 2 天出现细胞病变，形成直径约为 2mm 的空斑；5 天左右达到最大增殖，此时病毒的滴度最高，以后逐渐平缓。组织中的病毒可在 -20～-15℃保存 2 年以上。

【症状与病理变化】 草鱼出血病最基本的症状是器官或组织的充血和出血，全身性出血是本病的重要特点。患病初期病鱼离群独游水面，反应迟钝，食欲减退或停止，体色发黑，尤其头部，有时可见尾鳍边缘褪色，好似镶了白边，有时背部两侧会出现一条浅白色带，随后病鱼即表现出不同部位的出血症状，有时眼球突出。该病毒靶器官为肾，损坏鱼体免疫力，并造成肝细胞退化、坏死，肝、脾、肾内血管充血或出血；有些病鱼可见肛门红肿外突。肠壁因充血和出血而呈鲜红色，肠内无食物，肠道出血，但不同于细菌感染的是肠壁有弹性，有点状出血。肠系膜及其周围脂肪、鳔、胆囊也有出血点或出血斑，个别病鱼鳔及胆囊呈紫红色。当出血严重时，病鱼发生贫血，血液颜色变淡，血量减少。肝、脾、肾的颜色常变淡。草鱼出血病按其症状表现和病理变化的差异，大致可分为3种类型。

（1）肌肉型：病鱼体表无明显的出血症状或仅表现轻微点状出血，但肌肉明显充血，往往全身肌肉均呈红色，同时鳃丝鳃瓣失血严重，出现"白鳃"，有时伴有腹水，肠道无食物、充血不糜烂，具有光泽，一般在较小（5~10cm）的草鱼种中比较常见。

（2）体表型：又称为红鳍红鳃盖型，病鱼的鳃盖、鳍基、头顶、口腔、眼眶等处明显充血，有时鳞片下也有充血现象或块状出血，但肌肉充血不明显或局部点状出血，一般在较大（10cm以上）的草鱼种中比较多见。

（3）肠炎型：病鱼体表及肌肉的充血现象均不太明显，但肠道严重充血，肠道全部或部分呈鲜红色，肠系膜、脂肪、鳔壁有时有点状充血，在或大或小的草鱼种中都可遇见。

这三种类型有时可同时出现两种，甚至三种类型出现在同一条病鱼体上，它们相互之间可以混合发生。近几年，发现患草鱼出血病的草鱼和青鱼主要出现肠道均匀发红的症状，少数患病鱼有红鳍红鳃盖现象，偶尔可见红肌肉的症状。解剖患病草鱼和青鱼，可见肠管均匀发红，附着在肠管上的脂肪也出血、充血发红。剖开肠管可见肠管内壁亦出血发红。但是发病鱼的体表大多数基本无明显的异常。

组织病理学检查，本病的病理特点为全身毛细血管内皮细胞受损，血管壁通透性增高，引起广泛性毛细血管和小血管出血及形成微血栓。由于血液循环障碍，导致各脏器组织变性坏死。肝脏表现为肝血窦胀大，肝细胞空泡变性、颗粒变性、糖原消失等；脾脏有大量红细胞浸润，造血组织有核固缩、碎裂及溶解现象；肾被膜和肾实质中的毛细血管破裂出血，部分肾曲小管上皮细胞颗粒变性，胞质中有嗜酸性包涵体等；肠上皮杯状细胞数量增加并有大量黏液排于肠腔中，严重时肠上皮剥落于肠腔；肌纤维间有大量红细胞浸润，肌纤维肿胀甚至呈泡状。

【流行特点】该病于1972年在湖北首次发现，可严重感染草鱼和青鱼鱼种，该病流行区域广泛，目前在我国湖北、广东、广西、江西、江苏、浙江、福建、上海、河南、河北、四川、东北等省、自治区、直辖市均有流行，主要流行于我国中部和南方养殖地区。草鱼呼肠孤病毒主要感染草鱼，对鱼种最为敏感，2龄以上草鱼很少发病，但可能是潜在的病毒扩散传染源，还可以感染青鱼、罗汉鱼、麦穗鱼和稀有鮈鲫等，尤其对稀有鮈鲫更敏感。该病毒主要通过水平途径，经水传播感染健康草鱼种，寄生虫也可能是重要的传染媒介，也可通过卵进行垂直传播，传染源是感染的或带毒的草鱼。在浅水塘、高密度草鱼饲养池发病常为急性型，发病急，来势凶猛，死亡严重，发病后3~5天内即出现大批死亡，10天左右出现死亡高峰，2~3周后池中草鱼大部分死亡，常发生养殖的草鱼全军覆没。在稀养的大规格鱼种池发病常为慢性型，病情发展缓和，每天死亡数尾至数十尾，死亡高峰一般不明显。感染此病后，当年草鱼死亡率一般为30%~50%，最高可达60%~80%；可引起细菌继发性感染，出现全身性中毒和败血症，加剧病毒对草鱼的感染和死亡。该病主要发生在高温季节（水温20~30℃），水温25~28℃为流行高峰。该病流行季节长，一般6~10月均有流行，长的可持续于整个鱼种培育阶段，8月为流行高的季节。特别是在草鱼主要养殖区的华中地区，草鱼出血病全年具有2个明显的高峰阶段：第一个高峰期是6~7月，此时水温超过25℃发病严重，主要危害养殖2龄草鱼，即前一年春季投放的夏花鱼经经过一年饲养并越冬以后的春片鱼种，并造成大量死亡；第二个高峰期是9~10月，此时水温下降到30℃以下，主要侵害 1 龄草鱼,即当年草鱼种,死亡率达 90% 以上,其他年龄的草鱼很少发病。人工感染健康草鱼鱼种,从感染到发病死亡需 4~15 天,一般是 7~10 天。病程分 3 个阶段,潜伏期 3~10 天,此时鱼的外表无任何症状,水温高、病毒毒力强或数量多、鱼体抵抗力低、水环境差,潜伏期就短;前驱期一般为 1~2 天,此时鱼开始出现症状,但不够明显;充分发展期一般为 1~2 天,此时病鱼表现充血、出血等典型症状而亡。

【诊断方法】

(1) 初步诊断:根据临诊症状及流行情况进行初步诊断。一般流行于 7~8 月,对当年草鱼种危害最为严重,1 龄以上的草鱼较少发病,其他鱼类一般不感染。观察病鱼是否出现红鳍、红鳃盖、红肌肉、红肠道等症状。

(2) 病毒分离与鉴定:采集 10 尾病鱼肝、脾、肾等样品,鱼苗取整条鱼进行病毒的分离和鉴定。

(3) 实验室确诊:GCRV 诊断方法是用草鱼肾细胞 (CIK) 或草鱼卵巢细胞 (CO) 接种疑似样品,分离后用葡萄球菌 A 蛋白协同凝集试验、酶联免疫吸附试验 (ELISA) 或 PCR 鉴定;典型症状病鱼可直接用 PCR 方法检测病毒。

(4) 鉴别诊断:注意区别草鱼出血病和细菌性肠炎病,该病解剖可见肌肉呈点状或块状充血、肠道出血等,但不同于细菌感染的是肠壁有弹性,有点状出血。

【防治方法】 目前,无有效药物用于草鱼出血病治疗,最有效的控制措施是注射草鱼出血病灭活疫苗或草鱼出血病活(减毒)疫苗。

(1) 预防措施。

① 严格执行检疫制度,不从疫区引进鱼种;培育和引进抗病品种。

② 对养殖场实施防疫条件审核、苗种生产管理制度;加强疫病监测,掌握流行病学情况;发现患病鱼必须销毁,并对养殖水体、工具、场地等进行消毒处理。

③ 加强水源、鱼、设施等的严格消毒。清除池底过多的淤泥,并用浓度 200mg/L 生石灰,或 20mg/L 漂白粉或 10mg/L 漂白粉精消毒。使用含氯消毒剂(漂白粉、二氯异氰尿酸钠、三氯异氰尿酸、二氧化氯以及二氯海因等)全池泼洒彻底消毒池水;在养殖期内,每半个月全池泼洒漂白粉精 0.2~0.3mg/L,或二氯异氰尿酸钠或三氯异氰尿酸 0.3~0.5mg/L,或二氧化氯 0.1~0.2mg/L,或二氯海因 0.2~0.3mg/L。每 15 天使用 1 次高碘酸钠溶液全池泼洒,使用浓度 15~20mg/L。鱼种下塘前,用聚维酮碘 (PVP-I) 60mg/L 药浴 25min 左右,或用 10mg/L 浓度的次氯酸钠处理 10min。

④ 接种疫苗,进行人工免疫预防。用草鱼出血病疫苗进行人工免疫预防本病具有较好的效果。目前主要有以下两种方式进行免疫。

第一,注射法。可采用皮下腹腔或背鳍基部肌肉注射,一般采用一次性腹腔注射,疫苗量视鱼的大小而定,一般 8cm 以上草鱼每尾注射疫苗 0.3~0.5ml,8cm 以下鱼注射 0.1~0.2ml。

第二,浸泡法。据报道,用尼龙袋充氧,以 0.5% 浓度的草鱼出血病灭活疫苗,加浓度 10mg/L 莨菪碱,在 20~25℃ 水温下浸泡 3h,免疫成活率可达 78%~92%;也可用低温活毒浸泡免疫法。还可以高渗浸泡 8cm 以下草鱼,将免疫鱼在 2%~3% 食盐溶液中浸浴 2~3min,再转入 $10^{1.5}$~$10^{5.5}$ TCID$_{50}$/ml 疫苗液中 5~10min。

⑤ 加强划区管理,进行生态防病。根据水域和流域情况及自然屏障进行划区管理,并对其实施区域管理;加强饲养管理,进行生态防病,定期加注清水,泼洒生石灰。高温季节

注满池水,以保持水质优良,水温稳定。投喂优质、适口饲料。食场周围定期泼洒漂白粉或漂白粉精进行消毒。

(2) 治疗方法。

在流行季节每月投喂下列药饵 1~2 个疗程,有一定的防治效果。在治疗及预防草鱼出血病中应用最多的中草药有大黄、黄柏、黄芩、大蒜等。

① 每千克鱼每天用大黄、黄芩、黄柏、板蓝根(单用或合用均可)5g,氟苯尼考或氟哌酸 10~30mg,病毒灵 30~50mg,拌饲投喂,连喂 7 天。

② 大黄 50%、黄柏 30%、黄芩 20% 制成三黄粉,每千克鱼每天用中药粉 3~5g,加磺胺类药物 50~100mg,连续投喂 3~5 天。

③ 经过反复实践,利用当归、大黄、板蓝根、赤芍、虎杖等十几种中草药剂制成方剂"止血散",用于防治草鱼出血病,治愈率达 90% 以上。大蒜黏合青草投喂也有效。

④ 干扰素是至今发现的最为理想的一种抗病毒生物活性物质,在鱼病防治中有广阔的应用前景。

二、锦鲤疱疹病毒病

锦鲤疱疹病毒病(Koi herpesvirus disease,KHVD)是鲤和锦鲤的一种急性、接触性传染病,我国将锦鲤疱疹病毒病列为二类疫病,是 OIE 必须通报的疾病。

【病原】 锦鲤疱疹病毒(*Koi herpesvirus*,KHV),目前列为疱疹病毒科(Herpesviridae)、鲤疱疹病毒亚科(cyprinid herpesvirus)、鲤疱疹病毒属。锦鲤疱疹病毒(KHV),又称锦鲤疱疹病毒Ⅲ型(CyHV-3),有囊膜,核衣壳为二十面体,直径 170~230nm,病毒核酸为双链 DNA。病毒对理化因子敏感,紫外线、50℃以上加热 1min、有机碘消毒 20min、200mg/L 漂白粉消毒 30s,都可有效杀死病毒。鲤疱疹病毒Ⅲ型(CyHV-3)和鲤痘疮病毒(CyHV-1)、金鱼造血器官坏死病毒(CyHV-2)同属鲤疱疹病毒属。

【症状与病理变化】 病鱼表现为食欲下降,游泳迟缓,眼凹陷;皮肤上出现苍白块斑与水疱,全身多处明显出血,特别是嘴、腹部、尾鳍、鳞片有血丝,鳃丝腐烂、出血,分泌大量黏液,或出现块斑状组织坏死。一般在出现症状后 24~48h 内死亡。由锦鲤疱疹病毒引起的烂鳃鳃丝呈局部性溃烂,一般只有少部分鳃丝严重溃烂,不溃烂处的鳃丝外观正常,习惯上称"花鳃"或"黑鳃"。

鳃的病变最明显,鳃小片腐蚀或融合、尖部肿胀,鳃组织出现炎性细胞浸润;肝小叶末端有细小出血点,易碎;脾脏有出血点,后肾肿大并有出血点、间质性炎症;自然感染时,鳃、肾、脾含病毒量最高,肠和脑也能检测出病毒。

【流行特点】 锦鲤疱疹病毒病发现并确定于 20 世纪末,于 1998 年 5 月在以色列首次发生,直到 1999 年才确认 KHV 为其真正的病原。该病主要感染鲤鱼和锦鲤,锦鲤和鲤的死亡率高达 75%~95%。目前该病的流行范围极广,现已遍及世界主要水产养殖国家,包括欧洲、亚洲、美洲、非洲、以色列、英国、德国、美国、南非、日本、韩国、中国、马来西亚、新加坡、印度尼西亚等国家均有该病的报道。锦鲤和鲤及杂交种对 KHV 高度敏感,其他鲤科鱼类,如家鱼未有感染 KHV 的报道。KHV 传播迅速,可感染任何年龄的锦鲤和鲤鱼,但不感染同池塘的其他鱼类。也就是说,不同规格大小的锦鲤和鲤只要感染 KHV 都发病,但 KHV 不感染共同混养的金鱼、草鱼、鲢、鳙等其他鱼类。发病最适温度是

23～28℃，适宜环境下可发生大规模疾病和死亡，水温低于18℃或高于30℃不会引起死亡。该病多发于春季、秋季，潜伏期14天，发病出现症状后24～48h开始死亡，2～4天死亡迅速，死亡率可达到80%～100%。也有报道在东北地区每年有两个发病阶段：6月、7月以2龄鱼为主，即成鱼池发病严重；8月、9月以当年鱼种为主。

KHV主要通过水平传播，暴发KHV后幸存鱼可将病毒传染给其他健康鱼，受病毒污染的水是传播病毒的主要非生物载体，病毒粒子通过带毒鱼的粪便、尿液、鳃和皮肤黏液排出传播。KHV的水平传播也可通过带毒鱼或寄生虫传播，其垂直传播方式目前还未确定。

【诊断方法】

（1）初步诊断：仅有鲤（锦鲤）及其变种能被感染致死，可根据这一特点和临诊症状及流行情况进行初步诊断。KHV发病鱼特征为鱼眼凹陷，皮肤上出现苍白块斑与水疱，全身多处明显出血，特别是嘴、腹部、尾鳍，鳃丝腐烂、出血，组织坏死，鳃和体表分泌大量黏液。

（2）病毒分离与鉴定：采集10尾病鱼脑、肝、脾、肾等样品，成熟雌鱼还需要取卵巢液，鱼苗取整条鱼进行病原分离和鉴定。

（3）实验室确诊：主要有细胞分离法、聚合酶链反应（PCR）、免疫荧光、酶联免疫吸附剂测定（ELISA）、电镜观察等；可用锦鲤鳍条细胞系（KF-1）或鲤脑细胞系（CCB）接种疑似样品培养KHV，用PCR技术鉴定，具体实验步骤可参考我国出入境检验检疫行业标准《锦鲤疱疹病毒分离和聚合酶链反应试验操作规程（SN/T1674-2005）》进行KHV病毒检测；对有临诊症状的鱼用任何一种方法检测为阳性即可确诊，无临诊症状的鱼需用两种方法检测，检测为阳性才能确诊，其中之一为阳性，则视为可疑。

（4）鉴别诊断：应与细菌性烂鳃病进行区分，根据两种烂鳃病的流行特点和发病鱼的症状对两种原因引起的烂鳃病进行诊断。细菌引起的烂鳃主要以鳃丝大面积溃烂为主，一般眼睛不内陷，特别是发病初期；肠道不发红，用适量消毒剂外泼以后死亡下降。而锦鲤疱疹病毒引起的烂鳃，发病鲤鱼具有明显的眼睛内陷、鳃丝呈局部溃烂、肠道出血，并用抗菌药物治疗无效等特点，同时池塘只有鲤鱼发病，其他种类的鱼不发病。

【防治方法】 目前，无有效的药物和商品化的疫苗用于锦鲤疱疹病毒病治疗。因此尚无该病的有效治疗方法，主要是避免接触病毒和采取必要的检疫制度等综合预防措施。

（1）预防措施。

① 加强进出口岸检疫，不从疫区引进苗种；培育和引进抗病品种。

② 建立隔离制度。从非疫区引进鱼种，设置隔离设施，将新引进鱼放置其中，与哨兵鱼在KHVD的容许温度下养殖。隔离至少4周至2个月后，再移到主场地与其他鱼混合。一旦发病，首先必须采取严格的隔离措施，即对已发病的池塘或地区首先进行封锁，池内的养殖动物不向其他池塘和地区转移，不排放池水。工具未经消毒不在其他池使用。

③ 加强水源、鱼、设施等的严格消毒。养殖场卫生措施应包括对鱼卵消毒、定期对池塘、器具进行消毒。对鱼卵的消毒可用碘伏，KHV在15℃经碘伏30s可被灭活。尽量避免水源的污染，养殖的锦鲤和鲤不带病毒，养殖时混养一些其他鱼类以此作为警示性鱼类，一旦发现患病鱼或者病死鱼，必须当场用生石灰消毒处理或者焚烧销毁，并对水体和饲喂、捕捞用具进行彻底的消毒；在来年对鱼塘进行全池消毒、翻塘。

④ 加强疫病监测，掌握流行病学情况。开展流行病学调查，建立和完善疫情上报制度。由于KHV仅感染锦鲤和鲤鱼，因此可利用现有的水生动物病害测报系统和各级鱼病

防治网络对锦鲤及鲤鱼养殖户或观赏鱼进行流行病学调查，并依据《水生动物防疫管理办法》建立疫情逐级报告制度。对有疑似病例的养殖场要按照《中华人民共和国动物防疫法》及有关水生动物防疫的规定实施隔离监管并做好防疫消毒工作，对确诊病例要进行无害化处理。

⑤ 加强饲养管理，严防水源、网具、病死鱼的传染。饲养人员要勤于清除发病死亡尸体，及时掩埋、销毁。小心处置鱼群以防产生应激反应，对死鱼安全处置等。严禁将死鱼或濒死鱼随意扔进垃圾桶、户外池塘等自然环境，最好通过焚烧或塑料袋密封深埋处理，以防猫狗等其他动物接触。

（2）治疗方法。

锦鲤疱疹病毒病在发病期要减少饵料，采取内服中草药提高免疫力、加大增氧、保持环境稳定、减少应激等防病措施。发病后在饲料中添加益生菌、免疫多糖类免疫调节剂和清热解毒的中药（如银翘板蓝根散），对提高抗病能力效果明显。严禁外用消毒剂、杀虫剂和刺激性大的中药制剂，否则都会加重患病鱼死亡，后期内服氟苯尼考等抗菌药物，少量外泼刺激性小的消毒剂，如聚乙烯吡咯烷酮碘（聚维酮碘），防止细菌继发感染。

三、鲤痘疮病

鲤痘疮病（carp pox）主要发生在1龄以上的鲤，鲫可偶尔发生，现在在我国多地均有发生，大多呈局部散发性流行，患病后会影响鱼的生长和商品价值。

【病原】 鲤痘疮病病毒，又称鲤疱疹病毒1型（CyHV-1），属疱疹病毒科，病毒颗粒近球形，二十面体，直径140～160nm，为有囊膜的DNA病毒。

【症状与病理变化】 早期病鱼的体表出现小斑点，以后增大、变厚，其形状及大小各异，直径可从1cm左右到数厘米，或者更大些，厚1～5mm，严重时可融合成一片；增生物表面初期光滑，之后变得有些粗糙，呈玻璃样或蜡样，质地由柔软变得坚硬，颜色为浅乳白色、奶酪色，俗称"石蜡样增生物"，状似痘疮。鱼背部、尾柄、鳍条和头部是痘疮密集区，严重的病鱼全身布满痘疮，病灶部位常有出血现象。

病理组织学检查，增生物为上皮细胞及结缔组织增生形成的乳头状小突起，分层混乱，常见有丝分裂，尤其在表层，有些上皮细胞的核内有包涵体，染色质边缘化；增生物不侵入表皮，也不转移。

【流行特点】 该病流行于欧洲，现在在我国多地均有发生，湖北、江苏、云南、四川、河北、上海等省（直辖市）和东北地区曾经发现此病。鲤对此病特别敏感，流行于冬季及早春低温（10～16℃）时，水温升高时会逐渐自愈。该病通过接触传染，也可能通过单殖吸虫等传染。本病在水质肥沃的池塘和水库网箱养鲤中容易发生。当水温升高或水质改善后，痘疮会自行脱落，条件恶化后又可复发。该病引起大批死亡现象较少见，但是患病后会影响鱼的生长和商品价值。

【诊断方法】

（1）初步诊断：根据"石蜡样增生物"等临诊症状及流行情况进行初步诊断。病理组织学检查可见增生物，为上皮组胞及结缔组织异常增生，有些上皮细胞的核内有包涵体。

（2）实验室确诊：需进行电镜观察，见到疱疹病毒或分离培养到疱疹病毒。或用中和试验或PCR鉴定。

【防治方法】

（1）预防措施。加强综合预防措施，对养殖场实施防疫条件审核、苗种生产管理制度；流行地区改养对该病不敏感的鱼类；升高水温及适当降低养殖密度；将病鱼放入含氧量高的清洁水，可使增生物自行脱落。发病池塘应及时灌注新水或转池饲养；水库网箱则可用转移网箱水区加以控制。

（2）治疗方法。

① 排出原池水 3/5，用生石灰全池泼洒消毒，调 pH 至 9.4～10 后加入新水。

② 每立方米水体每日使用 10% 聚维酮碘溶液 0.45～0.75ml，全池泼洒。

③ 每千克饲料添加银翘板蓝根 3.2～4.8g 或七味板蓝根 8～16g，每日投喂 2 次，连续投喂 7 天；或投喂大黄粉，同时全池遍洒病毒灵。

④ 养殖期内，每半个月全池泼洒二氧化氯 0.2mg/L 或三氯异氰尿酸 0.3mg/L 或漂白粉精 0.1～0.2mg/L。

⑤ 用红霉素全池泼洒，对治疗痘疮病有效果。

四、斑点叉尾鲖病毒病

斑点叉尾鲖病毒病（channel catfish virus disease，CCVD），是由斑点叉尾鲖病毒（CCV）感染导致的养殖鲖及幼鱼暴发性急性传染病，主要在北美洲流行。曾列为世界动物卫生组织（OIE）必须通报的疫病。

【病原】 斑点叉尾鲖病毒（*Channel catfish virus*，CCV）属于疱疹病毒科，是鲖疱疹病毒 I 型，病毒有囊膜，核衣壳为二十面体，直径 175～200nm，病毒核酸为双链 DNA，病毒不耐热，对脂溶剂敏感。所有病毒分离株均属于同一血清型。CCV 可在斑点叉尾鲖细胞中繁殖，病毒最适培养温度 28～30℃。病毒在干燥条件下存活不超过 48h，在池塘水中可存活较长时间，病毒对理化因子的敏感性同 KHV。现有 CCV 减毒疫苗可使鲖鱼苗获得 97% 的免疫力。

【症状与病理变化】 病鱼食欲下降，离群独游，反应迟钝；嗜睡、打旋或水中垂直悬挂，最后沉入水中死亡。病鱼鳍基部、腹部和尾柄部出血，腹部膨大，双眼突出，表皮发黑，鳃苍白，肛门红肿外突；解剖可见胃扩张，肌肉出血，消化道内无食物，肠道内有淡黄色黏液或淡红色液体，肾、肝、脾贫血或出血，脾脏通常肿大变黑，后肾严重损伤。隐性带毒者一般无临诊症状。

感染 CCV 后鱼体病毒含量最高的是肾和脾，组织病理检查可见肾间造血组织及肾单位弥散性坏死，同时伴有出血和水肿；肝灶性坏死，偶尔在肝细胞内可见嗜酸性胞质包涵体；胃肠道黏膜层上皮细胞变性、坏死。

【流行特点】 斑点叉尾鲖病毒病最早于 1968 年在美国发生，目前已成为危害世界各国鲖养殖的最主要的传染病之一。我国自 1984 年从美国引进斑点叉尾鲖进行养殖以来，养殖面积和规模逐渐扩大，近年已在斑点叉尾鲖鱼苗中分离到 CCV。斑点叉尾鲖病毒对宿主有很高的选择性，不同品系的鲖对 CCV 有不同的易感性；该病毒主要感染斑点叉尾鲖和其他鲖的鱼苗及幼鱼，死亡率很高，刚孵化鱼苗的死亡率可达 100%，8 月龄鲖则很少感染。CCVD 流行水温为 20～30℃，此水温范围内，水温越高，发病速度越快，发病率和死亡率越高。水温 25～30℃时，病程一般为 3～7 天，其中 27℃的死亡率较高，死亡率可达 90%

以上。20℃时该病潜伏期为10天，低于18℃时死亡率明显下降至无死亡，15℃以下不发病。在高密度养殖和运输、水污染等环境压力时，易继发其他如柱状黄杆菌的感染而引起疾病的流行和病鱼的大量死亡。CCV可垂直传播和水平传播，垂直传播是普遍的传播方式。水平传播可直接传播或通过媒介传播，水是主要的非生物传播媒介，其他生物媒介或污染物也可传播病毒。存活鱼可成为隐性无症状带毒鱼，带毒鱼可通过尿排毒，CCV可通过皮肤、嗅觉器官、鳃和肠道感染健康鱼。此病主要流行于北美洲，目前我国虽然开展大规模的斑点叉尾鮰养殖，但由于未进行流行病学调查，因此该病的分布、发生情况尚不清楚。

【诊断方法】

（1）初步诊断：根据临诊症状及流行情况进行初步诊断。CCV发病鱼特征：嗜睡，濒死鱼头部朝上、尾巴朝下悬挂于水中，最后沉入水中死亡；病鱼水肿，双眼突出，表皮发黑，鳃苍白，表皮和鳍基充血，腹部膨大，鱼嘴部和受伤背部可出现黄色坏死区域；解剖后可见肌肉出血，体腔内有黄色渗出物，肝、脾、肾出血或肿大，后肾严重损伤。

（2）病毒分离与鉴定：取病鱼10尾采集病鱼脑、肝、脾、肾等样品，成熟雌鱼还需要取卵巢液，鱼苗取整条鱼进行病原分离和鉴定。在细胞培养时，可取病鱼肾和脾，接种到斑点叉尾鮰卵巢细胞（channel catfish ovary, CCO），在25～30℃培养并进行分离病毒，然后用中和试验、免疫荧光、ELISA或PCR鉴定。

（3）实验室确诊：用斑点叉尾鮰卵巢细胞系（CCO）或棕鮰细胞系（BB）接种疑似样品（病鱼组织匀浆上清液）培养，出现细胞病变（CPE）后，用中和试验或PCR鉴定，如为阳性，若出现临诊症状，则可判为患有CCV，若无临诊症状，可判为CCV携带者；若细胞培养出现CPE，仅中和试验为可疑，PCR试验为阴性，则判为疑似病例。也可以用免疫荧光或ELISA直接检测病鱼组织来快速诊断有临床症状的鱼。由于病毒仅在急性暴发期间能检测到，目前尚无适合检测无症状健康鱼潜在感染的最佳方法，要排除CCV的存在，需在疾病继往史和CCV血清学检测等大量工作后才能确定。

【防治方法】 目前，无有效药物用于斑点叉尾鮰病毒病治疗。该病的防治主要在预防和使用疫苗，国外有CCV减毒疫苗。

（1）预防措施：对养殖场实施防疫条件审核，苗种生产管理制度；加强综合预防措施，进行水源、鱼、设施等的严格消毒；渔场中设置隔离带，加强疫病监测，掌握流行病学情况；养殖抗病品种、杂交种。

（2）目前的控制措施是在夏季使鱼苗保持低密度，避免环境压力。发现患病鱼必须销毁，并对养殖水体、工具、场地等进行消毒处理。

（3）根据水域和流域情况及自然屏障进行划区管理，并对其实施区域管理。要在隔离的渔场孵化鱼卵和饲养刚孵化出的鱼苗，要与带毒者完全隔离并远离一切有可能带毒的污染物。这是阻止CCVD在渔场发生的关键。

五、鲫造血器官坏死病

鲫造血器官坏死病（crucian carp hematopoietic necrosis），又称"鳃出血病"，是鲤疱疹病毒2型（*Cyprinid herpesvirus* Ⅱ，CyHV-2）感染异育银鲫的主要传染病之一，临床主要表现为鳃部严重充血。目前已对我国鲫鱼养殖业健康发展构成严重威胁，在我国是一种新现疫病。

【病原】 CyHV-2病毒粒子呈椭圆形，有囊膜，直径为175～200nm。CyHV-2与另外两种分离自鲤科鱼类的鲤痘疮病病毒（*Cyprinid herpesvirus* 1，CyHV-1）和锦鲤疱疹病毒（*Cyprinid herpesvirus* 3，CyHV-3）关系十分接近，与鮰疱疹病毒Ⅰ型（*Ictaluri herpesvirus* 1，IcHV-1）关系相对较远。病毒对碘脱氧尿苷、酸度和乙醚都比较敏感。

【症状与病理变化】 病鱼精神沉郁，昏睡，食欲不佳或厌食，呼吸频率加快，集群聚集在池塘底部或网箱底部，病鱼提离水面时鳃部不断出血，病鱼分泌的黏液明显增多，眼睛凸出，有些病鱼体表有明显的水泡状脓包，鳃盖及侧线以下有明显的出血点，体表也有出血点。解剖可见鳃丝呈现紫红色且有血水流出，肝脏、肾脏、脾脏出血，严重时鳔分布大量出血点，也有出现鳍条尖发白，尾鳍白边等特征，死亡后会在鳃盖骨处出现明显红色出血斑块。病鱼肝脏发白肿大、脾脏以及肾脏肿大，体内有大量腹水显微黄色，肠道基本无食物。鳃是症状最明显的器官，其次是肾，其他器官也并发不同程度的炎症，电镜观察病鱼的细胞核肿大。也有鱼患上此病后，摄食亢奋，死亡率高。

【流行特点】 1992年秋季和1993年春季在日本西部养殖的金鱼暴发出现造血器官坏死病，随后该病迅速在世界范围内传播开来，每个地区几乎每年都有流行，呈现由零散发病向集中暴发变化趋势。2009年在江苏盐城射阳、大丰地区发生异育银鲫养殖区小规模出现疑似该病，2012年大规模暴发，引起大批异育银鲫死亡。鲫造血器官坏死病具有高度传染性，毒力极强，但是该病的宿主范围十分狭窄，仅感染鲫鱼及鲫鱼的变种、观赏金鱼及其普通变种。而与这两种种系相近的鱼类，如鲢鱼、鳙鱼、草鱼、罗非鱼和鲈鱼等，即使在适宜温度长期与病鱼共养也不发病。异育银鲫成鱼和鱼苗均可感染，传染呈现出垂直感染现象，鱼卵、鱼苗、鱼种、亲鱼均可感染，100g以上的亲鱼更易感染上该病，健康鱼从感染到死亡一般为2～3天，死亡量呈指数增长，感染到死亡的时间很短，死亡率与养殖密度有关，一般网箱养殖死亡率为50%～80%，最高可达100%；池塘养殖死亡率达50%～60%。鲫造血器官坏死病广发于4～11月，5月、10月为该病的发病高峰期，发病温度一般为15～25℃。

【诊断方法】
（1）初步诊断：根据临诊症状、流行情况和病理变化进行初步诊断。
（2）实验室确诊：电镜观察检测，从病鱼不同组织切片中观察到病毒粒子，其中鳃和肾组织切片中病毒粒子尤为明显。分子生物学方法，特别是PCR是目前较为准确的诊断方法。

【防治方法】
（1）亲鱼、鱼苗、鱼种检疫。
（2）水质调控与科学投喂技术。
（3）免疫刺激代谢改良保健技术。在鲫鱼饲料中适量添加多种维生素、免疫多糖制剂以及肠道微生态制剂等，提高鱼体健康水平和抗应激能力。
（4）抗病毒药物包括黄芪、大青叶、板蓝根等多种中药材，可将其超微粉碎后拌饵料，在发病季节前进行预防，在疾病发生过程中进行治疗。使用剂量一般为每公斤鱼体重0.5～1.0g，连续投喂4～6天即可。
（5）鲫造血器官坏死病暴发时，切忌滥用药，滥用药可能导致死亡数量急剧上升。碘制剂是杀灭病毒较为有效的药物，可用于鱼卵消毒与水体消毒中来防治病毒性疾病。碘制剂包括聚维酮碘、季铵盐络合碘等，其使用浓度为每立方米水体0.3～0.5ml，在鲫造血器官坏死病暴发期间，可以连续泼洒2～3次，隔天1次。

（6）养殖环境卫生健康管理。对所有因患鲫造血器官坏死病而死亡的鲫鱼应采用深埋、集中消毒、焚烧等方法进行无公害化处理；对所有涉及疫病池塘水体、患病鱼体的操作工具应采用高浓度高锰酸钾、碘制剂消毒处理。

（7）鲫造血器官坏死病暴发时，采取"不换水、不投喂、不用药"等休克疗法，患病鲫鱼死亡率经过4~6天后可显著下降。

六、鲑疱疹病毒病

鲑疱疹病毒病（herpesvirus salmonis disease）主要危害虹鳟、大马哈鱼苗鱼种等，该病主要在北美洲流行，自然发病多见于产卵后的虹鳟亲鱼。

【病原】 鲑疱疹病毒（*Herpesvirus salmonis*, HS），病毒有囊膜，为二十面体，直径90~95nm，双股DNA。

【症状与病理变化】 病鱼食欲下降，不活泼，呈间歇性狂奔；体色变黑，眼球突出，严重时眼四周出血，鳃苍白；腹部膨胀，皮肤及鳍出血；有的肝脏呈花肝状，或出血易碎，肾脏苍白，不肿胀；有的鱼苗肛门后拖着1条粗的黏液便。

病理变化显示心脏水肿、坏死、肌纤维横纹消失，大量炎性细胞浸润；鳃上皮细胞肿大，与毛细血管分离，假鳃广泛水肿，充血、坏死；肾小管细胞浊肿变性；肝脏组织水肿，出血；肠组织坏死，黏膜脱落；胰腺组织不坏死。

【流行特点】 该病在北美洲流行，主要危害虹鳟、大马哈鱼及大鳞大马哈鱼的鱼苗鱼种；自然发病者多见于产卵后的亲鱼，死亡率可达30%~50%。该病主要由带病毒的亲鱼传播，流行于水温10℃以下。

【诊断方法】

（1）初步诊断：根据临诊症状、流行情况和病理变化进行初步诊断。

（2）病毒分离鉴定：在虹鳟性腺细胞系（RTG-2）和大鳞大马哈鱼胚胎细胞系（CHSE-214）培养，出现合胞体，进行病毒的分离和鉴定。

（3）实验室确诊：只能电镜观察查找疱疹病毒进行确诊。或用血清中和试验或荧光免疫法确诊。

（4）鉴别诊断：该病胰腺组织不坏死，可与传染性胰腺坏死病、传染性造血组织坏死病和病毒性出血性败血病相区别。

【防治方法】

（1）预防措施：加强综合预防措施，对养殖场实施防疫条件审核、苗种生产管理制度；严格执行检疫制度，不从疫区引进鱼卵和苗种；提高鱼卵孵化和鱼苗饲养的水温，一般维持在16~20℃；鱼苗每日用1%聚维酮碘溶液40~70mg/m³，药浴30min。

（2）治疗方法：每立方米水体每日使用10%聚维酮碘溶液0.06~0.1ml浸浴鱼苗30min，连续使用2~3天。

七、大菱鲆疱疹病毒病

由大菱鲆疱疹病毒引起的病毒性传染病，主要通过水平传播，我国在大菱鲆幼鱼中发现此病。

【病原】 大菱鲆疱疹病毒（*Herpesvirus scophthalmi*），球状，具囊膜，直径100~200mm，

有核衣壳，双 DNA 病毒。

【症状与病理变化】 通常肉眼观察不到明显的外部症状，养殖群体中可出现厌食、活力下降，躺在水底，头、尾翘起，对捕捉不反抗。严重感染的鱼背部表皮和鳃组织中可见大量异常的巨大细胞，呼吸困难，对温度、盐度波动敏感，并可引起快速死亡。

【流行特点】 大菱鲆疱疹病毒通常有宿主专一性，目前仅在养殖和野生的大菱鲆幼鱼中发现此病毒。我国从英国引进的大菱鲆，在其幼鱼中曾出现过此病症，并引起死亡。主要传播方式是水平传播。

【诊断方法】

（1）初步诊断：根据临诊症状、流行情况和病理变化进行初步诊断。对可疑患病鱼体表皮肤或鳃进行组织切片，HE 染色，在光镜下观察到上皮细胞肥大成巨大细胞，占细胞的 90%，其细胞核巨大，有的细胞含有多个大小、形状不同的核，是细胞融合所形成的；在鳃上的巨细胞还可引起周围组织增生和鳃小片融合，则可做出初步诊断。

（2）实验室确诊：必须通过电镜观察到疱疹病毒才能确诊。

【防治方法】 同鲢疱疹病毒病。

八、淋巴囊肿病

淋巴囊肿病流行很广，遍及世界五大洲，主要发生在海水鱼类。该病 1874 年首先发现于欧洲的河鲽（*Pleuronectes flesus*），随后陆续在许多野生的和养殖的海水、淡水鱼类发现，是最早发现的鱼类病毒性传染病。

【病原】 淋巴囊肿病毒（*Lymphocystis disease virus*, LCDV）属虹彩病毒科（Iridoviridae），病毒粒子为二十面体，有囊膜，直径 200~260nm，病毒核酸为双链 DNA。病毒可在蓝太阳鱼鳃细胞（BF-2）等细胞株上复制，引起细胞发生缓慢病变，最终出现巨型囊肿细胞。病毒在细胞中的生长温度为 20~30℃，适宜温度是 23~25℃。该病毒对乙醚、甘油和热敏感；对干燥和冷很稳定。其传染性在 18~20℃水中能保持 5 天以上，经冰冻干燥后同样温度下能保持 105 天，-20℃下保存 2 年仍具感染力。

【症状与病理变化】 淋巴囊肿病是一种慢性皮肤瘤，从外观上看类似于乳头状肿瘤。鱼发病时行为摄食正常，但生长缓慢；发病严重的停止摄食，部分死亡。病鱼的皮肤上、鳍上和眼球等处出现许多菜花样肿胀物，这些肿胀物有各个分散的，也有聚集成团的。囊肿大小不一，小的直径 1~2mm，大者 10mm 以上，并常紧密相连呈桑葚状。囊肿物多呈白色、淡灰色、灰黄色，有的带有出血灶而微显红色。囊肿除发生在鱼体表外，也可能出现在鳃、咽喉、肠壁、肠系膜、肝、脾、卵巢等器官上，严重者可密布于全身。

病理变化显示鱼表皮下结缔组织中的成纤维细胞被病毒感染后，细胞增生、变圆、膨大、聚集，形成淋巴囊肿细胞，在其胞质内可见大量的包涵体和病毒颗粒。成纤维细胞是淋巴囊肿病毒的主要靶细胞，病毒在其中复制、装配和成熟，释放到周围结缔组织或环境中。

【流行特点】 淋巴囊肿病流行很广，遍及世界五大洲，主要发生在海水鱼类。我国广东、山东、浙江、福建等养殖的鲈、鲫、紫红笛鲷、石斑鱼、真鲷、牙鲆、大菱鲆、徐氏平鲉（*Sebastes schlegeli*）和美国红鱼等均发生过此病。全年可发病，水温 10~20℃为发病高峰。养殖环境较差且出现细菌并发感染则可引起严重疾病及死亡，苗种和 1 龄鱼发病后 2 个月死亡率达 30% 以上；2 龄以上鱼很少出现死亡，但影响鱼体外表，失去商品价值。该病毒传染性不强，通常养殖群体中仅有部分鱼发病；病毒主要通过水平传播，感染途径可能是病鱼排出的病毒进入水中，其他鱼接触后被感染；鱼体擦伤或寄生虫机械损伤的伤口，往往成为病毒侵入的门户。

【诊断方法】

（1）初步诊断：从外观症状及病理变化上肉眼可基本作出初诊。

（2）实验室确诊：可用 BF-2、LBF-1 等细胞株分离培养病毒，通过电镜观察到病毒粒子；也可用酶联免疫吸附法（ELISA）检测；用 PCR 技术鉴定。

【防治方法】

（1）预防措施：

① 引进亲本、苗种应严格检疫，发现携带病原者，应彻底销毁；

② 严格控制养殖密度，防止高密度养殖，优化水环境；

③ 提高养殖鱼体抗病力，养殖操作要谨慎，防止鱼体表受伤；

④ 对发病的养殖网箱或鱼池实施隔离，捞除病鱼并销毁；

⑤ 每 15 天使用 1 次高碘酸钠溶液，每立方米水体用量为 0.015～0.02g，全池泼洒。

（2）治疗方法：

① 用市售过氧化氢（30% 浓度）稀释至 3%，以此为母液，配成 50mg/L 的浓度，浸洗 20min，再将鱼放入 25℃水中饲养，使其囊肿物脱落；

② 发病后将病鱼囊肿割除，并用浓度为每立方米水体 1～2mg/L 的高锰酸钾药浴 30min，再饲养在清洁的池中；

③ 每千克饵料拌氟哌酸 50～100mg 或土霉素 1～2g，连续投喂 5～10 天，可防止继发性细菌感染。

九、真鲷虹彩病毒病

真鲷虹彩病毒病是经常发生在海水鱼养殖中并且危害较大的一种传染病，能引起海水养殖鱼类，如真鲷等鱼苗的大量死亡。该病主要在日本暴发流行，主要危害幼鱼，发病死亡率高达 37% 以上。

【病原】

真鲷虹彩病毒（*Red sea bream iridovirus*, RSIV）属虹病毒科，病毒有囊膜，核衣壳为二十面体，直径 200～260nm，病毒核酸为双链线状 DNA。

【症状与病理变化】 病鱼体色变黑，嗜睡，贫血症状明显；体表和鳃出血，鳃上有淤斑，呈灰白色；脾脏肥大，在光镜下可观察到病鱼的脾脏、肝脏、心脏、肾脏或鳃组织中有被 Giemsa 染色的异常肥大的细胞，内有许多病毒粒子。

真鲷虹彩病毒病是一种全身性、系统性感染，病毒对鱼体上皮组织和内皮组织亲嗜性较强，对脾脏、肾脏等鱼类造血器官和组织的破坏尤为严重，从而导致病鱼贫血、多器官衰竭而死亡。

【流行特点】

1990 年，该病在日本真鲷养殖场首次暴发，主要危害幼鱼，发病后死亡率高达 37.9%。发病期在 7～10 月，水温 22.6～25.5℃为发病最高峰，水温降至 18℃以下，发病自然停止。2013 年 10 月，日本首次在一个半封闭海水养殖的蝎子鱼场发生真鲷虹彩病毒病，并且报道的易感动物有2万尾蝎子鱼，其中接近400尾发病、死亡。真鲷虹彩病毒病主要是水平传播，通过水平途径在水体、饵料和鱼体间进行传播和感染。

【诊断方法】

（1）初步诊断：从病鱼体表、鳃的外观症状和脾脏肥大可作出初步诊断。取病鱼脾脏、肝脏、心脏、肾脏或鳃组织，固定切片Giemsa染色，在光镜下观察到异常肥大的细胞。

（2）实验室确诊：进行肾脏超薄切片，通过电镜观察到病毒粒子；用BF-2、LBF-1等细胞株分离培养病毒，用直接免疫荧光抗体技术检测；用PCR技术鉴定。

【防治方法】

对该病以预防为主，加强饲养管理。

十、传染性脾肾坏死病

传染性脾肾坏死病（infection spleen and kidney necrosis，ISKN），也称为鳜暴发性出血病，是以脾、肾坏死为主要病理特征的一种传染病。在我国南方淡水养殖的鳜中流行，该病能引起很高的死亡率。我国将其列为二类动物疫病。

【病原】 传染性脾肾坏死病毒（*Infection spleen and kidney necrosisvirus*，ISKNV）属虹彩病毒科，病毒有囊膜，核衣壳为二十面体，直径125~145nm，病毒基因组为双链DNA。病毒基因序列分析表明，ISKNV与真鲷虹彩病毒（RSIV）的基因序列具有99%以上的同源性。因此，OIE诊断手册中认为ISKNV就是RSIV，只不过ISKNV是在淡水鱼类中被发现，而RSIV是在海水鱼中发现而已。

【症状与病理变化】 患传染性脾肾坏死病的鳜嘴张大，呼吸加快，食欲下降，鱼体变黑，有时有抽筋样颤动；头部充血，口四周和眼出血；脾脏肿大、糜烂、充血，呈紫黑色；肾脏肿大、充血和溃烂；肝脏肿大，有缺血状、土黄色或有淤血点，有时呈"黄疸"症状；常见有腹水，肠内有时充满黄色黏稠物，胆囊肿大；鳃贫血、发白，伴有寄生虫或细菌感染出现出血、腐烂等现象。

组织病理学观察，ISKNV可感染脾、肾、鳃、肝、心脏、脑和消化道等组织，受感染细胞肿大，核固缩是重要的病理特征；脾脏和肾脏肿大坏死，出现空洞，并有大量白细胞浸润，肾小管和肾小囊的血管球萎缩；在脾脏和头肾组织的细胞质内可观测到大量病毒颗粒。

【流行特点】 传染性脾肾坏死病主要流行于我国南方淡水养殖的鳜中，死亡率高，对鳜养殖业造成很大的威胁。鳜是ISKNV的自然宿主和敏感宿主。ISKNV还可以感染50多种海水、淡水养殖鱼类。ISKNV在鳜体内可长期潜伏，流行高峰期鳜在10天内死亡率高达90%左右。水温25~34℃时，发生流行，最适流行温度为28~30℃，水温低于20℃不会发病。气候突变和气温升高、水环境恶化，是诱发该病大规模流行的重要因素。ISKNV主要通过水平传播，感染途径有2种：一种是通过水体（经体表感染）；另外一种是通过带病毒的饵料鱼（经口感染）。在亲鱼的精巢和卵巢中检测到ISKNV，提示可能存在垂直传播途径。

【诊断方法】

（1）初步诊断：根据临诊症状及流行情况进行初步诊断。该病脾、肾坏死为主要病理特征，会伴随白鳃白肝的现象。

（2）组织病理学诊断：病鱼的脾脏和肾脏病变特征明显、均一性较好，可作为临诊检测指标。病理切片进行病鱼脾、肾组织石蜡切片，HE 染色，显微镜观察到典型的异常巨大细胞，即被感染细胞肿大 3~4 倍；进行病鱼脾、肾组织超薄切片，透射电镜下观测到病毒颗粒。

（3）实验室确诊：

① ISKNV 的间接免疫荧光试验（IFAT）检测，取病鱼脾、头肾组织印片，滴加抗 ISKNV 的单抗、标记，在荧光显微镜下观察；

② ISKNV 的 PCR 检测，提取病鱼脾或肾组织 DNA，用 RSIV 做引物，与 RSIV 基因序列相同则可诊断为 ISKNV；

③ ISKNV 的病毒分离与鉴定，用鳜仔鱼细胞（MFF-1）、石斑鱼鳍细胞（grouper fin, GF）等细胞株分离培养病毒出现 CPE，用 PCR 技术检测或 IFAT 技术确诊。

【防治方法】

目前尚无该病的治疗方法。传染性脾肾坏死病疫苗仍处于试验阶段。预防主要是避免接触病毒和采取必要的检疫等卫生措施。发现患鱼后必须将其销毁，并对养殖水体、工具、场地等进行消毒。

十一、流行性造血器官坏死病

流行性造血器官坏死病（epizootic haematopoietic necrosis, EHN）是由一种虹彩病毒感染赤鲈（*Perca fluviatilis*，又名河鲈）、虹鳟（*Oncorhynchus mykiss*）、欧洲鲇（*Silurus glanis*）和鮰（*Ictalurus punctatus*）引起的一种传染病。我国将其列为二类疫病，OIE 将其列为必须通报的疫病。

【病原】 病原是一种虹彩病毒，即流行性造血器官坏死病毒（*Epizootic haematopoietic necrosis virus*, EHNV），属虹彩病毒科蛙病毒属。目前发现 3 种相似的病毒种，即流行性造血器官坏死病病毒（EHNV）、欧洲鲇病毒（ESV）和欧洲鮰病毒（ECV）。虽然它们在各自的宿主引起相似的疾病，但这三种病毒可以用分子检测技术加以区分。

【症状与病理变化】 此病发生时没有典型的临床症状，但引起大量死鱼。疾病暴发往往与养殖密度过高或者水质太差有关。濒临死亡的鱼无平衡能力，鳃盖张开，头部四周充血。有的鱼体色发黑，皮肤、鳍条和鳃损伤或坏死。病鱼肝表面可见直径为 1~3mm 的小白点，通常肝、脾、肾造血组织和其他组织坏死，这是导致死亡的主要原因。

组织病理学观察，可见肝、脾、肾造血组织呈急性局灶性、多灶性或局部大量凝结性或液化性坏死，肝和肾坏死灶边缘可见少量嗜碱性包涵体。

【流行特点】 流行性造血器官坏死病目前仅流行于澳大利亚，赤鲈和虹鳟各个年龄段的鱼均易感，但鱼苗和稚鱼的症状较成鱼明显。欧洲鲇病毒（ESV）和欧洲鮰病（ECV）主要引起欧洲鲇和欧洲鮰的发病死亡，在欧洲有很高的发病率和死亡率。赤鲈对 EHNV 极其敏感，EHNV 可致赤鲈死亡，赤鲈感染、流行 EHN 与水质差有关。虽然其幼鱼和成鱼都易感，但幼鱼更为易感。12~18℃时潜伏期为 10~28 天，19~21℃时为 10~11 天，12℃以下不发病。相比之下，对虹鳟的危害性相对较小。虹鳟自然感染 EHNV 发生在水温 11~20℃，此时的潜伏期为 3~10 天。刚孵化出的小鱼至体长 125mm 的虹鳟幼鱼感染后最容易发生死亡。从刚孵化的小鱼至成鱼无症状的鱼体中检测到病原。每年在有虹鳟鱼群的地方都能发生，使河口处的野生赤鲈重复感染。传染源为病鱼、带毒鱼及受病原污染的水。另外，通过病鱼或带毒鱼粪便、尿液污染的水，并由此在水体中扩散传播，还可经活鱼运输和钓鱼饵料传播，并引起疾病流行。此外，欧洲养殖鲷的 ECV 和 ESV 发病率和死亡率很高。

【诊断方法】

（1）初步诊断：根据临诊症状及流行情况进行初步诊断。

（2）病毒分离和鉴定：采集有临诊症状的病鱼样品，体长小于 3cm 鱼苗取整条鱼，体长 3~6cm 鱼苗取内脏（包括肾），体长大于 6cm 鱼苗取肝、脾、肾，进行病原分离和鉴定。利用蓝鳃太阳鱼鱼苗细胞（BF-2）、鲤上皮乳头瘤细胞（EPC）、大鳞大马哈鱼胚胎细胞（CHSE-214）培养分离病毒，然后再用免疫荧光、ELISA 或者免疫过氧化物酶染色确诊。

（3）实验室确诊：EHNV 对蓝太阳鱼鳃细胞（BF-2）最为敏感，可对 BF-2 接种的病变细胞用 ELISA 或 PCR 方法检测；对有临诊症状的鱼用任一方法检测为阳性即可确诊为患 EHN，对无临诊症状的鱼用任一方法检测为阳性即可确诊其为病毒携带者。

（4）鉴别诊断：EHNV 和 ESV、ECV 具有类似的生物学特征，可根据地理分布初步区分，目前 EHNV 仅分布于澳大利亚，ESV 和 ECV 仅流行于欧洲；用 PCR 方法可准确区分。流行性造血器官坏死病（属虹彩病毒科）与传染性造血器官坏死病（属弹状病毒科）的区分，主要从病毒所属科的特征加以区分。

【防治方法】 目前该病没有有效的药物治疗方法，也没有疫苗可用，唯一可行的控制方法是避免接触病毒。为阻断传染源，应严格执行检疫制度，要求水源、引入饲养的鱼卵和鱼体不带病毒，发现患病鱼或疑似患病鱼必须销毁，实施无害化处理，同时对污染的养殖设施进行彻底消毒。

十二、鲤春病毒血症

鲤春病毒血症（spring viraemia of carp, SVC），曾称鲤鳔症（swim bladder inflammation of carp, SBI）。该病是一种由病毒引起的急性、出血性传染病，以全身出血及腹水、发病急、死亡率高为特征。2008 年我国曾将 SVC 列为一类疫病，为 OIE 必须通报的疫病。

【病原】 鲤春病毒血症病毒（*Spring viraemia of carp virus*, SVCV）属于弹状病毒科，又称鲤弹状病毒。目前只发现有一个血清型。SVCV 病毒粒子呈子弹状，长 90~180nm，宽 60~90nm，有囊膜，病毒核酸为单链线状 RNA。3% 福尔马林、0.01% 碘、2%NaOH、254nm 紫外线、pH12、脂溶剂、56℃等，均可破坏病毒感染力。

【症状与病理变化】 病鱼呼吸缓慢，运动失调、行为失常（侧游、顺水漂流或游动异常），沉入池底；体色发黑，常有出血斑点，腹部膨大，眼球突出和出血，肛门红肿，体表皮肤、鳍条、口腔充血，鳃颜色变淡并有出血点；腹腔内积有浆液性或带血的腹水，肠道严重发炎，其他内脏上也有出血斑点，其中以鳔壁为最常见；肌肉也因出血而呈红色；肝、脾、肾肿大。

组织病理学观察，可见肝细胞局灶性坏死；胰腺有炎症和多个坏死病灶；肠壁上皮脱落，绒毛肥大；肾小管堵塞，出现空泡和透明化；造血组织坏死，出现心包炎。

【流行特点】 鲤春病毒血症主要流行于欧洲，在 30 多个国家发病和流行，现已传播到美洲及我国。主要危害鲤，但也可感染草鱼、鲢、鳙、黑鲫、鲫等。各年龄段的鱼均可患病，但鱼年龄越小越敏感。该病在水温 7℃以上开始发生，主要流行于水温 13~20℃ 的春季，尤其是 15~17℃时最为流行，死亡率可达 80%~90%；水温 13~15℃时潜伏期为 20 天，水温超过 22℃就不再发病，鲤春病毒血症由此得名。该病在春季水温低于 15℃时，容易引起越冬结束后鲤的患病及流行，可能由于鱼类在越冬中消耗了大量的脂肪，长期的低水温降低了免疫力，入春后易暴发流行鲤春病毒血症，病毒能在被感染的鲤血液中保持 11 周，造成持续性出血。鲤春病毒血症病毒感染后的潜伏期不仅依赖于水温，也依赖于鱼体的健康水平。鱼体机械性外伤最容易受病毒感染。传染源为病鱼、死鱼和带毒鱼，通过粪、尿液将病毒排出体外；传播途径为经水传播，病毒可经鳃和肠道入侵；鲺、尺蠖和鱼蛭也有可能是其机械传播媒介；精液和鱼卵也会带病毒，也可能存在垂直传播。

【诊断方法】

（1）初步诊断：根据病鱼临诊症状、病理变化、发病季节、水温等情况进行初步诊断。

（2）实验室确诊：样品采集有临诊症状的鱼，体长小于 4cm 鱼苗取整条鱼，体长 4~6cm 鱼苗取内脏（包括肾），体长大于 6cm 鱼苗取脑、肝、脾、肾；无临诊症状的鱼取肾、脾、鳃和脑组织，成熟雌鱼还需取卵巢液。用鲤上皮乳头瘤细胞（EPC）、草鱼卵巢细胞（CO），胖头鲤肌肉细胞（FHM）培养分离病毒，出现 CPE 分离到病毒后，再用 RT-PCR 检测 SVCV；有临诊症状的鱼用 PCR 方法检测为阳性即可确诊为患 SVC，对无临诊症状的鱼用 PCR 方法检测为阳性即可确诊其为病毒携带者；或者用病毒中和试验（NT）、免疫荧光（IF）、酶联免疫吸附试验（ELISA）确诊。

（3）鉴别诊断：在自然情况下，SVC 通常与细菌性病原并发感染或者继发感染，单独 SVC 感染通常无体表开放性病灶，如病鱼体表出现明显的开放性病灶，则表明有细菌混合感染。

【防治方法】

目前对鲤春病毒血症尚无有效的防治方法，应避免接触病毒。

（1）预防措施。

① 对养殖场实施防疫条件审核、苗种生产管理制度，培育和引进抗病品种。

② 加强饲养管理，根据水域和流域情况及自然屏障进行划区管理，并对其实施区域管理；切断传染源，保证水源、引入卵和鱼不带病毒，对养鱼设施进行消毒等；也可将水温提高到 22℃以上，超过 22℃就不再发病。

③ 建立隔离制度，发现无临诊症状的 SVC 带毒鱼应立即将其隔离，禁止运输和贸易，密切监控。

④ 加强疫病监测与检疫，掌握流行病情况，一旦发现疑是患病鱼必须马上将其隔离处理，尽快上报，送检确诊；如果疫情确认，应当销毁整个鱼群，并对养殖水体、工具、场地等进行彻底消毒。

⑤ 在疾病流行季节进行药物预防，10% 聚维酮碘溶液每立方米水体用 0.45~0.75ml，全池泼洒，15 天 1 次；或漂白粉每立方米水体用 1~1.5g，疾病流行季节，全池泼洒，1 天 1 次。

（2）治疗方法。

① 大黄 4g、黄芩 4g、黄柏 4g、板蓝根 4g 和食盐 3.5g，粉碎后和适量饲料拌匀后制成颗粒饲料，1 天 2 次，连用 7~10 天。

② 10% 聚维酮碘溶液或 8% 二氧化氯，一次量，每立方米水体用 0.5~1ml 或者 0.3g，疾病流行季节，全池泼洒，7 天 1 次。

十三、传染性造血器官坏死病

传染性造血器官坏死病（infectious haematopoietic necrosis, IHN），是由一种弹状病毒所引起的急性、全身性严重传染病，常发生于虹鳟和太平洋大马哈鱼的鱼苗和种鱼，以狂游和造血器官坏死为特征的传染病。我国将 IHN 列为二类疫病，为 OIE 必须通报的疫病。

【病原】 传染性造血器官坏死病毒（*Infectious haematopoietic necrosis virus*，IHNV），属弹状病毒属，病毒核酸为单链 RNA。病毒粒子呈子弹状，长度 160～180nm，直径 70～90nm，有囊膜。IHNV 编码的 6 个基因从 3′ 端至 5′ 端的顺序分别是：核衣壳蛋白（N）、与聚合酶相关的磷酸蛋白（P）、基质蛋白（M）、糖蛋白（G）、非结构蛋白（NV）和聚合酶（L）。传染性造血器官坏死病毒至少有三个血清型，IHNV 在血清型上与其他鱼类弹状病毒没有相关性。病毒在 4～20℃时能在鱼类传代细胞，如 CHSE、EPC、FHM、RTG-2 中增殖并出现细胞病变（CPE），最适温度为 13～18℃。其 CPE 特征为细胞变圆、收缩，形成葡萄串，最后细胞崩解、脱落。不耐热、不耐酸，对甘油、乙醚、游离碘及氯仿敏感，在 50% 甘油中保存 1～2 周即失去活力。

【症状与病理变化】 传染性造血器官坏死病暴发时，先是稚鱼和幼鱼的死亡率突然升高。患病鱼昏睡、顶水；有的鱼表现为狂奔乱窜、打转等反常现象。病鱼眼球凸出且变黑、腹部膨胀，较为典型的特征是肛门拖着不透明或棕褐色的假管型黏液样粪便，但并非本病所特有。病鱼鳃苍白，鳍基部和头部之后的侧线处皮下出血。解剖检查，以造血器官组织变性、坏死为特征，主要表现为前肾、脾出血、坏死；体腔充满了血样液体，消化道空无食物，胃内充满乳白色液体，黄色液体充盈着肠道，器官组织中发现点状或斑状出血。

组织病理学观察可见血液中白细胞数量减少、血红蛋白和血细胞容量比值下降；前肾、脾的造血组织坏死，胰腺和消化道进行性坏死，肝和胰腺组织有典型的病灶样坏死；肠道颗粒细胞严重坏死，肠壁嗜酸性粒细胞严重坏死是本病特征性病变。病鱼最终死于肾脏功能衰竭，发生全身性的病毒血症。

【流行特点】 1953 年，传染性造血器官坏死病毒最早 IHN 仅在北美洲的西海岸地区流行，因受 IHNV 感染的鱼和卵贸易往来频繁的影响，现已扩散到欧洲和亚洲，主要是意大利、法国、日本、韩国、朝鲜、中国等国家。据报道，该病在我国除青海水库深水风箱养殖虹鳟鱼没有发病外，其他养殖地区几乎都有发病。该病全年均可发生，以早春和初夏多见，在水温 8～15℃时流行，主要感染各种年龄的鲑鳟类，近年发现对大菱鲆、牙鲆等海水鱼类也能感染致病；鱼龄越小对病毒越敏感，成鱼一般不发病，但可携带和扩散病毒。IHN 病情可由慢性死亡到急性暴发，急性暴发时鱼苗死亡率可高达 90%～100%。IHN 的潜伏期一般为 4～6 天，水温 8～15℃时可出现临诊症状，8～12℃为流行高峰，10℃时死亡率最高；水温高于 10℃时病情较急，但死亡率较低；水温低于 10℃时潜伏期延长，病情呈慢性；水温超过 15℃一般不自然发病。IHNV 主要通过水平传播，病鱼、带毒鱼、蜉蝣等动物为其传染源，主要经水传播；还通过病毒污染水、食物以及带毒鱼排泄物等传播感染，HINV 也可能经卵垂直传播。

【诊断方法】

（1）初步诊断：根据临诊症状及流行情况进行初步诊断。

（2）实验室确诊：有临诊症状的鱼直接取样做 RT-PCR 检测 IHNV；无临诊症状的鱼接种鲤上皮瘤细胞系（EPC），出现 CPE 分离到病毒后再用 RT-PCR 检测 IHNV；对有临诊症状的鱼用 PCR 方法检测为阳性即可确诊为患 IHN，对无临诊症状的鱼用 PCR 方法检测为阳性即可确诊其为病毒携带者。

【防治方法】 目前尚无好的防治办法。近几年，为了控制 IHNV 已经研制出三种类型的疫苗，即灭活疫苗、减毒疫苗以及重组疫苗，其中后者包括 DNA 疫苗、N、G 蛋白亚单位疫苗和合成肽疫苗。预防主要是避免接触病毒和采取必要的检疫等卫生措施。消毒鱼卵可以杀灭附着在卵子表面的病毒，从而阻断卵传播的途径。受精卵彻底消毒，用聚维酮碘（PVP-I）药浴。在孵化时应采用无病毒污染的纯净水孵化，不与污染物接触，鱼苗培育场（车间或池）与可能携带病毒鱼养殖场（池）分开，以鱼内脏作为鱼苗、鱼种饵料时，必须煮熟处理后再投放。饲料中添加大黄等中草药，增强机体免疫力。

十四、病毒性出血性败血症

病毒性出血性败血症（viral hemorrhagic septicemia, VHS），又名鳟腹水病，是一种由弹状病毒引起的烈性传染病，我国将其列为二类动物疫病，是 OIE 必须通报的疾病。

【病原】 病毒性出血性败血症病毒（*Viral haemorrhagic septicaemia virus*，VHSV）属弹状病毒科（Rhabdoviridae），病毒粒子呈子弹状，长 180nm，直径 70nm，有囊膜，病毒核酸为单链 RNA。VHSV 易在鱼细胞株，如 BF-2、CHSE-214、FHM、PG 和 RTG-2 上生长。感染病毒后的 RTG-2 细胞变圆，胞核固缩，并很快坏死崩解。在 15℃培养 3 天就能明显地看到空斑，空斑周缘十分清晰。该病毒对氯仿、酸、热不稳定，对乙醚很敏感。VHSV 在水体中很稳定，水中 14℃可存活 1 周以上。

【症状与病理变化】 该病主要症状是出血，根据病程缓急及症状表现差异，可分为 3 种类型，即急性型主要表现为突发性大量死亡，皮肤出血，体黑、眼突出，肌肉、脂肪组织、口腔和鳔出血，死亡率高，常见于流行初期；慢性型表现动作迟缓，贫血，低死亡率，常见于流行中期；神经型呈现运动失调，螺旋状旋转游动，缓慢死亡，常见于流行末期。

病理变化，出血是出血性败血症的主要特征，但各个组织器官的变性变化及坏死更为常见。肾是靶器官，出现组织坏死，造血组织被破坏的程度比排泄组织更严重；肝是另一个靶器官，出现坏死病灶和变性，细胞空泡化或固缩化；脾组织的出血性变化与肾相似。

【流行特点】 VHS 最早流行于欧洲德国，之后传到美洲，近年扩散到亚洲的日本、韩国和中国。该病毒主要感染虹鳟、大菱鲆、牙鲆；易感鱼群各鱼龄阶段均可感染，鱼龄越小越易发病死亡，尤以 1 月龄易感染，亲鱼较少发病。VHSV 侵袭鱼的脾和胸腺等组织，在自然条件下病毒感染潜伏期为 7~25 天。VHS 主要危害低温季节淡水养殖的虹鳟，大流行时渔场损失常高达 80%。水温 6~12℃时为流行季节，水温 1~5℃时病程较长，水温上升到 15℃以上，发病率降低，但病程变短，呈急性死亡。

该病传染性极强，病鱼和带毒鱼通过粪、尿液、精、卵排出病毒，并经水体传播，病毒还可经鱼鳃侵入鱼体进行感染，通过水被鱼吸收。VHSV 也能通过污染的饲料传播，无临诊症状的带毒鱼是病毒携带者，即使在疾病恢复期，病毒也能在体内持续好几周。病鱼及病鱼污染水、污染物、食鱼鸟类等均是病毒水平传播途径；在鳟的精、卵中能找到病毒，可能存在垂直传播途径。

【诊断方法】
（1）初步诊断：是以在低温条件下敏感鱼出现典型的症状和病理变化为依据的，因而可根据流行情况、症状和病理变化初步诊断 VHS。

(2) 病毒的分离鉴定：对 VHS 的确诊需从具有明显症状的敏感鱼靶组织内分离到 VHSV，VHSV 对 BF-2、EPC 等细胞敏感，可采用 2 种细胞以提高检出率。但也应注意大于 6 月龄的鱼临诊症状和病理变化可能会很轻。在急性型和慢性型的肾、脾内病毒滴度最高。雌性亲鱼携带者的最佳检测样是卵巢液。在疾病恢复期病鱼大脑也可作为标本进行检测。VHSV 可在冷冻的组织内存活数月，故在进行分离前病料可进行冷冻保存。

(3) 实验室确诊：病鱼组织接种 BF-2 等敏感细胞培养分离病毒，感染细胞病变样品再通过中和试验、免疫荧光、ELISA、PCR 等方法进行病毒确诊。VHSV 在血清学上有三个主要的血清型，它们之间交叉反应很弱，因此血清学诊断需要有多价抗血清。

(4) 鉴别诊断：VHSV 感染后易继发水霉和细菌感染，病程加剧，应进行综合判断，对 VHSV 进行分离鉴定。

【防治方法】 目前无有效治疗方法，以预防为主。

(1) 加强综合预防措施，严格执行检疫制度。从无 VHS 的地区引进鱼苗和鱼种是杜绝该病发生的最佳方法。

(2) 消毒与检疫都是控制 VHS 流行的有效措施。应在无 VHSV 污染的水体（泉水、井水或消毒水体）内进行养殖。消毒药可用聚维酮碘、二氧化氯等。发眼卵用碘伏水溶液消毒，浓度为有效碘 50mg/L，药浴 15min，可清除卵上的 VHSV。

(3) VHSV 可危害各种年龄的鱼类，尤其对鲑科鱼类和其他易感非鲑科鱼类是一种严重的威胁。因此，要求所有怀疑 VHS 的病例都应立即向当地主管部门报告。一旦发病，将全场鱼销毁，池塘消毒 3 个月后，再重新放养健康鱼。

(4) 流行地区改养抗病力强的养殖品种，在疾病流行地区养殖对 VHS 抗病力强的大鳞大马哈鱼、银大马哈鱼或虹鳟与银大马哈鱼杂交的三倍杂交种。

十五、牙鲆弹状病毒病

由牙鲆弹状病毒（hirame rhabdovirus, HRV）引起的鱼类传染病，主要危害养殖的牙鲆，从幼鱼到成鱼均可被感染，死亡率可高达 60%。

【病原】 牙鲆弹状病毒（*Hirame rhabdovirus virus*, HRV）属弹状病毒科，病毒粒子呈子弹状，大小为 80nm×(160～180)nm，病毒核酸为单链线状 RNA。

【症状与病理变化】

病鱼体色变黑，动作缓慢，静止水底或漫游水面；体表和鳍基部充血或出血，腹部膨胀，内有腹水；生殖腺淤血，肌肉出血；肾脏造血组织坏死，细胞核固缩、破碎、崩解和消失，肾小管上皮崩解、坏死，黑色素大量沉积；脾脏内实质细胞坏死；肠管黏膜固有层、黏膜下肌肉层充血、肿胀，胃黏膜上皮、黏膜下肌肉层显著出血；肝脏毛细血管扩张、充血，肝脏实质细胞变性、坏死。

【流行特点】 该病最早在日本各地发生，目前已传入我国。HRV 主要危害牙鲆、香鱼及黑鲷，幼鱼、成鱼均可被感染；发病季节为冬季和早春，水温 10℃时为发病高峰期，死亡率可高达 60%；水温 15℃以上时，发病自然减轻或停止。HRV 对真鲷、黑鲷稚鱼有强致病性，对虹鳟也有致病性。

【诊断方法】

(1) 初步诊断：根据临诊症状及流行情况进行初步诊断。

（2）实验室确诊：可将病毒接种到虹鳟性腺细胞系（RTG-2）、FHM 或 EPC 细胞，进行细胞培养分离 HRV，超速离心提纯 HRV，电镜下可观察到子弹形病毒粒子。

【防治方法】 加强检疫，严格执行检疫制度，不从疫区引进亲鱼和苗种；加强管理，采取综合预防措施，养殖水温提高至15℃以上，发现患病鱼及时隔离，捞出病死鱼进行无害化处理；加强水源、鱼、设施等的严格消毒。工厂化养殖用水经紫外线或臭氧消毒，也可用含氯消毒剂或二氧化氯消毒。

十六、传染性胰腺坏死病

传染性胰脏坏死病（infectious pancreatic necrosis，IPN）是鲑科鱼类的一种高度传染性的急性病毒性疾病，主要危害鲑科鱼类的仔鱼、幼鱼，死亡率达90%以上。

【病原】 传染性胰腺坏死病毒（*Infectious pancreatic necrosis virus*, IPNV），属双RNA病毒科（Biranvirus）。病毒粒子呈正二十面体，无囊膜，直径55～75nm，病毒核酸为双链RNA。该病毒易在 RTG-2、CHSE-214、BF-2、EPC 等鱼类细胞株上增殖，并产生细胞病变效果（CPE）。生长温度为4～25℃，最适温度为15～20℃。病毒引起 RTG-2 细胞病变，26℃时在感染 9h 后出现，20℃时 2～3 天就可看到空斑，核固缩，细胞变长。IPNV 对不良环境有极强的抵抗力。IPNV 对乙醚及氯仿不敏感，对甘油也很稳定，能保存在 50% 甘油中数年以上；在温度56℃时30min仍具感染力，温度60℃经1h才能灭活。对酸不敏感，pH3中30min侵染率为100%；对碱敏感，pH11时侵染率仅0.01%。

【症状与病理变化】 患急性型传染性胰腺坏死病时，病鱼出现突然离群狂游、翻滚、旋转等异常游泳姿势，随后停于水底，间歇片刻后重复上述游动，1～2h 后死亡；患亚急性型传染性胰腺坏死病时，病鱼体色变黑，眼球突出，腹部明显肿大，并在腹鳍的基部可见到充血、出血，肛门常拖一灰白色粪便。

病理组织学观察 IPN 特征性变化为胰腺坏死，在变性的胰腺腺泡组织内可见有胞质内包涵体；疾病后期肾脏受损，造血组织和肾小管变性、坏死，肝脏亦可见坏死；消化道黏膜发生变性、坏死和剥离。

【流行特点】 1960年，首次从美洲红点鲑（*Salvelinus fontinalis*）鱼苗分离出 IPN 病毒。IPNV 易侵染大西洋鲑、虹鳟、棕鳟、北极红点鲑和几种太平洋大马哈鱼类。该病广泛流行于北美洲、欧洲和亚洲各国，是世界性鱼病，我国东北、山东、山西、甘肃、台湾等省养殖的虹鳟均发现此病。该病毒主要危害鲑科鱼类开始摄食的鱼苗至3个月的稚鱼，20周龄以后的鱼种一般不发病，但可成为终身带毒者。发病最适水温为10～15℃，10℃以下或15℃以上较少发病或病情轻、死亡率低。该病可经水体水平传播，也可经卵垂直传播；病后存活个体可带毒数年，并通过粪便、鱼卵、精液排出病毒，继续传播。

【诊断方法】

（1）初步诊断：根据临诊症状及流行情况进行初步诊断；解剖病鱼取胰脏组织作切片、HE 染色，光镜下观察胰腺组织坏死可诊断。

（2）实验室确诊：可选用 RTG-2、CHSE-214、BF-2、EPC、FHM 等细胞株进行细胞培养分离 IPNV，提纯 IPNV，制备 IPNV 的单克隆抗体或多抗血清，再用免疫学中和试验，直接（间接）荧光抗体或酶联免疫吸附（ELISA）等方法确诊，PCR 方法也可用于病毒诊断。

【防治方法】
（1）预防措施。
①不用带毒亲鱼采精、采卵；不从疫区购买鱼卵和苗种。
②严格检疫，发现病鱼或检测到病原时应实施隔离养殖，严重者应彻底销毁。
③苗种生产期的水源应进行消毒处理；养殖设施和工具等应消毒处理，避免混用。
④疾病暴发时，降低饲养密度，可减少死亡率；水温10℃以下可减少IPN发生和降低死亡率。
⑤欧美国家用传染性胰脏坏死病灭活疫苗浸浴、口服或注射方法免疫易感鱼类的苗种。
（2）治疗方法。
①疾病早期，外泼三氯异氰脲酸、二氧化氯或漂白粉等消毒药2~4次。
②鱼卵用每立方米水50g的聚维酮碘（PVP-I）消毒15min；疾病早期用PVP-I拌饲投喂，每千克鱼每天用有效碘1.64~1.91g，连续投喂15天。
③每千克饲料中加大黄、板蓝根等中草药200g，拌匀后制成颗粒药饲喂。

十七、病毒性神经坏死病

病毒性神经坏死病（viral nervous necrosis，VNN），又称病毒性脑病和视网膜病，是一种严重危害海水鱼类鱼苗的病毒性传染病。我国将其列为二类动物疫病，是OIE必须通报的疾病。

【病原】 病毒性神经坏死症病毒（*Viral nervous necrosis virus*，VNNV）属野田村病毒科，病毒粒子呈二十面体，无囊膜，直径25~30nm，病毒核酸为2条线性单链RNA。目前，已从不同鱼类中分离到40余种VNNV，按照血清型不同可将乙型野田村病毒属分为A、B和C三个血清型。该病毒对环境有很强的抵抗力。

【症状与病理变化】 病鱼漂游于水面，用手触碰时鱼会立即游动，表现出行为不协调，螺旋状或旋转式游动、急促游泳等典型的神经症状；一旦用手触碰病鱼时，病鱼会立即游动等现象；部分鱼眼盲，厌食，体褪色或发黑，鳔肿大充血，腹部肿大。且鱼体体色异常变化（苍白）。不同种类的鱼临床症状不同，有的鱼苗会出现鳔过度膨胀，有的病鱼厌食、消瘦等。

组织学病理检查，可见中枢神经组织脑细胞和视网膜细胞空泡化，通常出现在视网膜中心层，组织损伤，受感染细胞核固缩、裂解，细胞失水，出现神经性降解，损伤视网膜。多数种类的鱼都会出现神经性坏死。

【流行特点】 病毒性神经坏死病是海水鱼类最常见、危害最严重的传染病之一，流行于除美洲和非洲之外几乎世界所有地区的海水鱼类，并造成巨大的损失。该病主要流行在牙鲆、石鲷、石斑鱼、红鳍东方鲀、鲈鱼等仔鱼和幼鱼上，也有部分种类的成鱼会被感染。对病毒的敏感性与鱼龄有关，该病对仔鱼和幼鱼危害很大，发病严重的鱼苗伴随着极高的死亡率。一般在40%以上，严重者在1周内死亡率可达100%；近年受感染的鱼类种类迅速增加和受危害程度也越来越严重，目前已发现该病至少在11科22种海水养殖鱼类发生过。夏秋季水温25~28℃时为发病高峰期。

目前，已知VNN的感染途径主要有两种：一种是亲鱼的垂直传播，亲鱼感染病毒后，可经精、卵和繁殖的后代传播病毒；另一种途径是水平传播，可经污染的水体、饵料、用具等途径水平传播造成疾病扩散。

【诊断方法】

（1）初步诊断：根据病鱼临诊症状和流行情况作出初步诊断。发病鱼特征：病鱼出现螺旋状或旋转状游动，或腹部朝上等运动神经异常表现；鱼苗还可出现鳔膨胀、厌食、消瘦等；用手触碰病鱼时鱼会立即游动。

（2）实验室确诊：取病鱼的脑或视网膜组织做切片，HE染色，光镜下观察有无神经组织坏死、大型空泡等病变特征，再用电镜观察到病毒粒子确诊；用VNN单克隆抗体或多克隆抗体检测病毒病原，用ELISA等方法可快速、准确检测；可疑样品接种敏感细胞有条纹月鳢细胞系（SSN-1）等培养后，用RT-PCR方法检测病毒；也可对病鱼直接采用RT-PCR方法检测病毒。

（3）鉴别诊断：VNN与车轮虫病的鉴别，鱼苗被大量车轮虫寄生时，鱼成群结队地狂游，呈"跑马"症状；患VNN病鱼有螺旋状或旋转式游动、急促游泳等典型的神经症状，由此对两者进行区分。

【防治方法】 目前无有效治疗方法，以预防为主。

（1）预防措施。

① 加强鱼苗进出口检疫工作，放养经检测无病毒侵染的健康苗种；育苗用水经紫外线过滤消毒。

② 用于产卵的亲鱼，性腺经检测不携带病毒；避免用同一尾亲鱼多次刺激产卵；受精卵用含0.2～0.4μg/ml臭氧的过滤海水冲洗。

（2）治疗方法。

① 每立方米水体用10%聚维酮碘溶液60～100L，浸浴30min，连用2～3次。

② 在温度20℃时用每立方米水50g的次氯酸钠、次氯酸钙，或PVP-I浸泡鱼卵10min。

十八、鲑甲病毒病

鲑甲病毒病（infection with salmonid alphavirus）又被称为鲑鱼胰腺病（pancreas disease, PD）、昏睡病（sleeping disease, SD），主要流行于欧洲。该病为OIE必须通报的疫病，目前在我国尚未发现。

【病原】 鲑甲病毒（*Salmonid alphavirus*, SAV）是披膜病毒科（Togavride）甲病毒属，病毒粒子呈球形，有囊膜，直径为61～70nm，核酸为单股正链RNA，基因组长11～12kb，有6个基因型，有5个结构蛋白，依次是1个衣壳蛋白、4个包膜糖蛋白（E3、E2、6K、E1）。SAV能够在大鳞大马哈鱼胚胎细胞系（CHSE-214）、虹鳟性腺细胞系（RTG-2）进行培养分离和增殖。SAV在水环境中可以长时间生存，并且存活率与温度呈负相关。对氯仿敏感，在60℃ pH7.2或4℃ pH4.0/pH12条件下可灭活。

【症状与病理变化】 发病初期，病鱼食欲减退、昏睡、突眼、腹水以及粪便拖尾，螺旋绕圈游动或者在水底不动，但抓捕时会游开，有时出现突然死亡。SAV感染早期的病毒血症阶段是全身性反应。解剖可见心脏苍白，肠道内无食物，有黄色黏液，有时在幽门盲肠及周围脂肪出现淤斑出血，胰腺、心肌和骨骼肌坏死病变是典型症状。该病的早期症状不明显，仅在很少病鱼中观察到急性的胰腺坏死，病程很短，伴随着多样的炎症反应变化；急性胰腺腺泡坏死后心肌坏死，病变细胞具有嗜伊红细胞质、核固缩。而慢性胰腺坏死主要表现为胰腺腺泡组织缺失，有时伴随腺泡周围组织纤维化增生，有可能导致病鱼发育不良；胰腺和心肌坏死3～4周后骨骼肌坏死，出现玻璃样变性、肌细胞核中移和巨噬细胞侵入肌质，红肌纤维坏死严重。

【流行特点】 该病自20世纪90年代末开始流行于爱尔兰、挪威、英国等，随后扩散至法国、意大利和西班牙等欧洲国家，主要感染鲑科鱼类。1976年，鲑鱼胰腺病首次见于苏格兰的养殖鲑鱼，1994年在法国的虹鳟中首次发现昏睡病。2002年，发现鲑鱼胰腺病毒和昏睡病毒非常相似，实际上是同一种病毒的两种基因型，统一命名为鲑甲病毒，但不同型的毒株致病力差别较大，致死率为1%～48%。该病主要流行于欧洲养殖的大西洋鲑（*Salmo salar*）、虹鳟（*Oncorhynchus mykiss*）和褐鳟（*Salmo trutta*），各个生长阶段对SAV均易感，大西洋鲑幼鱼在淡水中易感。暴发流行和死亡率受水温和季节的影响，水温在8～15℃时，SAV感染力较强。SAV主要通过水平传播，尤其是养殖场之间的传播，可以通过海水传播，感染途径可能是通过鳃或肠入侵。目前还未发现SAV存在垂直传播的证据。

【诊断方法】

（1）初步诊断：根据病鱼临诊症状和流行情况作出初步诊断。

（2）实验室确诊：采样选取濒死鱼心脏、肾脏检测有更高的阳性率。细胞培养病毒分离，10～15℃下培养分离SAV；或采用实时荧光RT-PCR、ELISA和免疫组化等。每种方法各有优缺点，建议检测时几种方法相结合进行确诊。

【防治方法】 该病以预防为主，目前无有效治疗方法。

（1）建立隔离制度，发现无临诊症状的ISAV带毒鱼应立即将其隔离，禁止运输和贸易，密切监控。及时隔离病鱼，避免养殖场之间共用器具，对养殖场的水池、运输用的船舶工具等进行消毒。

（2）接种疫苗，改善饲养条件等能控制鲑鱼甲病毒的传播。

（3）加强疫病监测与检疫，掌握流行病情况，一旦发现疑是SAV感染鱼必须马上将其隔离处理，尽快上报，送检确诊。如果疫情确认，应当销毁整个鱼群，并对养殖水体、工具、场地等进行彻底消毒。

十九、传染性鲑贫血病

传染性鲑贫血病（infectious salmon anaemia, ISA）是人工养殖的大西洋鲑鱼中新出现的一种高致死的病毒性传染病，为OIE必须通报的疫病。目前我国尚未出现ISA报道。

【病原】 鲑传染性贫血病毒（*Infectious salmon anaemia virus*，ISAV），主要为HPR-缺失型或HPR0型（HPR-deleted or HPR0 infectious salmon anaemia virus），引起鲑传染性贫血病，属于正黏病毒科（Orthomyxoviridae）鲑传贫病毒属（*Isavirus*），病毒粒子呈球形，有囊膜，直径100～130nm，核酸由8条负链RNA片段组成，编码10个蛋白质。片段1、2、4分别编码病毒聚合酶亚基PB2、PB1及PA，片段3编码核蛋白NP，片段5、6分别编码融合蛋白F和血凝素酯酶蛋白，片段7和片段8编码蛋白质及其功能尚未明确。

【症状与病理变化】 大西洋鲑感染ISAV以严重贫血、出血为主要特征。发病初期多呈现亚临床症状，鱼眼球突出，反应迟钝，贫血导致的鳃部苍白，游向水面吸取空气，随后出现致死性全身败血症，腹腔积水，肝脾肿大变黑、脾充血肿大，肾脏、肝脏或肠壁出血，有时在眼、皮肤和腹膜出现淤斑，肝脏或肾脏局部组织坏死。

【流行特点】 1986年首次发现于挪威，随后在欧美多国流行，ISAV能通过海水进行水平传播。感染鱼不易被及时发现，传播速度较快，且可经水传播。近年来，在挪威、加拿大、苏格兰、法国及美国等多地区频发，严重的情形下死亡率可达到100%。自然暴发多被记录发生在饲养的大西洋鲑中，但野生的大西洋鲑、褐鲑、海鳟、爱尔兰虹鳟也可感染该病毒。ISAV潜在感染宿主较多，虹鳟、褐鳟和鲑可能是ISA病毒无症状携带者。此病主要在海水鱼或接触到海水的鱼中发现，但也有在淡水鱼中暴发该病的报道。有的渔场由于购买了隐性感染的大西洋鲑鱼幼苗，导致该病的扩散；感染鱼内脏、血液和废水未经处理直接排入大海，也会引起流行。大西洋鲑是ISAV的主要宿主之一，受感染后的鲑在2~3周后死亡。ISAV可通过海虱传播，也可经由海水传播，毒株变异频发，净化和控制的难度较大。

【诊断方法】
（1）初步诊断：根据病鱼临诊症状和流行情况作出初步诊断。
（2）实验室确诊：采样选取濒死鱼心、脾、肾组织接种ASK细胞培养病毒分离ISAV；或采用实时荧光RT-PCR等。

【防治方法】 目前为止该病还没有有效的治疗手段可以根除，以预防为主。挪威等一些暴发流行的国家，为了防止这种高传染性病毒病的扩散，对病鱼及疑似感染鲑采用大范围的捕杀、销毁措施。

二十、鲤浮肿病

鲤浮肿病（carp edema virus disease）又称锦鲤睡眠病（Koi sleepy disease, KSD），是由鲤浮肿病毒（CEV）感染引起的一种病毒病，主要危害鲤鱼和锦鲤。在我国该病是一种新现病毒性传染病。2013年以来，北京、天津、东北地区已陆续暴发流行鲤浮肿病。

【病原】 鲤鱼浮肿病毒（*Carp edema virus*，CEV），已知是一种鲤痘病毒。

【症状与病理变化】 该病临床症状类似KHV感染，昏睡、眼球凹陷、烂鳃、皮肤损害等。病鱼上浮，在无风处的水面下聚堆，或者在池边停滞或漫游，似昏睡状；多数病鱼体表无明显异常，少数病鱼体表局部黏液增多呈白膜状；病鱼大量浮于水面，有些病鱼呈现浮肿，眼睛内陷，头部皮肤也明显向内凹陷；有烂鳃症状，鳃丝局部溃烂，有的外侧片鳃的鳃丝不溃烂，但翻看里侧鳃丝会有局部溃烂；有的病鱼鳃丝水肿，黏液增多。解剖可见肾脏糜烂状，肝脏充血或出血，肠道明显出血发红。

【流行特点】 1974年，鲤浮肿病首次在日本报道。2012年以来，在英国、荷兰、德国、捷克、奥地利等国家相继出现。该病主要感染鲤和锦鲤，成鱼和幼鱼都会发病。目前已在我国出现，并造成一些养殖场鲤、锦鲤的高死亡率。发病水温范围较广，在水温7~28℃都有发病，鲤鱼发病水温较低（7~15℃），发病池塘一般在10月水温下降到15℃以下才发病，而水温较高时不发病。

【诊断方法】
（1）初步诊断：根据病鱼临诊症状和流行情况作出初步诊断。病鱼临床症状很像是锦鲤疱疹病毒病（KHVD）：眼球凹陷、烂鳃、皮肤损害，但水温较低（7~15℃）发病即可初诊。
（2）实验室确诊：从病鱼内脏切片中观察到痘病毒样颗粒，用PCR和Real-time PCR方法检测CEV的基因片段，从而确诊。

（3）鉴别诊断：鲤鱼浮肿病与KHVD非常类似，临床上极易混淆。KHVD和鲤鱼浮肿病发病水温略有差别，前者在20~30℃，而后者发病水温范围较广，一般在7~25℃都有发病。

【防治方法】 目前为止该病还没有有效的治疗手段，以预防为主。

（1）降温后尽量减少拉网操作。有些池塘在拉网后死亡量增加，拉网对鲤鱼应激大，特别是处于疾病潜伏期的鱼，拉网后容易发病。

（2）切勿盲目杀虫。越冬前切勿盲目杀虫和消毒，避免鲤鱼应激过大，诱发疾病发生。如果越冬期水体出现大量浮游动物，可以采取敌百虫挂袋法控制，并且用肥料适当肥水，避免越冬期水瘦缺氧；消毒一般选择氯制剂或氧化剂，预防春季发病。

（3）减少换水。越冬前减少换水，或者每天少量换水，延长换水时间，减少换水对鲤鱼的应激。实践证明原塘水越冬，只要越冬期加强水质管理，越冬成活率更高。

（4）谨慎处理死鱼。一旦鲤鱼在越冬前低温期发病，病鱼不要乱扔，要远离池塘和水源深埋并覆盖大量漂白粉等或销毁处理，严防病死鱼污染水源和其他池塘。

二十一、鳗狂游病

鳗狂游病（irritable swimming disease）又称狂奔病、昏头病，主要危害欧洲鳗鲡和美洲鳗鲡的严重传染病之一，该病来势猛，传染性强，可跨地区流行，呈急性死亡，一周内死亡率可达90%以上，严重时可全部死亡。

【病原】 病原疑似为冠状病毒样病毒（*Eel coronavirus-like virus*）。病毒粒子呈不规则形，有囊膜，大小为80~100nm，核酸为DNA，分子质量约1.5kb。也有报道认为是弹状病毒样病毒。

【症状与病理变化】 发病初期，少量鳗鱼在池边进行不规则游动，游动无力，出现间歇性头部抽动旋围翻滚或做后退运动。随后，在水面狂游后很快死亡，刚死鳗鱼呈僵直状，嘴张开。病鱼体表完整，但是下颚均有不同程度的溃疡或充血。有些病鱼口腔、臀鳍、尾部充血或有溃疡。多数病鱼鳃丝鲜红、肝脏淡红，部分病鱼肾脏肿大。严重时黏液斑块状脱落，下颌及腹部磨损，具明显的磨损斑，体表腹部具少量出血点，体色变浅，鳔壁增厚。死亡鳗鲡僵直，口张开、头上仰，呈窒息死亡状。电镜观察可见病鳗肝脏细胞脂肪样变性，鳃上皮细胞水肿，肾小管坏死、炎性细胞浸润等。

【流行特点】 鳗狂游病对人工养殖的欧洲鳗和美洲鳗危害最大，日本鳗不易感。我国有报道人工养殖的中华鲟患"狂游症"。该病主要流行于福建、广东等地区，各种规格的鳗鱼包括白仔至幼鳗、成鳗期均可发生此病，当年鳗和2龄鳗均易发病死亡。在同一池中往往大个体鳗鱼先死，池塘病鳗死亡率为60%~70%，严重者可达100%。全年均可得病，夏季高温季节为流行高峰，7~8月为发病高峰，水温超过28℃时呈暴发性流行。

【诊断方法】

（1）初步诊断：根据鳗发病进程及主要症状对狂游病即可初诊。病鳗主要症状：异常抢食、然后不吃，狂游，口张开、背部肌肉痉挛，肝区肿大，肝脏、肾脏、心脏变性坏死。

（2）实验室确诊：采用血液病理学检查后即可确诊。一般说来，出现下述情况可确诊：病鳗红细胞、血红蛋白、血清氯离子显著增高，而血液中尿素氮含量显著下降，血清胆碱酯酶降低。

【防治方法】 该病目前还没有有效的治疗手段，以预防为主。

（1）预防措施。

① 采取综合预防措施，严格执行检疫制度，将鳗鲡养得健壮。

② 不要在夏季引进欧洲鳗种苗，避免高温期（24℃以上）对刚进苗种的压力。

③ 土塘养殖尽量少大排大换水，保持水质稳定，建议采用微生态制剂调节水质，减少水污染。

④ 注意及时防治寄生虫病，增强鳗抗病能力。

（2）治疗方法。

① 一旦生病，应从保持良好的生态环境条件，减少应激为主要措施，并施以水质改良剂、聚维酮碘或二氧化氯等消毒。

② 在饲料中添加中草药（如大黄、蒲公英、茵陈、大蒜素）及维生素 C。

第二节 虾蟹类病毒性传染病

一、对虾白斑症病毒病

对虾白斑症病毒病（white spot syndrome，WSS），俗称白斑病，目前仍然是危害我国对虾养殖最严重的传染病，呈全国性流行，以体表甲壳内表面出现白斑或红体为主要特征。2008年我国曾将WSS列为一类疫病，为OIE必须通报的疫病。

【病原】 白斑症病毒（*White spot syndrome virus*，WSSV）属线头病毒科（Nimaviridae），病毒颗粒呈球杆状，具有囊膜和独特的尾状物，直径120～150nm，长270～290nm，病毒核酸为环状双链DNA。50℃ 120min 或 60℃ 1min，病毒即可失去活性；实验条件下，在30℃海水中至少可存活 30 天，在养殖池中可存活 34 天；对去垢剂敏感；可在类淋巴原代细胞中培养。

【症状与病理变化】 病虾厌食，空胃，行动迟钝，弹跳无力，静卧不动或游动异常，围着池边在水面兜圈或在水中翻滚；病虾头胸甲易剥离，壳与真皮分离，胸腹部常有白色的斑点，显微镜下可见白点呈重瓣的花朵状，外围较透明，花纹较清楚，中部不透明；发病后期虾体皮下、甲壳及附肢出现白色斑点。近几年，发病对虾外观也表现为红体、游塘、趴边、空肠空胃、急性死亡，生产上称为"红体病"，也有人将白斑症病毒引起的非急性发病死亡称为"偷死"。

组织病理学观察，WSSV寄生在对虾大部分器官，从而导致全身性系统性的坏死；胃部坏死最严重，其次是中肠、表皮及皮下结缔组织。病理特征表现为血淋巴混浊、不凝固，血淋巴细胞减少；病毒粒子散于细胞中，并可在细胞核内复制，最后细胞解体，病毒粒子再感染周围细胞。

【流行特点】 对虾白斑症病毒病是从 1992 年开始在我国乃至东南亚对虾养殖地区普遍发生的、危害性极大的一种急性流行病，死亡率 90% 以上，若继发弧菌感染，死亡更迅速，死亡率更高。此病发生在中国对虾、日本对虾、斑节对虾、南美白对虾、长毛对虾、墨吉对虾等，全国各地流行。2014 年克氏原螯虾主产地也发生了该病，白斑症感染宿主范围有扩大趋势。在我国大陆沿岸是 1992 年首先发生在福建省，在 1993 年很快蔓延到广东，以后迅速沿海岸向北发展，一直到辽宁省，几乎遍布全国各养虾地区。对虾白斑症病毒病较易发生于 6～8 月，一般虾池发病后 1～2 天，最多不足 1 周时间可全池虾死亡。主要危害中国对虾幼虾及成虾（幼体期发病不显著），病虾小者体长 2cm，大者 7～8cm 或以上。18℃以下为隐性感染，水温 20～26℃时发病猖獗，为急性暴发期。

该病主要是水平传播，经口和鳃感染，即由病虾排出的粪便带有病毒，污染了水体或饵料，或健康虾吞食了病、死的虾而受感染。有研究表明，海区张网饵料可能是对虾暴发性流行病的主要传染源；水中的病毒粒子可经鳃腹膜的微孔进入虾体，并引起鳃和全身的病变；发病虾池的底泥中也存在病毒，可能也是一种传播方式。池塘中的端足类、介形类、蟹类、龙虾类、糠虾、桡足类、水蝇等小型甲壳类也是病毒携带者，是虾病的重要传播媒体。病毒还能通过污染的受精卵等垂直传播发病，因为从亲虾和虾苗上都可检出此种病毒。此外，苗种带毒、带毒的病死甲壳类、养殖水环境突变、低溶氧、高氨氮和亚硝氮等是该病发生的重要因素。

【诊断方法】

（1）初步诊断：根据发病史、临诊症状及病理特征作出初步诊断。外观症状无论是自然感染的对虾还是实验感染的对虾在头胸甲上都表现出白斑的症状；解剖濒死的对虾血淋巴不凝固，淋巴器官肥大，肝胰腺坏死；病理组织病虾的鳃、胃、淋巴器官、皮下组织等的细胞核肥大。

（2）组织病理学检查：样品采集按虾体大小或感染期的不同分别取样；对虾幼体或仔虾取完整个体，幼虾取游泳足、鳃、血淋巴、胃及腹部肌肉。新鲜组织的快速涂片染色法，染色光镜下检查；组织病理学诊断，组织切片 HE 染色，光镜下检查；电镜诊断，超薄切片或负染，电镜下观察到病毒确诊。

（3）病原学鉴定：生物诊断法，采用白斑症病毒指示器——SPF 凡纳滨对虾幼虾进行试验；核酸探针检测法，采用特异性的地高辛标记探针进行诊断；PCR 检测法，检测 WSSV 病毒的特定基因进行诊断；单克隆抗体检测法，采用特异性的病毒单克隆抗体进行斑点免疫印迹、免疫荧光抗体和 ELISA 等方法诊断。

【防治方法】 对虾白斑病至今尚无有效的治疗方法，主要应采取综合性预防措施。

（1）预防措施。

① 搞好清池消毒，清除池塘中的小型甲壳类动物；切断传染源，加强水源、虾、设施等的严格消毒。

② 对养殖场实施防疫条件审核、苗种生产管理制度；做好种苗病原检测，避免苗种带毒；培育和引进抗病品种；繁殖时选用不带病原的健康虾作为亲虾，选好的亲虾入池前用 100mg/L 福尔马林或 10mg/L 高锰酸钾海水溶液浸洗 3～5min，以杀灭体表携带的病原体。受精卵用含氯 67% 左右的漂白粉精 5mg/L 海水溶液浸洗 5min 或用 50mg/L 聚维酮碘（含有效碘 10%）浸洗 30s 至 1min。

③ 放养密度合理，保持水体的相对稳定及优良的水质。保持养殖水体高溶氧、低氨氮和亚硝氮，维持养殖水体的温度、pH、盐度等水质指标稳定；在虾池中使用增氧机是防病和增产的重要措施，养虾池中接种和培养光合细菌等微生态制剂也可净化水质。

④ 饲料中定期适量添加多聚糖、维生素 C、生物酶添加剂等提高对虾抗病免疫能力。

⑤ 推荐进行鱼虾混养，利用鱼类摄食池塘中可能传播病原的小型甲壳类以及发病死虾来降低病原传播风险。养虾池中适当混养一些吃浮游生物或底栖藻类的鱼或贝类，有利于防止水质过肥，起净化水质的作用，但必须适量，不然会使池水清瘦，阻碍对虾的生长和降低抗病力。

（2）防治方法。

① 发现患病虾必须销毁处理，并对养殖水体、工具、场地等进行消毒；水体消毒一般

采用含碘制剂全池泼洒，一般选择聚维酮碘、季铵盐络合碘、氨基酸碘等，使用剂量为每立方米水体4.5～7.5mg，连续2～3次，隔天一次。

② 内服中草药，如大黄、板蓝根、黄芪、大青叶等粉碎混匀，拌饲投喂或与饲料同时加工制成药饵投喂，预防时每千克虾体重用0.5g，投喂3～4天；治疗时，每千克虾体重用0.8～1.0g，投喂4～5天。

③ 内服抗菌药物，如磺胺嘧啶、恩诺沙星或氟苯尼考，以及水产用抗病毒药物，如利巴韦林拌饵投喂，连续3天。

二、对虾杆状病毒病

对虾杆状病毒病（baculovirus penaei disease, BPD）是由于感染多角体杆状病毒而引起的多种对虾幼体、仔虾和幼虾的急性传染病，我国将其列为二类动物疫病。

【病原】 对虾杆状病毒（*Baculovirus penaei virus*, BP）属杆状病毒科（Baculoviridae），病毒颗粒呈棒状，有囊膜，大小为74nm×270nm，长270～290nm，病毒核酸为环状超螺旋双链DNA。该病毒能感染多种对虾的肝胰腺和中肠上皮细胞，并只在细胞核内复制，产生多个金字塔状的核内包涵体，因此又称为核型多角体病毒。

【症状与病理变化】 病虾嗜睡厌食，体色呈蓝灰色或蓝黑色，浮头，停滞岸边，最终侧卧池底死亡；鳃和体表常因附生或共栖生物增多而出现烂鳃或细菌的混合感染等非特定症状；解剖后可见肝胰腺肿大、软化、发炎或萎缩硬化，肠道发炎等。

组织病理学检查，以病虾的肝胰腺和中肠上皮细胞存在多角形包涵体为特征，其细胞核内存在数量不等的金字塔状的包涵体；病毒引起病虾中肠和肝胰腺上皮细胞的细胞核肥大、畸形，核内被病毒形成角锥形包涵体所占据，染色体着边、缩小，核仁解体消失等。

【流行特点】 对虾杆状病毒主要感染西半球的养殖及野生对虾，病毒宿主广泛，幼体受害较为严重，是育苗期间的严重传染病之一，通常表现为急性死亡，通常在48h内死亡率可达90%以上。以对桃红对虾、褐对虾、万氏对虾和缘沟对虾的危害较大，还可感染白对虾、蓝对虾、长毛对虾、许氏对虾、加州对虾、保罗美对虾和小褐美对虾等十几种对虾，是养殖虾幼体、子虾和早期幼虾潜在的严重病原，随着日龄的增长，感染率和死亡率逐渐降低，特别是在高密度人工养殖状态下常常出现"底死症"现象。传播途径包括虾个体自相残杀、粪-口途径的经口传播、含病毒粪便感染亲虾卵传给下一代种群等，轮虫和卤虫也可将该病毒传染给对虾幼体。

【诊断方法】

（1）初步诊断：根据临诊症状、流行情况和病理变化作出初步诊断。

（2）实验室确诊：需要采集病虾10尾，按虾体大小或感染期的不同分别取样；对虾幼体取完整个体，子虾取头胸部，幼虾和成虾取肝胰腺或中肠组织；采集粪便样品；BP确诊需要进行压片显微镜检查、组织病理学、透射电镜、原位杂交法或PCR检测法。

【防治方法】

目前尚无特效的治疗方法和有效的药物。根本措施是进行健康养殖，综合预防。如在育苗期发现苗种感染对虾杆状病毒，必须将全池虾苗销毁，并采取全面的消毒和隔离措施，以防疫病的传播；如在养殖期确诊感染对虾杆状病毒，可采取切断传染源、改善水环境、增强免疫力、防止细菌继发感染等措施做保守治疗，但一定要注意采取必要的隔离措施。

三、斑节对虾杆状病毒病

斑节对虾杆状病毒病（penaeus mondon-type baulovirus disease），是引起斑节对虾、长毛对虾、短沟对虾多种对虾生病的流行性传染病，我国将其列为二类动物疫病。

【**病原**】 病原是斑节对虾杆状病毒（*Penaeus monodon-type baculovirus*，MBV），俗名斑节对虾单粒包膜的核多角体病毒（PmSNPV），属于杆状病毒科（Baculoviridae）核多角体病毒属（*Nucleopolyhedrovirus*）。MBV 是封闭性杆状病毒，核酸类型为环状超螺旋双链 DNA，大小为 80~180kb。

【**症状与病理变化**】 对虾幼体感染病毒后，除体色加深外，并无特别的症状。多数携带病毒的虾活动正常，感染病毒对虾幼体的死亡往往与养殖环境有关，也不会出现大量死亡，一般在 20%~90%。感染严重的病虾往往嗜睡，食欲降低，体色较深，鳃和体表有固着类纤毛虫、丝状细菌、附生硅藻等生物附着。

组织病理学观察，病毒侵害的器官组织是肝胰腺腺管和中肠的上皮细胞。斑节对虾肝胰腺或中肠的上皮细胞核肿大，核内充斥有单个或多个包涵体，使染色质减少并向边缘迁移。

【**流行特点**】 斑节对虾杆状病毒病在东亚、东南亚、印度次大陆、中东、澳大利亚、印度尼西亚、东非、马达加斯加养殖和野生虾中广泛分布。MBV 随着斑节对虾的引进传到地中海、西非、塔希提岛和夏威夷，还有南北美洲和加勒比海的一些养殖地区。

斑节对虾杆状病毒可感染对虾属、明对虾属、囊对虾属和沟对虾属的多种对虾。除了卵和无节幼体阶段都可被该病毒感染。野生虾带毒率较低，病毒分布地区流行和感染都比较严重，幼虾和成虾携带病毒高达 50%~100%。是宿主虾的幼体、仔虾和早期幼虾的潜在严重病原。相互残食和粪-口途径的经口传播为该病的主要传播方式。亲虾产卵时排出被病毒污染的粪便，将病毒传给下一代种群。

【**诊断方法**】
（1）初步诊断：根据流行病学、临床特征和病理特征做出初步诊断。
（2）确诊：需进行实验室诊断。

① 压片显微镜检查法：将对虾肝胰腺制成印片或中肠上皮细胞的压片，并将其置于光学显微镜下观察肥大的虾肝胰腺或中肠上皮细胞核内的单个或多个折射率高的球形包涵体，单个包涵体直径为 0.1~20μm，中肠上皮细胞核中的包涵体呈亮红色。观察经 H-E 染色后细胞核内单个或多个近似球形的核型多角体形成的情况进行判断。

② 原位杂交法：采用非放射性的以地高辛标记的 cDNA 探针进行，敏感性高于传统的病理组织学诊断法。适用于进行斑节对虾杆状病毒敏感宿主组织细胞的感染程度及病毒扩增状况的评估和疾病的确诊。

③ PCR 检测法：通过聚合酶链反应，检测特定基因。

【**防治方法**】 对苗种场、良种场实施防疫条件审核、苗种生产许可管理制度。加强疫病监测与检疫，掌握流行病学情况。特别要加强亲虾及幼体的检疫，在孵化场可采用福尔马林、碘伏和干净的海水彻底清洗无节幼体和卵，避免亲虾的粪便、受污染卵将斑节对虾杆状病毒传给下一代。加强饲养管理，降低发病概率。孵化场应相对独立，具有良好的隔离设施，防止病毒在孵化场内传播。通过培育或引进抗病品种，提高抗病能力。

四、桃拉综合征病毒病

桃拉综合征（Taura syndrome, TS），俗称"红尾病"，是一种严重的传染性对虾疾病，我国将其列为二类动物疫病，是 OIE 必须通报的疾病。

【病原】 桃拉综合征病毒（*Taura syndrome virus*, TSV）属双顺反子病毒科，病毒粒子呈二十面体，无囊膜，直径 31~32nm，病毒核酸为单链 RNA。

【症状与病理变化】 TSV 病主要发生在虾的蜕皮期，病虾摄食减少或停止，在水面缓慢游动，捞离水后死亡。病毒主要感染凡纳滨对虾的上皮细胞，引起对虾的大量死亡。根据病程和症状，桃拉综合征可分为 3 个阶段。

（1）急性期：虾体全身呈淡红色，尾扇和游泳足呈鲜红色，也称"红尾病"；病虾常死于蜕皮期间，病虾在水面缓慢游动，且靠边死亡；蜕壳后期的病虾以软壳、空腹为特征。病理观察可见病灶处的上皮坏死，病虾全身角质层上皮、附肢、鳃、肠有多灶性坏死，体表可能出现不规则黑斑并呈现出"胡椒粉状"外观，但其淋巴小管薄壁细胞未见坏死。此外，几年前"红体病"曾被认为是桃拉病，目前研究表明"红体病"其实是白斑病。

（2）过渡（恢复）期：介于急性期和慢性期之间，病程极短，以病虾角质层上皮多处出现不规则黑色斑点为特征；表皮损伤在数量和严重程度上都有所减少或降低；角质层被侵蚀，可见血细胞浸润等炎症反应。

（3）慢性期：成功蜕皮的病虾，从过渡期转入慢性期，一般无明显的临诊症状，但对环境应激明显不如未染疫虾；组织病理变化不明显，仅可见大量的类淋巴器官球体；有的虾因病毒在淋巴器官持续感染而成为终身带毒者。

【流行特点】 桃拉综合征首例病例 1992 年在厄瓜多尔的 Guayas 省的 Taura 河口附近发生，因此而得名，该病在秘鲁、哥伦比亚、洪都拉斯、危地马拉、萨尔瓦多、巴西、尼加拉瓜、墨西哥、美国等地区均有报道，目前已在广东、广西、海南等省沿海海水养殖的凡纳滨对虾中大面积暴发。桃拉综合征病毒主要侵害凡纳滨对虾（南美白对虾）和细角滨对虾等；凡纳滨对虾除卵、受精卵和幼体外，仔虾、幼虾及成虾等各期均对本病敏感，主要感染 14~40 日龄，体重 5g 以下的仔虾，部分稚虾或成虾也容易被感染。该病发病急，死亡率高。一般发现病虾 10 天左右大部分对虾死亡，其余转为慢性病，至养成收获时成活率不超过 20%。持续感染虾和终身带毒虾是传染源；主要通过同类相残或污染水源等方式水平传播；也可经海鸟、水生昆虫等携带病毒传播。

【诊断方法】

（1）初步诊断：根据流行病学、临诊症状及病理特征对急性期桃拉综合征作出初步诊断。临床症状观察桃拉病毒病有三个明显不同的阶段——急性期、过渡期和慢性期，各个阶段的症状明显不同。处于急性感染期濒死的凡纳滨对虾，有大量的红色色素体出现，使感染虾全身呈暗淡的红色，而尾扇和游泳足呈明显的红色。

（2）组织病理学检查：采集病虾 10 尾，按虾体大小或感染期的不同分别取样；对虾幼体、子虾取完整个体，幼虾和成虾取头胸部；非对虾的甲壳动物参照对虾的方法取样。依据病虾的组织病理学特征作出诊断，适用于处于桃拉综合征的急性期、过渡期和慢性期的患病对虾确诊和对虾桃拉综合征的筛查；急性感染期的病灶呈"胡椒粉状"或"散弹状"是独特病理特征；用放大镜仔细观察细小附肢（如末端尾肢或附肢），可以看到病灶处的上皮坏死。

（3）确诊：需要进行实验室诊断和病原学鉴定生物诊断法。采用桃拉综合征病毒指示器-SPF凡纳滨对虾幼虾对疑似感染动物进行检测；免疫检测技术用斑点酶免疫反应（DBI）等抗体检测方法；采用原位杂交试验（ISH）和RT-PCR等方法进行检测确诊。

【防治方法】 采用综合防治的方法。

（1）预防措施。

①水体消毒：每10~15天（特别是在进水换水后）应及时用漂白粉等含氯消毒剂消毒。

②调整虾池水质和底质改良：在养殖过程中，定期使用水质及底质改良剂。特别是在养殖中后期，由于排泄和残饵等废物的积累，造成了一定程度的水质污染和底质恶化，所以，此时应以水质和底质改良为主，其中以光合细菌、硝化细菌等微生态制剂的改良剂为好。

③内服药物：平时饲料中添加一些维生素、大蒜泥、聚维酮碘等进行预防。

（2）治疗方法。

①用二溴海因0.2~0.3mg/L全池泼洒，同时添加板蓝根和三黄粉，连用7天；发病时可以结合抗病毒病药物进行治疗。

②在饲料中添加免疫多糖等生物活性物质，增强虾体免疫功能。

五、传染性皮下和造血组织坏死病

传染性皮下和造血组织坏死病（infection hypodermal and hematopoietic necrosis, IHHN）为世界养虾业主要病毒性传染病之一，主要感染细角对虾（*Litopenaeus stylirostris*）和凡纳滨对虾（*L. vannamei*），可引起凡纳滨对虾慢性"矮小畸形症"和细角对虾较高的死亡率。我国将其列为二类动物疫病，OIE列为必须通报疾病。

【病原】 传染性皮下和造血组织坏死病毒（*Infection hypodermal and hematopoietic necrosis virus*, IHHNV），属于细小病毒科（Parvoviridae）。病毒粒子呈二十面体，大小为20~22nm，无囊膜，病毒基因组为线状单链DNA，长度为4.1kb，衣壳由4个分子量分别为74kDa、47kDa、39kDa和37.5kDa的多肽组成。

【症状与病理变化】 传染性皮下和造血组织坏死病主要危害对虾苗期，导致无节幼体、蚤状幼体、糠虾幼体以及仔虾发生严重死亡，尤其对蚤状幼体期的变态率和存活率产生严重影响，还引起仔虾和养殖前期生长减缓或虾体畸形。细角对虾患病后摄食明显减少，外表及行为表现异常，患病对虾可缓缓上升到水面、翻转后腹部向上缓慢沉到水底，这种行为可持续数小时，直到被其他健康虾吞食，感染期细角对虾表皮上皮可在腹部背板接合处观察到白色或浅黄色斑点，斑点逐渐消退，可区别于对虾白斑综合征的白斑。感染病的细角对虾和斑节对虾在濒死时体色偏蓝，腹部肌肉不透明。凡纳滨对虾患病后表现为慢性矮小畸形综合征（RDS），养殖细角对虾也有报道出现RDS，患病稚虾还出现额角弯曲、变形、触角鞭毛皱起、表皮粗糙或残缺；患RDS稚虾大小差异很大。凡纳滨对虾RDS的严重程度及流行范围与幼体或仔虾阶段的感染有关。

组织病理学检查，IHHNV主要感染起源于外胚层和中胚层的组织细胞，主要有表皮、前肠和后肠上皮、性腺、淋巴器官和结缔组织细胞，很少感染肝胰腺。靶组织中可观察到典型的Cowdry A型细胞核内嗜伊红包涵体，边缘常出现无色环，包涵体可使细胞核肥大、染色质边缘分布。

【流行特点】 IHHNV可感染世界各地养殖对虾，主要感染太平洋东部沿岸野生对虾、太平洋岛屿（包括夏威夷群岛、法属波利尼西亚、关岛和新喀里多尼亚）的养殖对虾，近年来发现东南亚和中东地区的养殖和野生对虾也被感染，在我国有较高的发病率。目前已经发现IHHNV的4个地理株，主要分布于美国和菲律宾、东南亚、东非以及西印度洋、太平洋包括马达加斯加和毛里求斯，其中两个地理株可同时感染凡纳滨对虾和斑节对虾，而另两个地理株病毒不感染凡纳滨对虾和斑节对虾。不同地区野生和养殖对虾的带毒率各不相同，为0~100%。也有报道感染蓝对虾，能够引起严重的流行病。细角对虾、凡纳滨对虾、斑节对虾等大部分对虾都可能被IHHNV感染，但感染后的死亡率却不同。细角对虾死亡率可达90%以上，稚虾受危害最为严重；凡纳滨对虾患病后呈现慢性"矮小畸形综合征"，引起患病对虾生长缓慢、体型畸形，受感染存活对虾终生带毒。病毒主要通过带毒虾及其他甲壳类、受病毒污染水体传播疾病，同类残食或海鸟也可传播病毒；感染IHHNV存活的对虾仍可带毒，可垂直传播。

【诊断方法】
（1）初步诊断：根据流行情况、发病史、临诊症状及病理特征作出初步诊断。
（2）确诊：需要进行实验室诊断，如组织病理学诊断法，组织切片HE染色光镜观察各组织病理变化和包涵体；电镜诊断，超薄切片电镜观察到病毒确诊；采用特异性的地高辛标记探针进行分子杂交技术诊断；或PCR检测法检测IHHNV病毒的特定基因进行诊断。

【防治方法】 预防主要是对进口的对虾加强检疫。对已染病的虾群只能销毁，并将全部养虾设施进行消毒。
（1）对苗种场、良种场实施防疫条件审核、苗种生产许可管理制度。加强疫病监测与检疫，掌握流行病学情况。特别要加强对进口对虾的检疫，切断疾病传入国内的途径。通过培育或引进抗病品种，采用SPF亲虾进行繁育，提高抗病能力。加强饲养管理，及时销毁感染对虾，发病虾场及其设施要进行彻底消毒。
（2）无疫区内禁止检疫阳性亲虾和苗种的引入。疫区内发病亲虾和苗种应扑杀并消毒。检疫阳性亲虾或苗种应在本地使用，禁止用于繁殖育苗、放流或直接作为水产饵料使用。
（3）根据水域和流域的自然隔离情况划区，并实施划区管理。

六、黄头病

黄头病（yellow head disease，YHD）因病虾头胸部肝胰腺呈黄色故名黄头病，我国将其列为二类动物疫病，是OIE必须通报的疾病。

【病原】 黄头病毒（*Yellow head virus*，YHV）属套杆病毒科，病毒颗粒呈杆状，有囊膜，大小为$(150\sim200)nm\times(40\sim60)nm$，病毒核酸为线状单链RNA。

【症状与病理变化】 黄头病毒主要感染对虾淋巴器官、血淋巴细胞、鳃细胞等组织，导致对虾免疫力严重损害，肝胰腺因细菌性二次感染而发黄、萎缩，发病对虾空肠空胃，部分亲虾会出现甲壳溃疡、黑斑等症状，在养殖中后期也能引起对虾大批死亡；该病能引起对虾迅速而大量的死亡，常见病虾摄食量先增大然后突然停止，一般2~4天就会出现头胸部发黄和全身变白的临诊症状；肝胰腺比正常虾软且发黄；鳃变成淡黄色至棕色。

组织病理学检查，YHV主要侵染外胚层和中胚层起源的组织器官，可感染血淋巴、造血组织、鳃瓣、皮下结缔组织、肠、触角腺、生殖腺、神经束和神经节等，出现全身性细胞坏死；组织压片可见球形强嗜碱性细胞质包涵体；血淋巴涂片可见大量血细胞发生核固缩和破裂。

【流行特点】 1990年最初泰国报道有黄头病，后在东南亚地区流行，以后扩散到亚洲、美洲、澳大利亚。黄头病毒可感染斑节对虾等多种对虾品种，海水中可存活3天。斑节对虾可能是黄头病毒的自然宿主，为主要感染者，具有较高的死亡率。黄头病严重影响养殖期50~70天的对虾，感染后3~5天发病率高达100%，死亡率达80%~90%。黄头病主要是水平传播；鸟类也是传播媒介之一，海鸥等鸟类摄食患病虾后通过排泄传播病毒。

【诊断方法】

（1）初步诊断：根据临诊症状及病理特征作出初步诊断。

（2）实验室确诊：需要进行组织压片的快速染色法，组织压片HE染色，光镜下观察球形强嗜碱性细胞质包涵体；组织病理学诊断，组织切片HE染色，光镜下观察各组织病理变化和球形强嗜碱性细胞质包涵体；电镜诊断，超薄切片电镜下观察到YHV病毒；或进行原位杂交法；RT-PCR检测法检测病毒的特定基因进行YHV诊断；免疫检测技术，采用特异性抗体来检测YHV病毒进行确诊。

【防治方法】 以预防为主，尚无有效的治疗方法。对养殖场实施防疫条件审核、苗种生产管理制度；加强疫病监测，掌握流行病学情况；培养和引进抗病品种，切断传染源，加强饲养管理等。发现患病虾必须销毁，并对养殖水体、工具、场地等进行消毒。根据水域和流域情况及自然屏障对其实施区域管理。

七、罗氏沼虾白尾病

罗氏沼虾白尾病（Macrobrachium rosenbergii whitish muscle disease，MRWMD），俗称罗氏沼虾肌肉白浊病（WTD），是一种急性病毒性传染病，我国将其列为二类动物疫病，是OIE必须通报的疾病。

【病原】 罗氏沼虾野田村病毒（*Macrobrachium rosenbergii Nodavirus*，MrNV）属野田村病毒科，病毒粒子呈二十面体，无囊膜，直径26~27nm，病毒核酸为2条线性单链RNA。

【症状与病理变化】 发病虾苗腹部出现白色或乳白色混浊块，而后逐渐向其他部位扩散，有的存在分散的白浊点，最后除头胸部外，全身肌肉呈乳白色，又称肌肉白浊病、白体病；虾苗患病后初期只是头胸甲表皮失去色素，外壳逐渐变软，中胸腺发生萎缩。虾甲壳不出现白斑，可区别于对虾白斑综合征症状。

组织病理学检查发病虾苗腹部肌纤维、肝胰腺、血细胞、心脏和鳃组织的胞质内，可观察到包涵体。

【流行特点】 罗氏沼虾白尾病最早流行于泰国，随后在中国、东南亚、大洋洲等国家和地区发生并流行，成为国际流行疾病。罗氏沼虾是病毒主要的易感宿主，主要感染罗氏沼虾淡化后苗种，可在较短时间内使虾大量死亡。虾苗淡化后3天至3周是疾病高发时期，严重时死亡率可高达90%以上。发病后部分苗种可存活并长至成虾，有发病史的虾可携带病毒，造成子代虾苗发病；成虾和亲虾可检出病毒，但未发现MrNV感染引起的大规模流行。

MrNV病毒可通过水平传播和垂直传播感染，带毒种虾垂直传播是目前虾苗发病的主要病因；也可通过带病毒水体、轮虫等生物饵料、工具、未彻底消毒鱼苗池等水平传播。

【诊断方法】
（1）初步诊断：根据虾苗腹部出现白色或乳白色混浊块、肌肉白浊等病理特征，排除水质因素引起肌肉白浊后作出初步诊断。

（2）实验室诊断确诊：进行组织和病理学检查，组织切片HE染色光镜下观察到包涵体；对可疑或出现白浊症状虾苗进行RT-PCR、ELISA法等检测MrNV确诊。

【防治方法】 以预防为主，目前仍未有有效的防治方法。因此，应重视科学养殖管理，并适当使用免疫增强剂以提高虾的免疫力。

八、偷死野田村病毒病

偷死野田村病毒病，俗称为"偷死病"，是由偷死野田村病毒（Covert mortality nodavirus，CMNV）引起的一种新现传染病，主要感染对虾肝胰腺、淋巴器官和肌肉等组织，引起对虾肝胰腺上皮细胞和肌细胞坏死。

【病原】 初步确认偷死野田村病毒是导致对虾病毒性偷死病的病原。CMNV是一种新发现的病原，属于野田村病毒科（Nodaviridae）α野田村病毒属（*Alphanodavrius*），病毒粒子呈二十面体，无囊膜，直径26～27nm，病毒核酸为2条线性单链RNA。

【症状与病理变化】 CMNV主要感染对虾肝胰腺、淋巴器官和肌肉等组织，引起对虾肝胰腺上皮细胞和肌细胞坏死，导致对虾肝胰腺颜色变浅，肌肉白浊，生长减缓，养殖对虾群体在28℃以上有累积性死亡，也可能与条件性致病微生物、虾肝肠胞虫等联合感染而加重病情。CMNV感染南美白对虾的临床症状主要表现为肝胰腺萎缩和发白、空肠空胃、软壳、生长缓慢，多数虾腹部肌肉发白和坏死，在养殖60～80天的虾中高发。有人报道"偷死病"应该是多种病原引发的疫病，之所以生产上用这个病名，主要是有别于常见的对虾发病时在水面游动和在池边死亡的情况。对虾偷死病多发生于养殖30～60天后，对虾陆续死亡，累积死亡率60%～80%，病虾部分肌肉发白，肝胰腺萎缩但颜色不一定变浅；而早期死亡综合征（EMS）或急性肝胰腺坏死病（AHPNS）发生在投苗后的短时间内。也有人认为对虾偷死病是两种疾病：一种是早期死亡综合征（EMS），养殖的30天之内发病，2～3天内对虾全死亡；另一种养殖者俗称"偷死病"，养殖50～60天以后发病，对虾陆续死亡。实际上，"偷死病"应该称为"偷死综合征"，其中包括野田村病毒性偷死病、黄头病、急性肝胰腺坏死病。

对CMNV感染的南美白对虾组织进行切片观察，可见白色肌肉的肌纤维破裂、凝固、溶解、坏死；横纹肌中的多灶性坏死区可见血细胞的浸润和核固缩；肝胰腺细胞质空泡化并可在肝胰腺的腺管上皮细胞中见到嗜酸性包涵体；在一些感染的对虾中，还可见肝胰腺细胞核肿胀，淋巴球体可见包涵体和核固缩。

【流行特点】 该病对虾"偷死"现象主要发生在高密度养殖的虾塘。由于患病对虾很少游到水面或浅水区，绝大部分死虾出现在池底，不易及时察觉，故被养殖者称为"偷死病"。该病多发生于水温较高（28℃以上），养殖30～60天之后，累计死亡率为60%～80%。黄海水产研究所的科研人员长期对对虾流行病进行监测，通过调查了解到，我国海南和广西等地早在2005～2006年就发生过这种病毒性传染病，2009～2010年该病向北扩散到广东、福建、江苏和山东等地。至今，我国主要对虾养殖地区对虾"偷死"现象依然非常严重，并呈现出暴发性流行的趋势。脊尾白虾在CMNV的广泛传播中可能起到了中间宿主和寄存宿主的作用。CMNV可通过精细胞和卵细胞在脊尾白虾中进行垂直传播。

【诊断方法】
（1）初步诊断：根据该病典型的临床症状、流行病学及病理特征作出初步诊断。
（2）实验室确诊：需要组织病理观察，采用 RT-PCR 检测、核酸分子探针等进行诊断。
（3）鉴别诊断：注意与黄头病、急性肝胰腺坏死病相区别。

【防治方法】 主要从种苗检测、清除池塘甲壳类生物、清池消毒、进水蓄水消毒等措施入手，尽量降低病原的传入风险，同时在养殖过程中改善池塘微生物生态，降低条件致病性微生物的数量和致病机会。

九、传染性肌肉坏死病

传染性肌肉坏死病（infectious myonecrosis，IMN），是由传染性肌肉坏死病毒引起的凡纳滨对虾的一种传染性疾病，病虾可出现肌肉坏死、体表烤焦状等病征。目前该病主要在南美流行，为我国的二类水生动物疫病。

【病原】 对虾传染性肌肉坏死病毒（*Penaeid shrimp infectious myonecrosis virus*，IMNV），通常称传染性肌肉坏死病毒，属于整体病毒科（Totivirus）。IMNV 颗粒直径 40nm，二十面体，无囊膜；病毒基因组为单节段双链 RNA 病毒（dsRNA），长度 7560bp，有两个可读框，分别编码衣壳蛋白和依赖 RNA 的 RNA 聚合酶。凡纳对虾是 IMNV 的主要宿主，病毒也人工感染细角对虾和斑节对虾，巴西西北部地区的野生对虾可能是病毒的潜在宿主。目前病毒仅可通过发病虾获得，未找到对病毒敏感的培养细胞系。

【症状与病理变化】 发病初期病虾摄食减少或停食，反应迟钝，聚集在池塘角落，体色发白；随感染的加重，对虾从尾节开始出现肌肉不同程度发白，乃至坏死、溃烂、或体表烤焦状等症状；病虾腹节发红，尾部肌肉组织呈点状或扩散的坏死，坏死先出现在腹节末梢和尾扇，移去腹节表皮可见白色或不透明的肌肉组织，部分虾还可出现微红色坏死区域；在网捕、喂食等刺激下，坏死症状虾可突然增多，喂食后出现持续死亡，淋巴器官明显增大，为正常虾的 3～4 倍。

组织病理学检查，IMNV 病毒可造成全身肌肉组织坏死，取病虾坏死肌肉部分压片，可观察到坏死和断裂的肌纤维；淋巴器官压片可观察到大量圆形细胞，正常淋巴器官的管状结构减少。

【流行特点】 最早于 2002 年在巴西发现，目前该病主要发生于巴西西北部及南美洲，印度尼西亚的爪哇岛也有发现，其他国家和地区目前尚无该病的报道。IMNV 主要感染凡纳对虾，病毒可感染成虾、仔虾以及苗种，主要感染 60～80 日龄的幼虾，通常 6g 以上的个体较易发病。IMNV 也可通过人工感染方式感染细角对虾和斑节对虾；巴西西北部地区的野生对虾可携带病毒。该病发生的季节较长，水温较高容易发生疾病，最适发病温度 30℃左右。通常情况下，病毒破坏全身肌肉组织，但病程缓慢，死亡率不高，患病养殖种群出现持续性死亡，严重时累计死亡率可高达 70%～85%。

IMNV 病毒污染水体可水平传播疾病，健康虾残食发病虾时可受到感染，一般认为水温和盐度可影响疾病的发生。

【诊断方法】
（1）初步诊断：根据该病典型的临床症状、流行病学及病理特征作出初步诊断；感染时体色发白，腹节发红，尾部肌肉组织呈点状或扩散的坏死症状，体表有不规则黑斑，则可初步断定患有传染性肌肉坏死病。

（2）实验室确诊：需要组织病理观察，取病虾坏死肌肉压片，观察有无坏死和断裂肌纤维；取淋巴器官压片，观察是否存在大量圆形细胞；此外病虾坏死肌肉区域是否出现血淋巴细胞聚集、血淋巴细胞浸润肌肉组织等现象；IMNV 病毒鉴定可采用 RT-PCR 检测、核酸分子探针等进行检测。

（3）鉴别诊断：传染性肌坏死病由传染性肌坏死病毒感染所引起，随感染的加重，对虾从尾节开始出现肌肉不同程度发白，乃至坏死、溃烂等症状，但肌肉发白的症状不具有特征性，对虾应激、罗氏沼虾肌肉白浊病、急性肝胰腺坏死病、偷死野田村病毒感染等也都能引起肌肉发白乃至坏死的现象，传染性肌坏死病的症状出现时，对虾食欲可能不受影响。

【防治方法】

目前在我国未见典型的发病，应对该病毒进行早期防控，避免该病蔓延导致大暴发。对该病的防控可参照黄头病的措施，应采用 RT-PCR 技术或传染性肌坏死病毒检测试剂盒对亲虾和虾苗进行严格检疫，避免带毒亲虾用于种苗培育，避免病毒随种苗扩散；养殖期池塘出现肌肉坏死症状的发病时，应采用 RT-PCR 或试剂盒检测进行确诊，对确诊群体应进行捕杀销毁，并对池塘进行消毒处理。

十、河蟹颤抖病

河蟹颤抖病又称为河蟹抖抖病、河蟹环爪病、中华绒螯蟹小核糖核酸病毒病等。是当前危害河蟹最严重的一种传染病，我国将其列为三类动物疫病。

【病原】 该病的病原尚无定论，主流报道的有病毒和螺原体，在病毒性病原中报道较多的有中华绒螯蟹呼肠孤病毒。

【症状与病理变化】 病蟹反应迟钝、行动迟缓，螯足的握力减弱，摄食减少或停止摄食；鳃排列不整齐、呈浅棕色、少数甚至呈黑色，血淋巴液稀薄、凝固缓慢或不凝固；最典型的症状为步足颤抖、环爪、爪尖着地、腹部离开地面，甚至蟹体倒立；最后病蟹因神经紊乱、呼吸困难、心力衰竭而死。

河蟹颤抖病的病原不仅侵袭鳃、肠、肝胰腺、肌肉，且侵袭心脏、神经等要害器官。组织病理学检查，病蟹出现肝胰腺变性、坏死呈淡黄色，最后呈灰白色；背甲内有大量腹水，步足的肌肉萎缩水肿，有时头胸甲（背甲）的内膜也坏死脱落。

【流行特点】 河蟹颤抖病自 1994 年发现至今，现在全国养殖河蟹的地区均有发生，其中以江苏、上海、浙江、安徽等地疫情尤为严重。河蟹是该病唯一的敏感种类，从体重 3g 的蟹种至 300g 以上的成蟹均可患病。3～11 月为主要发病季节，在 8～9 月夏秋高温季节发病严重，严重发病地区发病率高达 90% 以上，死亡率在 70% 以上，对河蟹养殖业危害巨大。

【诊断方法】

（1）初步诊断：根据该病典型的临床症状、流行病学及病理特征作出初步诊断。

（2）实验室确诊：采用电子显微镜观察病毒粒子；并采集病蟹肝胰腺和血淋巴，用 PCR 技术检测病原。

【防治方法】 以预防为主，尚无有效的治疗方法。

（1）预防措施。

① 加强疫病监测与检疫，掌握流行病学情况；引进扣蟹时，注意检疫。

② 做好健康蟹种的选育，建立良好的河蟹生态养殖环境，加强水源、蟹、设施等的严格消毒；发现患病蟹必须销毁，并对养殖水体、工具、场地等进行消毒；每 667m² 水面每 20 天左右泼洒 5～10kg 溶化的生石灰，使池水的 pH 稳定在 7.5～8.5。

③ 根据水域和流域情况及自然屏障对其实施区域管理；保持水质清洁，经常换水；严格饲养管理，注意水体及饵料中有毒物质的监控。

（2）治疗方法。

① 幼蟹养殖期慎用药物，尤其是对器官损害性大的药物应禁用；发生本病后，不可盲目用药。

② 饲料中添加中草药、多糖类免疫增效剂，增强蟹体免疫力。

③ 应首选毒副作用小的抗菌药物，以避免发生不良反应；有报道中华绒螯蟹螺原体对土霉素敏感。

第三节　贝类病毒性传染病

一、鲍病毒性死亡病

鲍病毒性死亡病（Abalone viral mortality disease）也称为鲍病毒、鲍裂壳病，我国将其列为三类动物疫病。

【病原】 病原是一些鲍球彩病毒（*Abalone spherical virus*），有囊膜，病毒粒子呈二十面体，是 DNA 病毒，其分类地位不详。包括 4 种球形病毒，第一种鲍球形病毒从我国北方和东北（辽宁大连沿渤海湾一线）养殖的皱纹盘鲍中分离；第二、第三、第四种病毒从我国南方（南海各省，如福建、海南和广东）养殖的九孔鲍中分离。

【症状与病理变化】 发病初期池水变混浊，气泡增多，死鲍斧足肌肉收缩，贝壳向上，足肌贴于池底或筐（笼）底；后期病鲍行动迟缓，食欲下降，足收缩，变黑变硬，死鲍的肝和肠肿大，附着在池底。第一种病毒感染后，鲍表现低活力，低食欲，对光不敏感，壳很薄，边缘翻卷，生长变缓；第二、第三、第四种病毒感染后，病鲍分泌大量黏液，活力低，食欲低，足和外套膜收缩，斧足发黑并变硬，鲍死后肝和肠道肿大，吸附在池塘底部，死亡率高可达 100%。

组织病理学观察表明，鲍的肝脏组织（消化盲囊）病理变化严重，大量的肝细胞核萎缩，细胞质溶解，细胞坏死；病鲍肾曲小管上皮细胞颗粒变性严重，细胞核萎缩、崩解和坏死；电镜下可见肝细胞中有大量病毒。

【流行特点】 鲍病毒性死亡病是严重威胁我国南北鲍养殖的一种传染病，危害的主要对象是我国南方养殖的九孔鲍、杂色鲍，北方地区养殖的皱纹盘鲍。该病潜伏期短，发病急，传染性强，死亡率高，造成鲍种苗及成鲍大量死亡，4～30 天死亡率高达 95% 以上，溶藻弧菌和副溶血弧菌可能会和病毒共同感染鲍并且是鲍病的共同致病因子。主要在我国的辽宁、山东、福建、海南、广东、南海等地区发现。第一种病毒可感染幼鲍，但是病毒也能在成年的健康鲍中见到，海螺、贻贝等其他贝类中也有发现；第二种病毒可感染各个发育阶段的鲍。该病流行具有明显的季节性，主要发生于冬春季节，即每年的 10～11 月至翌年 4～5 月，水温低于 24℃ 易流行，随着水温的升高病情趋于缓解。第一种病毒流行水温低于

20℃；第二、第三、第四种病毒主要发生于冬春季节，流行水温低于24℃。第一种病毒主要通过口喂或水平传播，第二、第三、第四种病毒同样是水平传播，如通过水源或污染的人员、运输工具、饲料等传播。

【诊断方法】

（1）初步诊断：根据流行病学、临诊特征和病理特征可作出初步诊断。

（2）实验室确诊：取病鲍外套膜、足、鳃、肝、胃和肠的结缔组织，制备超薄切片，用透射电镜检查到病毒粒子确诊。

【防治方法】 以预防为主，尚无有效的治疗方法。

（1）对养殖场实施防疫条件审核、苗种生产管理制度；培育和引进抗病品种，选用健康强壮的亲鲍；加强水源、鲍、设施、工具等的严格消毒，保持优良的水质，病害高发期应尽量少进水或不进水，可投放微生态制剂；放养密度合理，饵料要新鲜，少喂勤喂，加强饲料管理。

（2）发生病害后应及时采取隔离及预防措施，并迅速封锁疫区，发现患病鲍做无害化处理，并对养殖水体、工具、场地等进行消毒。根据水域和流域情况及自然屏障对其实施区域管理。

二、三角帆蚌瘟病

三角帆蚌瘟病是我国长江中下游淡水珍珠培育地区的一种严重传染性病毒病。

【病原】 三角帆蚌瘟病的病原体为三角帆蚌瘟病病毒（*Hyriopsis cumingii plague virus*，HcPV），鉴定为一种嵌砂样病毒。三角帆蚌瘟病病毒，病毒颗粒为球形或类球形，直径多数为60~120nm。该病毒属于嵌砂样病毒科（又称砂粒病毒科）。在病蚌的肝、胃、肠细胞的胞质内有大量嗜酸性病毒包涵体，包涵体呈圆形或卵圆形，直径6~10μm。

【症状与病理变化】 发病初期，三角帆蚌的匍匐运动消失，对水的净化能力减弱，进水口和排水孔的纤毛收缩，排粪减少，喷水无力，闭壳肌收缩无力，贝壳不能紧闭，对外界刺激反应迟钝，斧足紧缩不能伸展。疾病后期，不排粪，有少量灰白色黏液附着于排水孔，最后张壳死亡。病死蚌的体液清澈，病程长者极度消瘦，消化腺肿胀多汁，肠道轻度水肿，晶杆体严重萎缩或消失，最后病蚌因消化系统坏死和消化功能丧失而死亡。

【流行特点】 该病危害1足龄以上的三角帆蚌，当年繁殖的三角帆蚌不发病，同一水体的褶纹冠蚌、卵圆蚌及鱼、虾等水产动物都不感染发病。集中流行于夏秋季节，发病当年的死亡率可达80%左右，存活下来的三角帆蚌在下一个发病季节仍会继续死亡，连续2~3年死亡率接近100%。自然接触感染，在密切接触1周后开始出现死亡；插片过程的暴发性死亡，发生在插片后半个月左右。人工注射无菌病毒悬液，经1周后开始出现死亡。病程的长短与水温呈负相关。

【诊断方法】

① 初步诊断：根据症状与病理变化及流行情况进行初步诊断，对病变组织切片在胞质内看到嗜酸性包涵体。

② 确诊：对病变组织进行超薄切片，透射电镜观察在细胞质及内质网中看到球形或类球形病毒颗粒，有囊膜，表面布满棒状突起，内嵌砂状颗粒等，可作出更进一步诊断。

【防治方法】

（1）预防措施。

① 严格执行检疫制度，不从疫区购进母蚌及幼蚌，要从非疫区选购健壮的母蚌，在安全的水体中进行自繁自养。

② 清除水底过多淤泥，并用生石灰消毒，严格控制水源；养殖定期遍洒生石灰保持池水呈弱碱性。

③ 插片须严格无菌操作，用营养液滴小片，增加小片活力；插片手术后1个月内，不施粪肥而改泼豆浆、光合细菌。

④ 人工注射蚌瘟灭活疫苗进行预防。

⑤ 加强饲养管理，合理混养和密养，及时施肥和灌注清水。

（2）治疗方法。

目前尚无理想的治疗方法。用血卟啉衍生物（hematoporphyrin derivative, HPD）及肉桂、板蓝根、青黛等中草药合剂进行注射治疗；池遍洒聚维酮碘、二溴海因，有一定效果。

三、栉孔扇贝的病毒病

栉孔扇贝的病毒病，是由一种球形病毒引起的栉孔扇贝传染病，目前主要在我国山东、辽宁等养殖地区多发。

【病原】 该病的病原为一种球形病毒，其分类地位不详。病毒粒子近似圆形，有囊膜，大小为130~170nm。此外，病原可能还有衣原体、立克次体和支原体。

【症状与病理变化】 患病扇贝的贝壳开闭缓慢无力，对外界刺激反应迟钝；外套腔中有大量黏液，并积有少量淤泥，消化腺轻微肿胀，肾脏易剥离，外套膜向壳顶部收缩，外套膜失去光泽；患病严重的扇贝鳃丝轻度糜烂，肠道空或半空，足丝脱落，失去固着作用。

电镜下可见在消化腺消化小管管间结缔组织、肠黏膜下层结缔组织以及肾小管管间结缔组织分布有大量的病毒粒子，病毒粒子以团聚的方式存在于结缔组织的细胞质内，形成囊泡样结构。

【流行特点】 栉孔扇贝的病毒病，主要发生在山东、辽宁养殖的栉孔扇贝中，且以夏季多发。该病的发病高峰在7月底至8月初，发病水温在25℃以上，病贝大小为4.5~6.0cm；养殖栉孔扇贝感染病毒后，在出现症状2~3天后很快死亡，死亡率在90%以上，呈暴发性。

【诊断方法】 根据症状、流行病学可初步诊断；确诊需用电镜进行病毒粒子的观察。

【防治方法】 目前尚无有效的治疗方法，只能以预防为主。

四、牡蛎疱疹病毒病

牡蛎疱疹病毒病（infection with ostreid herpesvirus-1 microvariant），是由牡蛎疱疹病毒1型微变株感染所引起的一种贝类病毒性传染病，主要危害太平洋牡蛎。该病为OIE必须通报的疫病。目前我国尚未见报道。

【病原】 牡蛎疱疹病毒1型（*Ostreid herpesvirus*-1, OsHV-1），分类学上被归为疱疹病毒目（Herp-esvirales），软体动物疱疹病毒科（Malacoherpesviridae），牡蛎疱疹病毒属（*Ostreavirus*）。近几年，流行毒株为牡蛎疱疹病毒1型微变株（ostreid herpesvirus-1 microvariant）。可灭活病毒的化学物质有氢氧化钠、碘、福尔马林等；通过加热，如50℃

5min 也可灭活病毒；较高剂量的紫外线也可灭活病毒；碱性清洁剂（2000mg/L，10 min）、次氯酸钠（50mg/L 有效氯，15min）在相对干净的海水中也可灭活病毒。

【症状与病理变化】 牡蛎疱疹病毒感染牡蛎幼贝摄食减少，游动异常，几天内死亡率即达到 100%；受感染的牡蛎消化腺呈苍灰色。由于其危害重大，OIE 将其列入水生动物疫病目录。电镜观察在牡蛎疱疹病毒（OsHV-1）感染魁蚶的鳃、肝胰腺、外套膜中出现染色质边缘化甚至消失，细胞核肿胀、溶解等细胞病理变化。

【流行特点】 牡蛎疱疹病毒（OsHV-1）是引起多种双壳贝类特别是牡蛎大规模死亡的致死性病毒，在世界范围内广泛流行，主要危害牡蛎、扇贝、菲律宾蛤仔及魁蚶等种类，对贝类养殖业造成重大的损害。目前在我国也存在 2 个对贝类危害较大的 OsHV-1 变异株：一个是造成多地扇贝大规模死亡的急性病毒性坏死病毒（*Acute viral necrosis virus*，AVNV）；另一个是引起北方沿海养殖魁蚶大规模死亡的 OsHV-1 魁蚶株。牡蛎疱疹病毒微变株在内的牡蛎疱疹病毒在过去数年里，引起澳大利亚和欧洲很多国家养殖牡蛎严重死亡。在法国、爱尔兰、意大利、芬兰、西班牙、英国、澳大利亚、中国、韩国、日本、墨西哥、新西兰、美国等都有报道。每年水温较高时，感染牡蛎贝苗和幼贝死亡，发病水温为 28~30℃，感染 1 周后即开始死亡。近几年，该病在野生或养殖牡蛎种群中呈明显扩散趋势。

【诊断方法】

（1）初步诊断：根据发病牡蛎症状、流行病学可初步诊断。

（2）实验室确诊：由于没有合适的贝类细胞系进行病毒繁殖，目前未能开展细胞培养的方法进行病毒检测。一般采用 PCR 方法、环介导等温扩增（LAMP）、原位杂交技术等可以确诊。

【防治方法】 目前尚无有效的治疗方法，只能以预防为主。目前，该病在名录中作为新发疫病处理。加强疫病监测与检疫，掌握流行病情况，一旦发现疑是感染牡蛎必须马上将其隔离处理，尽快上报，送检确诊。如果疫情确认，应当整体销毁处理，并对养殖水体、工具、场地等进行彻底消毒。

第五章 水产动物细菌性传染病

近年来，随着水产集约化养殖方式的推广，引起的水产动物传染病更是频繁发生，由于养殖业从事者缺乏抗菌药物对水产动物的基础药理学方面的知识，国家在水产动物药物方面的法律法规不够完善，滥用药物现象经常发生，导致病原菌耐药率不断上升，并且出现大量的多重耐药菌株，这给水产动物传染病防治带来了新的挑战。通过本章学习，进一步掌握水产动物细菌性传染病的发生和流行规律、临床症状、病理变化、诊断及综合防治措施。该章的重点内容是鱼、虾类等细菌性传染病的特点及诊治方法，针对细菌性暴发流行病的防治要坚持"正确选药、规范用药"原则，避免耐药性的发生。

第一节 鱼类细菌性传染病

一、细菌性败血症

细菌性败血症（bacteria septicemia）是由致病性嗜水气单胞菌引起的鱼类急性传染病，又称为淡水鱼细菌性败血症、淡水鱼暴发病、暴发性出血病，主要危害鲫、鳊、鲢、鳙和鲤等多种淡水养殖鱼类。我国将其列为二类水生动物疫病。

【病原】 嗜水气单胞菌（*Aeromonas hydrophila*），分类上属气单胞菌科（Aeromonadaceae）气单胞菌属（*Aeromonas*）。嗜水气单胞菌是气单胞菌属的模式种，属于嗜温、有动力的气单胞菌群，也称嗜水气单胞菌群，是引起淡水养殖动物病害的主要病原细菌。嗜水气单胞菌广泛分布于自然界的各种水体，是多种水生动物的原发性致病菌，为条件致病菌，是典型的"人-兽-鱼"共患病病原菌。取可疑、患病或濒死鱼肝、肾或血液，营养琼脂（NA）、胰酪大豆蛋白胨培养基（TSA）可用于气单胞菌分离培养，形成圆形、边缘光滑、中央突起、肉色、灰白色或略带淡桃红色光滑菌落。嗜水气单胞菌为革兰氏染色阴性菌，两端钝圆、直或略弯的短小杆菌，大小为 $(0.3\sim1.0)\mu m\times(1\sim3.5)\mu m$，菌细胞多为单个存在，少数双个排列，通常在菌体的一端有1根鞭毛，无荚膜，不形成芽孢。该菌产生的毒素具有溶血性、细胞毒性及肠致病性。溶血性毒素分为 α 和 β 两种，肠致病性毒素可分为霍乱样肠毒素、细胞兴奋性肠毒素和细胞毒性肠毒素。

此外有研究表明，温和气单胞菌（*A. sobria*）、鲁克氏耶尔森氏菌（*Yersinia ruckeri*）等细菌也可以引起鱼类败血症。能引起鱼类致病的气单胞菌存在多种致病因子，包括溶血素、肠毒素、胞外蛋白酶等，其中气单胞菌分泌的气溶素（aerolysin）是主要的致病因子，可引起感染鱼血细胞溶解、肠道病变和肝、脾、肾等重要器官坏死，最终引起鱼体死亡。

【症状与病理变化】 患病早期和急性感染时，病鱼厌食或不摄食，静止不动或在塘边狂游、乱窜、衰竭而死。病鱼上下颌、口腔、鳃盖、眼睛、鳍基及鱼体两侧轻度充血，肠内有少量食物。当病情严重时，典型症状病鱼出现体表严重充血、眼球突出、眼眶周围充血；肛门红肿，腹部膨大，腹腔内积有淡黄色透明腹水，或红色混浊腹水；鳃、肝脏、肾脏的颜色均较淡，呈花斑状；肝脏、脾脏、肾脏肿大，脾呈紫黑色；胆囊肿大，肠系膜、肠壁充血，有的出现肠腔积水或气泡。部分病鱼还有鳞片竖起、肌肉充血、鳔壁后室充血等症状。症状可因病程长短、鱼病种类及年龄不同表现出多样化，大量急性死亡时，有时可出现少量无明显症状的死亡，人工感染及自然发病中均可出现。

在淡水养殖中发现由嗜水气单胞菌感染的暴发性出血病较多，如鲤暴发性出血病、甲鱼败血病、黄鳝出血病、鳗鲡红鳍病等。该病临床症状基本类似，以鲤为例，主要表现为鱼体多处出血，特别是体表的出血最为明显，上下颌、眼睛、鳃盖、鳍基充血发红，皮肤有淤斑淤点，并发生糜烂、溃疡，腹水、肛门红肿外突等细菌性败血症的特征。

组织病理学观察，病鲫可出现红细胞肿大，胞质内嗜伊红颗粒大量出现、胞质透明化和溶血过程；血管管壁扁平内皮细胞肿胀、变性、坏死、解体，最终出现毛细血管破损；肝、脾和肾等实质器官出现被膜病变，间皮细胞、成纤维细胞肿胀，胶原纤维等出现坏死、肿胀和纤维素样变，最后大量弥漫性坏死。患病鲫的血清钠、血清氯、血清葡萄糖、血清总蛋白及白蛋白均明显降低，血清肌酐、谷草转氨酶、谷丙转氨酶和乳酸脱氢酶等指标显著高于健康鱼，这表明肝、肾严重坏死、功能损害，其他实质器官有严重病变，属典型的细菌性败血症。鲤病理变化主要表现为心、肝、肾、肠等内脏器官充血、出血、肿大、变性、坏死、发炎以及红细胞发生溶血等。

【流行特点】淡水鱼细菌性败血症于20世纪80年代出现于我国广大淡水鱼养殖地区，主要危害银鲫、白鲫、团头鲂、鳊、鲢、鳙、鲤、鲮和鲟等多种淡水养殖鱼类，1989年前后出现全国性大规模流行，发病最为严重的1989年造成全国各种鱼死亡为30万～40万t，经济损失巨大。目前该病仍是淡水鱼类养殖的主要细菌性传染病，易感鱼种类主要感染淡水养殖鲤科鱼类，但草鱼对致病菌株有相对较高的抵抗力。全国主要养殖地区均有发生，危害最为严重的省份为湖南、安徽、河南、浙江、湖北、江苏、广东、福建等，北方地区疾病暴发地域相对较小，发病季节也较短。发病季节为5～10月，其中以7～9月发病最高，流行水温为15～36℃，尤其以28℃左右最为严重。北方地区，在气温突降时，也可以发生鲤的疾病暴发，其病原也为嗜水气单胞菌，同时伴随竖鳞症状。

该病在我国淡水养鱼地区广泛流行，流行季节长，发病率高。池塘、湖泊、水库、网箱等水域均可发生此病，对淡水养殖鱼类危害极大，可危害除草鱼、青鱼外的大部分养殖鲤科鱼类，在全国各地淡水鱼养殖地区流行。疾病病程通常较急，严重时1～2周内死亡率可达90%以上。一般首先是水体里的白鲢、鲫鱼发病，随后鳙鱼、草鱼、鲤鱼均会发病，甚至连水体里的野杂鱼都会发病，最后造成暴发性的批量死亡。鲫、鳊、鲢、鳙、鲤、鲮等易感鱼类是病原菌的主要宿主，患病鱼可成为病原菌的携带者，一些野生鱼，如麦穗鱼等均可成为致病菌携带者。传播途径以水平传播为主，寄生虫感染可能成为细菌入侵的先导，并且寄生虫和藻类有可能成为病原的中间宿主，但未见明确证据。另外，鱼体体表及肠道可能本身栖息有致病菌株，当寄生虫感染、水质恶化、气候突变等因素发生时导致鱼体免疫力下降，引起疾病的暴发。当某一地区发生疾病时，鸟类可捕食病鱼并造成疾病在不同养殖池间的传播。一般认为，嗜水气单胞菌侵入鱼体后，先在肠道内增殖，再经门动脉循环进入肝脏、肾脏及其他组织，引起肝脏、肾脏等器官以及血液病变，继而出现全身出血症状。

【诊断方法】

（1）初步诊断：根据发病季节、发病鱼种类及症状可初步确定疾病。该病临床症状主要诊断依据参考如下。

① 7~9 月发病，且同池鲫、鳊、鲢、鳙等两种以上的鱼同时发病；通常鲫、鳊先发病，随后鲢、鳙发病，北方养殖地区一般鲤先发病；同池多种鱼同时发病并大量死亡，可初步判断疾病的发生。

② 病鱼除全身广泛性充血、出血外，还发生溶血；肛门红肿，腹部膨大，轻压腹部，可从肛门流出黄色或血性腹水；解剖肝、脾、肾、胆囊肿大充血，鲫肝脏可因严重病变而呈糜烂状，肠道因产气而呈空泡状，大部分鱼可见严重的肌肉充血。

③ 急性发病死亡时可能症状不明显，一般几种鱼同时发病首先要考虑出现细菌性败血病的可能。取发病鱼肌肉、内脏或腹水，压片或涂片观察可见大量运动的短杆状菌体，结合发病鱼种类、解剖观察可初步作出诊断。

（2）实验室确诊。

① 细菌的分离培养。取肾、血液或肌肉，于营养琼脂、TSA 培养基作划线分离，28℃培养 24h。气单胞菌可在营养琼脂和 TSA 上形成直径为 1~5mm 的圆形乳白色或淡黄色、光滑湿润微凸菌落。如需对分离细菌进一步鉴定可进行细菌生理生化试验，该菌关键的生化指标为：葡萄糖产气，发酵甘露醇、蔗糖，利用阿拉伯糖，水解七叶苷/水杨苷，鸟氨酸脱羧酶阴性。此外，采用脱脂奶平板法检测分离菌株的胞外蛋白酶活力，可作为菌株致病性的辅助判断。

② 血清学诊断，挑取典型菌落，采用气单胞菌标准血清作玻片凝集试验。

③ 采用 PCR 方法进行嗜水气单胞菌 16S rDNA、气溶素 Aer 基因检测可确诊。

【防治方法】

（1）预防措施：暴发性鱼病的预防最好是从放养苗种之前就开展预防工作。

① 进行清塘消毒，清除池塘中过多的淤泥，用生石灰或含氯消毒剂彻底消毒。

② 保持池塘的良好环境和水质健康，及时调理水质、定期使用底改剂、微生物制剂（如光合细菌、EM 菌、芽孢杆菌等），适时施肥，促进浮游生物合理生长，保证溶氧充足，加强饲养管理，不间断地监控水质变化情况，发现问题及时处理。

③ 放养密度和品种搭配要适宜，对苗种要严格防疫，鱼种放养前用高锰酸钾水溶液 15~20mg/kg 浸洗鱼体 10~30min。

④ 嗜水气单胞菌疫苗的应用，生产上采用浸泡免疫技术浸泡免疫鱼，可获得较好的免疫保护。

（2）治疗方法：采用内服抗菌类药物和外用消毒剂相结合的方法。

① 外用消毒剂有漂白粉、强氯精、溴氯海因、二溴海因等，全池均匀泼洒，最好隔天再泼洒一次进行加强；如体表和鳃部有锚头鳋等寄生虫，应先用杀虫药将寄生虫杀死，隔天再用消毒剂。发病季节定期泼洒生石灰，浓度为 20~30mg/L；或泼洒漂白粉，浓度为 1~1.5mg/L；或漂白粉精，浓度为 0.4~0.5mg/L；或二氯异氰尿酸钠，浓度为 0.5mg/L。

② 内服中药使用较多的有三黄散、黄芩、大黄、大蒜素等可有效用于该病的控制。同时，口服抗菌药按鱼每千克体重土霉素 20~25mg，或复方新诺明 50~100mg，或恩诺沙星 10~20mg，或氟哌酸等 15~20mg，制成药饵投喂（投药前应停食一天），每天 1~2 次，连喂 5~7 天。7 天后全池泼洒生石灰一次，以调节水质。

③ 发病后的扑杀和无害化处理措施。目前国内没有对相关疾病进行扑杀的规定，对于病死鱼，一般要求发病场就地加石灰深埋，减少疾病传播。

二、赤皮病

赤皮病（red-skin disease）又称出血性腐败病、赤皮瘟等。该病是草鱼、青鱼的主要传染病之一，与细菌性烂鳃、肠炎病合称为"老三病"，其流行范围较广。

【病原】 荧光假单胞菌（*Pseudomonas fluorescens*）。荧光假单胞菌是鱼类赤皮病的病原菌，也是引起水产品腐败的腐生菌，广泛分布于环境、土壤和水中。荧光假单胞菌为革兰氏阴性杆菌，两端钝圆，能运动，有1～3根极端鞭毛，个别菌有时失去鞭毛。此菌为氧化型，生长需氧，这是与气单胞菌属、弧菌属的主要区别。假单胞菌属是一类革兰氏阴性、直或微弯的杆菌，大小为 (0.3～1.0)μm × (1.0～4.4)μm，不产生芽孢，极端生单毛或多根鞭毛，有运动力。需氧，进行严格的呼吸型代谢。氧化酶、接触酶阳性，葡萄糖氧化分解。培养温度7～32℃，最适温度23～27℃，生长最适的氯化钠为1.5%～2.5%，pH5.5～8.5。许多致病性假单胞菌，通常认为是条件致病菌。

【症状与病理变化】 发病初期病鱼行动缓慢，反应迟钝，离群独游于水面。严重时体表皮肤局部或大面积出血发炎、糜烂和溃疡，鳞片脱落，特别是鱼体两侧和腹部最为明显。常伴有鳍基充血，其末端腐烂，鳍条间组织破坏，使鳍条呈扫帚状，形成"蛀鳍"，或像破烂的纸扇状。在鳞片脱离和鳍条腐烂处往往出现水霉寄生，加重病势。发病几天后就会死亡。

【流行特点】 赤皮病多发生于2～3龄大鱼，当年鱼也可发生，常与肠炎病、烂鳃病同时发生，形成并发症，合称为"老三病"。实际上此病不仅在草鱼上发生，青鱼、团头鲂、鲤鱼等多种淡水鱼类中也较为常见。目前大多呈散在性发生，发病率不高，发病鱼若不进行治疗，则8～10天内可死亡。此病的发生大多是在养殖过程中，特别是经过捕捞、运输、分养后，显然是与鱼体受损伤有关，此外，体表因寄生虫寄生也可诱发疾病。一年四季都有流行，春季、夏季、秋季更容易发生，在水温25～30℃时为流行盛期。发病往往与鱼体受伤有关，是条件致病菌。只有当因捕捞、运输、放养使鱼体受机械损伤，或体表被寄生虫寄生而受损时，病原菌才能乘虚而入，引起发病。北方地区，鱼越冬后，因受冻伤，开春后易造成流行。

【诊断方法】

（1）初步诊断：根据临床症状及流行规律即可初步诊断。该病病原菌不能侵入健康鱼的皮肤，因此病鱼有受伤史，这点对诊断有重要意义。

（2）实验室确诊：需要进行细菌的分离培养与生理生化试验，采用PCR方法进行16S rDNA分子鉴定。

（3）鉴别诊断：注意该病与疖疮病相区别，疖疮病的初期体表也充血发炎，鳞片脱落，但局限在小范围内，且红肿部位高出体表，用手触摸有浮肿感觉。

【防治方法】

（1）预防措施。

① 在捕捞、运输、放养等操作过程中，尽量勿使鱼体受伤。

② 鱼种放养前可用2%～3%的食盐水溶液浸洗10～20min，或15～20mg/L的高锰酸钾溶液浸洗15～30min，或用0.5～1.0mg/L的二氧化氯溶液浸洗20～30min。

（2）治疗方法：发病鱼的治疗应当采用外用药与内服药结合进行。

① 外用药主要用各种消毒剂，如10%聚维酮碘（0.3mg/L）或者二氧化氯（0.3mg/L）、8%溴氯海因（0.3mg/L）、漂白粉（1mg/L）等全池遍洒。

② 内服药可用氟苯尼考或甲砜霉素每千克鱼用量为 15～20mg，或恩诺沙星 20～30mg，或盐酸土霉素 20～25mg，拌饵投喂，连喂 3～6 天为一个疗程；或用抗菌中草药（五倍子、大黄）拌饵投喂，连喂 6 天为 1 个疗程。

三、细菌性肠炎病

细菌性肠炎病（bacterial enteritis）是草鱼、青鱼常见传染病，每年均有较高的发病率和死亡率，危害相当严重，与赤皮病、细菌性烂鳃病合称为草鱼"老三病"。

【病原】 嗜水气单胞菌、豚鼠气单胞菌、肠型点状气单胞菌和维氏气单胞菌。

【症状与病理变化】 疾病早期，病鱼离群独游，游动缓慢，体色发黑，食欲减退。剖开鱼腹，早期可见肠壁充血发红、肿胀发炎，肠腔内没有食物或只在肠的后段有少量食物，肠内有较多黄色或黄红色黏液。疾病后期，可见全肠充血发炎，肠壁呈红色或紫红色，肠道松弛，肠壁无弹性，轻拉易断，有时肠膜、肝脏也有充血现象；鳞片松弛，腹部膨大，腹壁上有红斑，肝脏常有红色斑点状淤血，肛门常红肿外突呈火山口状，呈紫红色，轻压腹部或仅将头部提起，有黄色黏液或血脓从肛门处流出。

【流行特点】 病均发生于 1 足龄以上的草鱼、青鱼、罗非鱼和黄鳝，很少呈急性型流行，但是一旦发生，延缓时间较长，累计死亡率较高。草鱼、青鱼最易发病，从鱼种至成鱼都可受害。草鱼、青鱼流行季节为 4～10 月，常表现为两个流行高峰。1 龄以上的草鱼、青鱼发病多在 5～6 月，甚至提前到 4 月，当年草鱼种大多在 7～9 月发病。流行水温为 18℃，25～30℃为流行高峰，全国各养鱼地区均有发生。最先发病的鱼，身体均较肥壮，因此贪食是诱发因子之一。嗜水气单胞菌、肠型点状气单胞菌为条件致病菌，在水体及池底泥中常大量存在，在健康鱼体的肠道中也是常居者。当条件恶化、淤泥堆积，水中有机质含量较高和投喂变质饲料时，鱼体抵抗力下降，气单胞菌在肠道内大量繁殖，导致疾病暴发。此病常和细菌性烂鳃病、赤皮病并发。

【诊断方法】

（1）初步诊断：主要根据临床症状及流行病学做出初步诊断，如肠道充血发红，尤以后肠段明显，肛门红肿、外突，肠腔内有很多淡黄色黏液。

（2）确诊：需要从病鱼肝、肾或血中分离纯化产气单胞杆菌，进行细菌生理生化试验，或采用 PCR 方法进行 16S rDNA 分子鉴定。

（3）鉴别诊断：许多传染性疾病均能引起肠道充血发炎，如草鱼病毒性出血症、赤皮病等，因此诊断时要注意鉴别。该病与草鱼出血病和赤皮病肠炎的区别如下。①细菌性肠炎病肠道充血发红，尤以后肠段明显，肛门红肿外突，肠道内充满黄色积液，用手轻按腹部时有似脓状液体流出，而病毒性出血病鱼则无此症状；病毒性出血病肠道也出血发红，但肠道往往多处有紫红色淤斑、淤点，剖开皮肤可见肌肉有出血斑点。②与赤皮病的肠炎相区别，患赤皮病鱼的肠道也充血发红，但不如细菌性肠炎病严重、典型，其主要症状在体表，体表皮肤局部或大部分发炎出血，鳞片脱落；细菌性肠炎病的皮肤鳞片一般完整无缺。

【防治方法】

（1）防治措施：此病原菌为条件致病菌，因此综合生态防治措施是预防此病发生的关键。

① 彻底清塘消毒，保持水质清洁。

② 严格执行"四消、四定"措施，投喂新鲜饲料，不喂变质饲料。

③ 选择优良健康鱼种，鱼种放养前用 8～10mg/L 浓度的漂白粉浸洗 15～30min。

④ 发病季节的外泼消毒：每隔 15 天，用漂白粉或生石灰在池塘周围泼洒消毒；或用浓度为 1mg/L 的漂白粉或 20～30mg/L 生石灰全池泼洒，消毒池水，可控制此病发生。发病时可用以上任意药物每日泼洒，连用 3 天。

（2）治疗方法：外用内服结合。

① 可选用二氧化氯、优氯净、漂白粉、聚维酮碘、二溴海因等消毒。

② 内服药可选择烟碱酸诺氟沙星每千克鱼用量为 20～25mg，或氟哌酸每千克鱼每天用 10～30mg，拌饲投喂，连喂 3～5 天。

③ 每千克鱼体重每次用甲砜霉素粉 0.35g，拌饵投喂，每日 2～3 次，连用 3～5 天；或氟苯尼考粉拌饲投喂，每千克鱼用量为 20～40mg，每日 1 次，连用 3～5 天。

④ 可选用盐酸土霉素每千克鱼用量为 20～25mg，磺胺嘧啶每千克鱼用量为 80～200mg，拌饵投喂，1 天 1 次，4～6 天为 1 个疗程。

⑤ 可选用大蒜（每千克鱼用量为 5～15g），或大蒜素（每千克鱼用量为 20～50mg），拌饵投喂，1 天 1 次，4～6 天为 1 个疗程，若同时加入等量食盐，可提高疗效。

⑥ 可选用山青五黄散、双黄苦参散、青板黄柏散、三黄散、大黄五倍子散等中草药治疗，按使用说明使用。

四、打印病

打印病（stigmatosis）是鲢、鳙常见的一种细菌性传染病，主要危害成鱼和亲鱼。全国各地均有散在性流行，死亡率较低，主要影响养殖鱼类的商品价值。

【病原】 点状气单胞菌点状亚种（*Aeromonas punctata* subsp. *punctata*），革兰氏染色阴性短杆菌，大小为 (0.6～0.7)μm × (0.7～1.7)μm，中轴直形、两侧弧形、两端圆形，多数两个相连成对，少数单个，有运动力。极端单鞭毛，无芽孢。琼脂平板上菌落直径 1.5mm 左右，形成圆形、隆起、表面光滑、湿润，边缘整齐，半透明、灰白色。适宜温度 28℃左右，pH 3～11 中均能生长。

【症状与病理变化】 病鱼病灶多发生在肛门附近的两侧或尾柄部位，通常每侧仅出现一个病灶，若两侧均有，大多数对称。初期症状是病灶处出现圆形或椭圆形出血性红斑，随后红斑处鳞片脱落，表皮腐烂，露出肌肉，坏死部位的周缘充血发红，好似在鱼体表加盖红色印章，因此称之为打印病。病灶内周缘部位的鳞片埋入已坏死表皮内，外周缘鳞片疏松，皮肤充血发炎，形成鲜明的轮廓，随着病情的发展，病灶直径逐渐扩大，肌肉向深层腐烂，甚至露出骨骼和内脏，病鱼游动迟缓、食欲减退、鱼体瘦弱，终至衰弱而死。

【流行特点】 该病鲢、鳙为易感动物，也可感染团头鲂、加州鲈、斑点叉尾鮰、大口鲇等鱼类，主要危害成鱼和亲鱼，发病鱼池中感染率可高达 80% 以上，大批死亡的病例很少发生，但是严重影响养殖鱼类的生长、繁殖和商品价值。该病一年四季均可发生，而以夏、秋两季发病率较高。由于病程较长，尤其是初期症状不易发现，常被忽视，最后导致高发病率。

【诊断方法】

（1）初步诊断：根据病鱼临床症状及流行规律，特别是体表特定部位出现的特殊病灶进行初步诊断。

（2）实验室确诊：需要进行细菌的分离培养与生理生化试验，采用 PCR 方法进行 16S rDNA 分子鉴定。

（3）鉴别诊断：注意与疖疮病、赤皮病区别，该病鱼种及成鱼患打印病时通常仅一个病灶，其他部位的外表未见异常，鳞片不脱落。患病鱼的种类限于鲢、鳙、草鱼等。

【防治方法】

（1）预防措施。

① 注意水质，防止池水污染；水质较差的鱼池，用生石灰 20mg/L 全池遍洒改良水质。

② 避免寄生虫的侵袭，谨慎操作勿使鱼体受伤，均可减少此病发生。

（2）治疗方法。

① 发病池可用二氧化氯 0.2mg/L 或者漂白粉 1.0mg/L 全池遍洒；同时内服盐酸土霉素药饵，每千克鱼用量为 20~25mg，拌饵投喂，连喂 3~6 天。

② 亲鱼患病时可用金霉素或四环素软膏涂抹患处，病情严重时则需肌肉或腹腔注射硫酸链霉素，每千克鱼用 10~20mg。

③ 使用中草药进行治疗，每千克体重每日 2 次，每次拌饵投青连白贯散（大青叶、白头翁、绵马贯众、大黄、黄连等）0.4g，连用 3~5 天。

五、体表溃疡病

鱼体表溃疡病（skin ulcerative syndrome）危害多种养殖品种，特别是对乌鳢、加州鲈、齐口裂腹鱼和大口鲇等养殖品种的危害较大，典型症状为表皮及其下肌肉坏死、溃烂。

【病原】 嗜水气单胞菌（*Aeromonas hydrophila*）、温和气单胞菌（*A. sobria*）和豚鼠气单胞菌（*A. caviae*）、维氏气单胞菌（*A. veronii*）等。

【症状与病理变化】 发病初期，体表出现数目不等的斑块状出血，血斑周围鳞片松动；随后病灶部位鳞片脱落，表皮及其下肌肉坏死，表皮发炎溃烂，周缘充血，形成大小不等、深浅不一的溃疡；随着病情发展，病灶扩大，并向深层溃烂，露出肌肉，有出血或脓状渗出物，严重时肌肉溃疡露出骨骼和内脏，最后死亡。

【流行特点】 该病是高密度单养鱼类中常见的一种疾病，多发生于一些名优鱼类中，已发现患此病的鱼类有罗非鱼、加州鲈、乌鳢、斑鳢、露斯塔野鲮及泥鳅等。高密度养鲤和鲫鱼种也有发生，可导致大批死亡。在水温15℃以上开始流行，5~8月水温为 20~30℃时是发病高峰季节。养殖密度高、水质差、水温变化大的养殖池容易发病；此外外伤是该病发生的重要诱因，捕捞、长途运输、越冬后以及发生寄生虫病的鱼容易发生此病。

【诊断方法】

（1）初步诊断：根据症状和病理变化作出初步诊断。

（2）实验室确诊：需要进行病原的分离鉴定，采用 PCR 方法进行 16S rDNA 分子鉴定等可确诊。

（3）鉴别诊断：注意与打印病区别。该病病灶形状不规则；无特定的部位，头部、鳃盖、躯干各处均可发生；通常有多个甚至几十个病灶。

【防治方法】

（1）预防措施。

① 放养密度要适当，鱼池必须清塘消毒。发病季节每半个月全池泼洒二氯异氰尿酸钠或三氯异氰尿酸 0.3~0.5mg/L，或二氧化氯、溴氯海因 0.1~0.2mg/L。

② 鱼种放养前应用 3%~4% 的盐水洗浴 5~10min 或用 2~3mg/L 的二氧化氯溶液浸洗 30min 左右。

③ 坚持经常换水，保持水质清新。定期使用 EM 或芽孢杆菌或硝化菌等微生态制剂进行调水改水。

（2）治疗方法：发病鱼的治疗应当采用外用药物与内服药物结合法进行。

① 外用药物主要用各种消毒剂，如聚维酮碘、二氧化氯、漂白粉等全池遍洒。

② 内服药物可用盐酸土霉素，每千克鱼用量为 20～25mg，拌饵投喂，连喂 3～6 天为一个疗程；或氟苯尼考 10～20mg，每天 1 次，连用 3～5 天为一个疗程。

六、烂尾病

烂尾病（tail-rot disease）是淡水鱼的主要细菌性疾病之一，严重时尾部烂掉，骨骼外露，可引起病鱼大批死亡。

【病原】 温和气单胞菌、点状气单胞菌、嗜水气单胞菌，也有报道为柱状屈桡杆菌。

【症状与病理变化】 开始发病时，病鱼游动缓慢，食欲减退，严重时停止摄食，鱼体失去平衡，鱼的尾柄处皮肤变白，因失去黏液而手感粗糙，随后尾鳍及尾柄处充血、发炎，鳍条末端蛀蚀，鳍间组织被破坏，鳍条散开，呈蛀鳍；严重时尾鳍烂掉，尾柄肌肉红肿溃烂，甚至大部分或全部尾部烂掉，骨骼外露。在水温较低时，常继发水霉感染。

【流行特点】 烂尾病在养鱼池、水族箱、网箱、网围、网栏、水库中养殖的草鱼、斑点叉尾鮰、大口鲇、罗非鱼、鳗鲡、暗纹东方鲀、鲤、鲫等多种淡水鱼苗种养殖阶段经常可以发生，发病鱼池处置不当，可以造成大批鱼死亡。鱼池中，在苗种拉网锻炼或分池、运输后，因操作不慎，尾部被擦伤，或被寄生虫等损伤后，鱼体抵抗力下降，水质较差，养殖密度高，水中病原菌又较多时，就容易暴发流行，引起鱼种大批死亡；成鱼也患此病，但一般死亡率较低。发病季节大多集中于春季。

【诊断方法】

（1）初步诊断：根据症状及流行情况进行初步诊断。

（2）确诊：需要进行细菌的分离与鉴定，如病原是温和气单胞菌、豚鼠气单胞菌和嗜水气单胞菌等嗜温气单胞菌，可采用淡水鱼类细菌性败血症中的诊断方法进行确诊；如病原菌为柱状屈桡杆菌，可采用细菌性烂鳃病诊断方法进行。

【防治方法】

（1）预防措施。

① 在捕捞、运输、放养等操作过程中，尽量勿使鱼体及尾部受伤。

② 鱼种放养之前可用 2%～3% 的食盐水溶液浸洗 20min，或用 0.5～1.0mg/L 的二氧化氯溶液浸洗 20～30min。

（2）治疗方法：发病鱼的治疗应当采用外用药与内服药物结合法进行。

① 外用药物主要是用各种消毒剂，如二氧化氯、漂白粉等全池遍洒。

② 内服药物可用盐酸土霉素按每千克鱼用量为 20～25mg，或复方新诺明 10～20mg 或氟哌酸 20～50mg，拌饵投喂，连喂 3～6 天为 1 个疗程。

③ 用三黄散、大黄精华素等中草药制剂拌饵投喂，连喂 6 天为一个疗程。

七、疖疮病

疖疮病（furunculosis）是危害养殖的淡水鲑科鱼的一种细菌性流行病，在我国该病为鲤、草鱼、青鱼、团头鲂等淡水鱼类的常见病，偶尔可在鲢、鳙中发生。冷水性虹鳟鱼疖疮病在我国也有报道。

【病原】 疖疮型点状气单胞菌（*Aeromonas punctata* f. *furunculus*），为革兰氏阴性菌，菌体短杆状，两端圆形，大小为 (0.5~0.6)μm×(1.0~1.4)μm，单个或两个相连，极端单鞭毛，无荚膜，无芽孢。营养琼脂上菌落呈圆形，直径 2~3mm，灰白色，半透明，最适培育温度 25~30℃。冷水性虹鳟的病原是杀鲑气单胞菌（*Aeromonas salmonicida*）。

【症状与病理变化】 发病初期，鱼体背部皮肤及肌肉组织发炎，皮下肌肉组织隆起，隆起处鳞片覆盖完好，出现脓疮，用手触摸有浮肿感。随着隆起增长形成明显的疖疮，鳞片松动脱落，病灶部位充血发红，出现红斑，有时似脓疱状，切开有血脓流出。此时可见肌肉溃疡、坏死、充血，呈灰黄色的混浊或凝乳状，自然溃破时，溃破处形成似火山口。病情较重时鳍条充血，有时肠道也可充血发炎。病理组织切片，可见患处的真皮已发生肿胀、变性、充血和出血，但尚未坏死；病灶中心的骨骼肌纤维已完全解体，在其中可看到大量杆菌、脓液，及少量已坏死、解体的炎症细胞。

【流行特点】 该病主要流行于欧洲、北美洲、日本等地，流行范围较广。该病主要危害鲑科成鱼，鱼种较少见，多有外伤。中国也有疖疮病，主要危害鲤、草鱼和青鱼成鱼，通常发生于1龄以上的鱼。由于病灶在鱼体背鳍基部两侧，以及疖疮仅在皮肤局部小范围内充血发红，而且病灶向外突出形成疖疮，所以不易形成流行病。因此无明显的流行季节，一年四季都有发生。在鱼池中均呈散在性发生，发病率低。

【诊断方法】

（1）初步诊断：根据症状、病理变化及流行情况即可作出诊断。但应注意与黏孢子虫感染导致的肌肉隆起相区分，后者显微镜观察可见患处有大量的黏孢子虫寄生。

（2）实验室确诊：需要进行细菌的分离培养与生理生化试验，采用PCR方法进行16S rDNA分子鉴定。

【防治方法】

（1）预防措施。

①尽量避免鱼体受伤，放养密度不宜过高，经常换水，保持水质清新。

②鱼种放养前用 2.0mg/L 的二氧化氯溶液药浴 30min，防治细菌感染。

（2）治疗方法。

① 使用磺胺类药物进行治疗。每千克鱼每日2次、每次拌饵投喂复方磺胺二甲嘧啶钠粉（规格为250g：磺胺二甲嘧啶10g+甲氧苄啶2g）1.5g，连用6天；或盐酸土霉素，每千克鱼每天用量为 25~30mg，连用6天为1个疗程。

② 使用中草药进行治疗，每千克鱼体重拌饵料投喂大黄五倍子粉 0.4~1g，1天1次，连用 5~7 天。

③ 大型鱼可肌肉注射青霉素4万~8万单位或用药液冲洗疮面。待脓疮成熟后开刀排脓，再用呋喃西林水冲洗干净，涂呋喃西林干粉或抗生素粉剂均可收到较佳效果。严重者立即淘汰，发现身上有鼓疱者捞出单独治疗。

八、鲤白云病

鲤白云病（white cloud disease of carp）是由假单胞菌引起，鱼体表有许多点状或斑块状白色黏液物，形成一层蜡状的白色薄膜，越冬后鲤比较衰弱，易患此病。

【病原】 恶臭假单胞菌（*Pseudomonas putida*）、荧光假单胞菌（*P. fluoresens*）。

【症状与病理变化】 发病初期，病鲤体表出现小斑状白色黏液物，随后黏液物逐渐蔓延形成一层白色薄膜，以头部、背部、鳍条处更为明显；严重时鳞片基部充血、竖起，鳞片脱落，体表及鳍充血，病鱼多靠近网边缓慢游动，停止摄食，不久死亡。解剖可见腹腔积水，肝脏苍白并有出血点，肾脏出血点明显，肠道无食物，红肿发炎。

【流行特点】 该病主要发生于稍有流水、水质清瘦、溶氧充足的网箱养鲤及流水越冬池中，当鱼体受伤后更易暴发流行。东北、华北和西南地区为流行区，在20世纪80年代中有较高的发病率，发病死亡率可高达90%左右，90年代后发病率有所下降。该病的流行于5~6月，流行水温6~18℃，水温在10~14℃为高峰期，感染迅速，传染广，死亡率高。当水温随气温逐渐升高到20℃左右时，病情可自行控制。越冬后鲤比较衰弱，易患此病，养在同一网箱中的草、鲢、鳙、鲫鱼不感染发病。鱼体受伤后更容易暴发流行，常并发竖鳞病、水霉病。

【诊断方法】

（1）初步诊断：根据病鲤临床症状及流行规律进行初步诊断。

（2）实验室确诊：需要进行细菌的分离培养进行生理生化试验，采用PCR方法进行16S rDNA分子鉴定。

【防治方法】

（1）预防措施。

① 发病季节前在网箱内、外适当悬挂漂白粉等药篓或药袋消毒。

② 饵料投喂应充足，促使鱼体恢复健康，以预防疾病的发生。

（2）治疗方法。

① 发病后，可在网箱中或全池以0.1~0.2mg/L浓度泼洒二氧化氯，或漂白粉1~1.5mg/L，全池遍洒。

② 每千克鱼用磺胺噻唑0.1g拌饵喂鱼，每天1次，连续6天为一个疗程。

九、竖鳞病

竖鳞病（lepmorthosis）又称鳞立病、松鳞病等，为鲤、鲫、金鱼等鱼的一种常见细菌性传染病，发病严重时可引起患病鲤的亲鱼死亡率高达85%。

【病原】 水型点状假单胞菌（*Pseudomons punctata f. ascitae*），曾用名为水型点状极毛杆菌（*Pseudomonas punctata f.ascitae*），为鲤、鲫、金鱼等竖鳞病的病原；嗜水气单胞菌（*Aeromonas hydrophila*）可导致鲫竖鳞症状；乌鳢等竖鳞病的病原为费氏枸橼酸杆菌（*Citrobacter freundii*）。

【症状与病理变化】 病鱼离群独游，游动缓慢，无力。疾病早期鱼体发黑，体表粗糙，鱼体前部的鳞片竖立，向外张开像松球；而鳞片基部的鳞囊水肿，内部积聚着半透明的渗出液，以致鳞片竖起。严重时全身鳞片竖立，鳞囊内积有含血的渗出液，用手轻压鳞片，渗出液就从鳞片下喷射出来，鳞片也随之脱落。病鱼常伴有鳍基、皮肤轻微充血，眼球突出，腹部膨大，肌肉浮肿等症状；剖腹后，腹腔内积有腹水，肝、脾、肾等内脏肿大、颜色变淡，鳃盖内表皮充血；病情严重的鱼体鳍基部充血，鳍有腐烂的现象。患病鱼体游动迟钝，呼吸困难，腹部向上，2~3天后即死亡。

【流行特点】 鲤、鲫竖鳞病主要发生于冬末初春，水温为17~22℃时，以北方地区养鱼池中较为流行；乌鳢、月鳢等则在夏季水温为25~34℃时为发病高峰期，以广东、湖南、湖北、江西、浙江、江苏为流行地区，且大多呈急性流行。此病通常在成鱼和亲鱼养殖中出现，发病后的死亡率在50%左右，严重的鱼池，发病死亡率可达80%以上。在中国东北、华北等养殖区，此病主要危害鲤鱼，有两个流行季节：一为鲤鱼产卵期；二是鲤鱼越冬期，一般以鲤鱼产卵期为主要流行季节。此病的流行与鱼体受伤、池水恶化污浊、投喂变质饲料及鱼体抗病力降低有关。

【诊断方法】
（1）初步诊断：根据症状及流行情况进行初步诊断。
（2）实验室确诊：必须用显微镜检查鳞囊内渗出液，见有大量短杆菌即可做出诊断；同时，进行细菌的分离培养进行生理生化试验，采用PCR方法进行16S rDNA分子鉴定。
（3）鉴别诊断：注意与鱼波豆虫病加以区别，当大量鱼波豆虫寄生在鲤的鳞囊内时，也可以引起竖鳞症状，用显微镜检查鳞囊内渗出液，即可加以区别。

【防治方法】
（1）预防措施。
① 亲鱼产卵池冬季要进行干池，用生石灰或漂白粉消毒；发病季节中，用二氧化氯、强氯精、优氯净、漂白粉等消毒剂全池遍洒，用以预防。
② 鱼种放养时，用3%浓度的食盐水浸洗10~15min；或用2%食盐和3%小苏打混合液浸泡10min；或用捣烂的大蒜250g加入50kg水，多次浸泡病鱼。
③ 在捕捞、过数、搬运和放养过程中，尽量小心操作，防止鱼体受伤。
（2）治疗方法。
① 用磺胺二甲氧嘧啶按每千克鱼用量为100~200mg拌饲料内服，每天1次，连用5天。
② 用盐酸土霉素按每千克鱼用量为25mg拌饲料口服，每天1次，连服4~6天。
③ 用氟哌酸或诺氟沙星内服，每千克鱼体重每天用药粉80~100mg，每天1次，连续服用6天。
④ 用青板黄柏散（板蓝根、黄芩、黄柏、五倍子、大青叶）等中草药进行治疗，有一定效果。

十、细菌性烂鳃病

细菌性烂鳃病（bacterial gill-rot disease），俗称"开天窗"，主要危害青鱼、草鱼等淡水养殖鱼类鳃部，以糜烂、溃烂为特征的传染病。

【病原】 柱状黄杆菌（*Flavobacterium columnare*），曾用名为鱼害黏球菌（*Myxococcus piscioloa*）、柱状屈桡杆菌（*Flexibacter columnaris*）和柱状嗜纤维菌（*Cytophaga columnaris*）。柱状黄杆菌属黄杆菌属，为专性需氧的革兰氏阴性菌，菌体细长，柔韧，可曲桡，无鞭毛。从病鱼病变部直接采集病料镜检可见菌体长短很不一致，具有团聚性和滑动能力，通常做滑行或摇晃颤动，往往丛生成团；新鲜培养物分离细菌其形态比较均一，大小为(0.5~0.7)μm×(4~8)μm。随着培养时间的延长，细菌菌体变长，呈极不规则的形态，如长丝状、波状、轮状。最适温度20~25℃，生长pH范围6.5~8.3，最适pH为7.5，生长氯化钠浓度0~0.5%，在含1%以上氯化钠的培养基中不生长。

【症状与病理变化】 病鱼行动缓慢，反应迟钝，常离群独游；体色发黑，尤以头部为甚，俗称"乌头瘟"。疾病初期，鳃丝前端充血，略显肿胀，鳃丝上常见白色或土黄色黏液，使鳃瓣前后呈现明显的鲜红和乌黑的分界线；随后鳃丝前端出现坏死、腐烂，黏液增多，病情严重时，鳃丝前端软骨外露、断裂，有的鳃丝溃烂成长短不一的扫帚状部分，鱼有局部或全部鳃贫血和失血现象；鳃盖前部因黏液和溃疡物的增加，带有污泥和杂物碎屑，鳃瓣上可见出血斑。部分病鱼鳃盖内表皮也因病原菌的感染而充血发炎，中间部位腐蚀成近似椭圆形或不规则的透明小区，俗称"开天窗"。鲤、鲫鱼种患此病时，鳃片因严重贫血而呈白色，或鳃丝红白相间的"花瓣鳃"现象，常伴有蛀鳍、断尾现象。病鱼因鳃器官溃烂而影响呼吸功能，从而导致死亡。

组织病理学观察，该病引起的鳃组织病变不是发炎和充血，而是病变区域的细胞组织呈现不同程度的腐烂、溃烂和出血；鳃组织病理变化经过炎性水肿、细胞增生和坏死三个过程，并且分为慢性和急性两个类型；慢性型以增生为主，急性型由于病程短，炎性水肿迅速转入坏死，增生不严重或几乎不出现。病变晚期，鳃上皮细胞坏死脱落，毛细血管裸露、破坏，鳃小片坏死、脱落、崩溃，只留下毛细血管痕迹。

【流行特点】 该病在鱼类养殖中是广泛流行的一种疾病，主要危害草鱼、青鱼、鲤鱼、鲫鱼、鲢鱼、鳙鱼、鲂也可发生。近年来，名优鱼养殖中，鳗鲡、鳜、淡水白鲳、斑点叉尾鮰、加州鲈等多有因烂鳃病而引起大批量死亡的病例。不论鱼种或成鱼饲养阶段均可发生。由于致病菌的宿主范围很广，野杂鱼类也都可感染，因此，容易传染和蔓延。在全国各地终年均有发生，水温15℃以下的季节中比较少，通常呈散发性。一般流行于4~10月，水温15℃以上时发生，在15~30℃内水温越高越易暴发流行；20℃以上时开始流行，流行的最适温度为28~35℃。细菌性烂鳃病在高有机负荷、高氨氮以及淤泥过深的情况下高发。该病常因寄生虫感染后继发感染柱状黄杆菌，也常与鳃霉病并发；而鲤鱼常先感染锦鲤疱疹病毒，然后继发感染柱状黄杆菌。该病常易与赤皮病和细菌性肠炎病并发，俗称草鱼"老三病"。

【诊断方法】

（1）初步诊断：根据主要症状及流行情况进行初步诊断；鱼体发黑，鳃丝末端腐烂，软骨外露，主要特征为"乌头瘟、开天窗"。

（2）确诊：需要进行显微镜检查，取鳃上淡黄色黏液或剪取少量病灶处鳃丝，放在玻片上，加上2~3滴无菌生理盐水，盖上盖玻片，放置20~30min后在显微镜下观察，可见有大量细长、滑行的杆菌；有些菌一端固定，另一端呈括弧状缓慢往复摆动；有些菌体聚集成堆，从寄生的组织向外突出，形成圆柱状像仙人球或仙人柱一样的"柱子"，也有的柱子呈珊瑚以及星状，即可诊断。

（3）鉴别诊断：注意与病毒性烂鳃、鳃霉、寄生虫烂鳃病相区别。由锦鲤疱疹病毒引起的烂鳃鳃丝呈局部性溃烂，一般只有少部分鳃丝严重溃烂，不溃烂处的鳃丝外观正常，习惯上称"花鳃"或"黑鳃"，头部皮肤和眼睛内陷。鳃霉引起的烂鳃病，显微镜下可见霉菌菌丝。寄生虫导致的继发性细菌性烂鳃病，显微镜下可见鳃上寄生有大量的车轮虫、指环虫等寄生虫。

【防治方法】

（1）预防措施。

① 发病季节，每15天全池泼洒1次二氧化氯，浓度为0.2~0.3mg/L；或三氯异氰尿酸（0.2~0.3mg/L），或10%聚维酮碘（0.2~0.3mg/L）等消毒。

② 该致病菌在0.7%食盐水中难以生存，故在鱼种进塘时，用3.0%~3.5%的食盐水浸

洗鱼种10～20min，以杀死鱼体上的病原菌。

③草食性动物的粪便是病原菌的传播媒介，因此鱼池施用的动物粪便必须经过充分发酵。

（2）治疗方法：外用药与内服药相结合方法进行治疗。

①外用药可选用二氧化氯、强氨精、优氯净、漂白粉精、漂白粉、大黄、大黄与硫酸铜合剂等。

②内服药可选用盐酸土霉素（每千克鱼用量为20～25mg），或烟酸诺氟沙星（每千克鱼用量为20～25mg），或氟苯尼考（每千克鱼用量为10～20mg）等抗菌药物拌饲料投喂；或每千克鱼体中每日1次拌饵投喂诺氟沙星、盐酸小檗碱预混剂（100g：诺氟沙星9g+盐酸小檗碱2g）15～20mg，连用3天。

③用双黄苦参散、青板黄柏散、三黄散、板蓝根末、大黄散等中草药治疗，用法用量按使用说明进行。

十一、白皮病

白皮病（white skin disease）又称白尾病（white tail disease），为鲢、鳙、淡水白鲳等鱼类的主要细菌性传染病之一。

【病原】 柱状黄杆菌（*Flavobacterium columnare*）、白皮假单胞菌（*Pseudomonas dermoalba*）等。

【症状与病理变化】 发病初期，尾柄处发白，随后迅速扩展蔓延，以至自背鳍基部后面的体表全部发白，鳞片脱落，表皮溃烂。严重的病鱼尾鳍烂掉，或残缺不全。病鱼头向下与水面垂直，时而做挣扎状游动，时而悬挂于水中，不久病鱼即死亡。

【流行特点】 此病广泛流行于我国各地鱼苗、鱼种，该病易感动物为鲢、鳙、淡水白鲳，草鱼、青鱼也可感染发病。此病每年6～8月为流行季节，主要发生在饲养20～30天的鲢鱼、鳙鱼苗及夏花阶段，常可形成急性流行病，1龄及2龄以上的成鱼较少发病。病程较短，死亡率很高，发病后2～3天就会造成大批死亡，死亡率达40%以上。

【诊断方法】

（1）初步诊断：主要根据临床症状及流行病学做出初步诊断。如背鳍以后至尾柄部分皮肤发白，主要在鲢、鳙的夏花鱼苗、鱼种中发病流行。

（2）确诊：需要从病鱼肝、肾或血中分离纯化病原菌，进行细菌生理生化试验，或采用PCR方法进行16S rDNA分子鉴定。

【防治方法】

（1）预防措施。

①捕捞、运输、放养时应尽量避免鱼体受伤；发现鱼体表有寄生虫寄生时，要及时杀灭。

②夏花应及时分塘。

③用二氯海因0.2～0.3mg/L的浓度，全池泼洒，在疾病流行季节每15天一次。

（2）治疗方法：内服药物同细菌性烂鳃病的防治方法，用金霉素12.53mg/L的浓度浸洗30min可以有效防治白皮病。

十二、白头白嘴病

白头白嘴病（white head-mouth disease），是危害草鱼、青鱼、鲢、鳙、鲤等鱼类的严重细菌性传染病之一，尤其对夏花草鱼危害性最大。

【病原】 柱状黄杆菌（*Flabobacterium columnare*）。

【症状与病理变化】 病鱼反应迟钝，常浮游在下风近岸水面，鱼吻端至眼球的一段皮肤色素消退，变成乳白色，唇部肿胀，张闭失灵，因而造成呼吸困难。口周围的皮肤糜烂，有絮状物黏附其上，故在池边观察水面游动的病鱼，可见"白头白嘴症"；个别病鱼的颅顶和眼周围充血，呈现"红头白嘴"症状。病理组织观察，病鱼上皮细胞几乎全部坏死、脱落，部分成纤维细胞和胶原纤维发生变性、坏死，固有膜发生水肿、变性、坏死。

【流行特点】 该病主要危害夏花草鱼，鲢、鳙、鲤、鲫、青鱼等夏花鱼种都易感。鱼苗下池一周左右便可发生，一日之间可使整池夏花全部死亡。在5月中下旬开始出现，6月是发病高峰，7月下旬则少见，发病最适水温为25℃。我国长江流域和西江流域，尤以华中、华南地区最为流行。

【诊断方法】

该病的诊断应抓住以下三点。

① 初步诊断：主要根据临床症状及流行病学做出初步诊断。病鱼在水中白头白嘴的症状比出水面时明显，通常只感染鱼苗和夏花鱼种。刮下病鱼病灶周围的皮肤滴片，显微镜观察可看到群集成堆、左右摆动和滑行的杆菌。

② 确诊：需要细菌分离鉴定，从病鱼肝、肾或血中分离纯化病原菌，进行细菌生理生化试验，或采用 PCR 方法进行 16S rDNA 分子鉴定。

③ 鉴别诊断：注意与车轮虫病和钩介幼虫病相区别。车轮虫病和钩介幼虫病慢性发病，死亡率低。镜检白头白嘴病患处黏液有大量滑行杆菌，若见大量车轮虫或钩介幼虫则为寄生虫病。

【防治方法】同细菌性烂鳃病和白皮病。

十三、腐皮病

腐皮病（putrid skin disease）又称烂皮病、皮肤溃烂病，为斑点叉尾鮰、大口鲶、胡子鲶、黄鳝、甲鱼等无鳞鱼类的常见性疾病。多是由于鱼相互搏斗咬伤后，细菌继发性感染所致，该病流行季节长，发病率高，危害大。

【病原】 柱状黄杆菌（*Flavobacterium columnare*）。也有人认为病原是点状气单胞菌点状亚种（*Aeromonas punctata punctata*）。

【症状与病理变化】 发病初期，感染部位出现灰白色斑块，随之斑块下皮肤坏死、充血，病灶逐渐扩大，彼此连成一片，形状不规则，最后大面积皮肤腐烂，露出肌肉，出现肌肉坏死现象，部分病鱼出现"蛀鳍"现象。

【流行特点】 该病为斑点叉尾鮰、大口鲇、胡子鲇、黄鳝和泥鳅等无鳞鱼类的常见病，一般呈常在性流行，由于此病病程较长，故急性大批死亡的情况较少出现，但病鱼食欲减退，影响生长，并可影响亲鱼性腺发育。春夏秋为发病季节，多在4～10月，5～9月为发病盛期，20～30℃为流行高峰，发病率高达20%～30%，一旦发生，同池塘发病率可在50%，发病严重的鱼池感病率可达90%以上。

【诊断方法】

（1）初步诊断：根据病鱼临床症状及流行规律进行初步诊断。

（2）实验室确诊：需要进行细菌的分离培养进行生理生化试验，采用PCR方法进行16S rDNA分子鉴定。

（3）鉴别诊断：注意与打印病区别。

【防治方法】

（1）预防措施。

① 保证健康鱼下池，对于放养的鱼尽量做到体健灵活，无病无伤，规格均匀。控制鱼的饲养密度，注意大小规格，要将大小不同者及时分养；避免鱼相互撕咬受伤。入池前每立方米水用15～20mg/L的高锰酸钾溶液浸洗15～30min入池。

② 注意改良水质，经常更换池水，定期对池水消毒，一般每半个月用生石灰20～25mg/L，全地泼洒，使池水的pH保持在8左右，或坚持每隔7～10天用光合细菌全池泼洒。

③ 将大黄按2.5～4.0mg/L的浓度计算称量，然后按1：20比例的0.3%氨水（含氨量为25%）在常温下浸浴12～24h，药液和药渣兑水后全池遍洒。

（2）治疗方法。

① 采用大黄和硫酸铜合剂泼洒，大黄用量为1.0～1.5mg/L，硫酸铜用量为0.5～0.7mg/L，全池泼洒，或五倍子按2～4mg/L浓度全池遍洒。

② 二氧化氯以0.1～0.2mg/L浓度全池遍洒；或三氯异氰尿酸0.3mg/L全池遍洒。

③ 内服诺氟沙星或恩诺沙星、甲砜霉素或氟苯尼考等抗菌药物治疗；同时内服免疫多糖和维生素C拌饵投喂，连用5～7天。

十四、鮰类肠败血症

鮰类肠败血症（enteric septicaemia of catfish, ESC）又称叉尾鮰肠道败血症，该病是由鮰爱德华氏菌引起鮰的细菌性败血症，目前是鮰养殖业危害最大的传染病。我国将该病列为三类疫病。

【病原】 鮰爱德华氏菌（*Edwardsiella ictaluri*），属于肠杆菌科，为革兰氏阴性杆菌，大小为$(0.3～1.0)\mu m \times (1.0～3.0)\mu m$，无芽孢，不抗酸，周生鞭毛。可取病鱼的脑和肾接种于血琼脂平板、脑心浸液琼脂或营养琼脂平板上，并在最适生长培养温度（28～30℃）下培养，经36～48h培养后形成球状、表面光滑、圆形微凸、边缘整齐的无色菌落，直径为1～2mm。鮰爱德华氏菌和迟缓爱德华氏菌（*E. tarda*）易混淆，鮰爱德华氏菌在吲哚和甲基红试验为阴性，在三糖铁培养基（TSI）上不产生H_2S，而迟缓爱德华氏菌的以上生化特性均为阳性。

【症状与病理变化】 病鱼在口周围、鳍基部皮肤形成淤斑或出血，有时会凸起多个直径为2mm的出血性皮肤损伤块或脱色性溃疡灶，患鱼贫血、眼球突出。临床上主要有"肠道败血型"、"头盖穿孔型"两种经典类型。

（1）肠道败血型：又称为急性型，此型最为常见。病菌可穿过肠黏膜，使病鱼全身性水肿，贫血和眼球突出是常见的症状。病鱼或死鱼腹部膨大，体表、肌肉明显充血或出血，部分病鱼眼球突出，鳃丝苍白，肌肉点状出血和斑点出血。剖开病鱼腹腔，内有大量含血或无色液体，流出的腹水不易凝固，肝脏、脾脏、胆均有不同程度肿大、出血，胃、肠道扩张，内无食物，肠道充满气体或积水。组织病理学检查显示肝、肾、脾、肌肉组织出血和坏死性病灶，并伴有弥散性的肉芽肿。

（2）头盖穿孔型：又称为慢性型，病菌最初感染部位是鼻根的嗅觉囊，再经嗅觉器官移行到脑，形成肉芽肿性炎症。后期头背颅侧部溃烂形成一深孔，直到裸露出整个脑组织，形成似"马鞍"状的病灶；随着病情的发展，病灶中心形成溃疡，表现为"头盖穿孔"病症。

【流行特点】 该病于1976年在美国亚拉巴马州和佐治亚州的鮰中首次发现报道。该病的急性流行多在水温为18～28℃，在25～28℃时发生大量死亡，春天和秋天为高危险期。该病从鱼苗到成鱼均可大面积暴发，该菌可以通过两种途径感染鱼体：一是经消化道感染，多为急性肠炎型，首先经过肠道侵入鱼体，然后产生败血症，可短期内大量死亡；二是由体外感染神经系统引起慢性型炎症，病原菌通过鼻根嗅觉囊侵入脑组织形成肉芽肿炎症，经血流散布全身，后期表现为典型的"头穿孔"病例。水温、水质状况、水中有机物成分及含量、养殖密度等是致病的主要环境因素。康复鱼是带菌者，感染后4个月的鱼体内仍可分离到鮰爱德华氏菌，成为无症状的带菌者，由其通过粪便将病原菌释放到水域环境中；由于鮰爱德华氏菌能在养殖池的沉积物中存活很长时间，并由此引发养殖鱼类的患病和疾病流行。

【诊断方法】

（1）初步诊断：根据水温在18～28℃特别是在25～28℃时期发生大量死亡，结合典型的临床症状判断，就可以作出初步诊断。

（2）实验室确诊：鮰爱德华氏菌病主要通过病原菌分离和细菌生化试验进行鉴定，或采用PCR方法进行16S rDNA分子鉴定。可取病鱼的脑和肾接种于血琼脂平板、脑心浸液琼脂或营养琼脂平板上，在29℃培养36～48h，分离到细菌后要用生化及血清学方法进行鉴定，依据鮰爱德华氏菌不产生吲哚和H_2S来进行生化鉴定，或采用PCR方法进行16S rDNA分子鉴定；也可用特异性抗鮰爱德华氏菌的血清做玻片凝集试验、荧光抗体技术和ELISA来确诊。

【防治方法】

（1）预防措施。

① 在鱼苗种和放苗之前，要杜绝该病原菌污染。放苗前人工翻整后晒塘，或用生石灰清塘，网箱网片、工具应用聚维酮碘溶液消毒；鱼种放养前，可用含10%聚维酮碘溶液300～500稀释液浸泡10～15min。

② 养殖水体消毒。斑点叉尾鮰为无鳞鱼，应选择刺激性小的药物，如二氧化氯、聚维酮碘溶液等国家规定的水产养殖用水消毒剂，如聚维酮碘溶液（10%含量）预防，每立方米水体45～75mg，每隔15日一次。

③ 加强饲养管理，改善水体环境条件，减少应激。特别是高密度会增加ESC发生，故放养密度不宜过大。经常加注新水，特别是低温水，以降低水温。当水温在鮰爱德华氏菌不宜生长的范围，ESC会自行平息。

④ 严格掌握饵料的新鲜度，现做现投喂，不喂隔夜和变质的饵料。

⑤ 免疫预防，进行鮰爱德华氏菌减毒菌疫苗的免疫接种。

（2）治疗方法。

① 用喹诺酮类药物进行治疗，每千克鱼体体重每日每次拌饵投喂恩诺沙星粉（规格为100g∶5g）10～20mg（恩诺沙星计），连用5～7天。

② 用其他国家规定的水产养殖用抗菌药物，如氟苯尼考、乳酸诺氟沙星可溶性粉和诺氟沙星粉、磺胺二甲氧嘧啶或者土霉素等抗生素药物控制、治疗，但必须对症、对因使用。

十五、迟缓爱德华氏菌病

迟缓爱德华氏菌病（Edwardsiellosis）是由迟缓爱德华氏菌引起的多种淡水生、海水生动物疾病，易感动物包括贝类、鱼类、两栖类、爬行类和哺乳类等，被列为三类动物疫病。

【病原】 迟缓爱德华氏菌（*Edwardsiella tarda*）又称迟钝爱德华氏菌。菌体短杆状，革兰氏染色阴性，具有周鞭毛，有运动力，大小为 $(0.5\sim1.0)\mu m \times (1.0\sim3.0)\mu m$。无荚膜，不形成芽孢。在普通琼脂培养基上形成菌落较小，为圆形、隆起、灰白色、湿润并带有光泽的半透明状菌落。最适生长温度为 28～32℃，但鲖爱德华氏菌喜较低的温度。迟钝爱德华氏菌也是一种人、鱼共患病原菌，直接对人类健康造成了威胁。

【症状与病理变化】 该病在不同种类的鱼上，其症状及病理变化有所不同。发病初期，鳗鲡患病体色发黑，腹部皮肤及臀鳍因充血或出血发红，严重时鳃贫血。病鱼临床表现为肾脏型、肝脏型两种类型，共同特征是体侧皮肤形成出血性溃疡，各鳍出血、发红。肾脏型病鱼表现为肛门充血红肿，以肛门为中心，躯干部膨胀成丘状，附近皮肤充血、出血，随后软化变色甚至溃烂，肾脏和脾脏有许多小白点状的病灶；肝脏型的主要症状是前腹部肝区部位显著肿胀膨大，严重时肝区腹部皮肤出血，并出现软化，腹壁穿孔、肝脏外露。黄颡鱼患病主要表现为食欲减退，阵发性螺旋状游动，周身充血，头盖骨裂开，甚至露出脑组织，肝肿大出血等，俗称"爆头病"。罗非鱼患病体色变黑，腹部膨胀，肛门红肿，眼球突出或浑浊变白；有时体表局部肿胀发炎，尾鳍、臀鳍和背鳍末端变白坏死；解剖腹腔积水，肠壁充血发炎，肠道内有积水，肝、脾、肾等组织特别是肝脏有白色颗粒状物。牙鲆稚鱼患病腹部膨大，有腹水，肝、脾、肾肿大并褪色，肠道发炎，眼球白浊；幼鱼肾脏有小白点。大菱鲆患病表现为急性型、慢性型两种，一般患病鱼有肠炎，伴有腹水现象，腹部肾脏肿大坏死，而肝脏病不明显。急性型的病鱼腹部或鳍基部出现出血点或出血斑，严重者出血处有脓疡病灶、皮下脓肿；解剖可见脾脏、肾脏肿大，严重时整个肾脏呈脓样坏死、灰白色，肝脏呈弥散性出血，肠壁和腹腔膜充血发炎。慢性型病鱼的典型特征是鱼体后半部体色发黑，前半部体色基本正常，出现明显的黑白色两段现象；解剖发现脾脏、肾脏异常肿大，肾脏表面出现数个灰白色的黍粒状结节，严重者肾脏似豆腐渣状。

【流行特点】 迟钝爱德华氏菌感染宿主范围广泛，严重危害鳗鲡、罗非鱼、牙鲆、虹鳟、鲤鱼和金鱼等多种鱼类，给水产养殖造成了巨大损失。该病全年均可发生，流行于夏、秋季节，主要发生在水温 15℃以上，发病高峰多出现在水温 25～30℃。该菌主要通过鱼类的消化道、鳃或受伤的表皮侵入鱼体。鱼类主要通过摄食带有迟缓爱德华氏菌的饵料生物与其他带菌食物，或者接触带有迟缓爱德华氏菌的鱼类而感染。

【诊断方法】

（1）初步诊断：可根据各种患鱼的症状及流行情况等做出初步诊断。

（2）实验室确诊：应从可疑病鱼的病灶组织分离纯化病原菌和生化试验鉴定，采用 PCR 方法进行 16S rDNA 分子鉴定。迟缓爱德华氏菌与鲖爱德华氏菌没有血清学交叉反应，因此可以用血清学方法进行诊断，如玻片凝集试验、间接荧光抗体（IFAT）技术和 ELISA 等来确诊。

（3）鉴别诊断：注意与鲖类肠败血症相区别。

【防治方法】

（1）预防措施：同鲖类肠败血症。

（2）治疗方法。

① 外用漂白粉浓度为 1～1.5mg/L，或 10% 聚维酮碘（0.3mg/L），全池泼洒。

② 内服抗菌药物治疗，每千克鱼体重每日每次拌饵投喂磺胺间甲氧嘧啶钠粉（规格为

10%）80~160mg（以磺胺间甲氧嘧啶钠计），连用4~6天，首次用量加倍；或四环素，每天每千克鱼用药50~70mg，制成药饵，连续投喂7~10天；或其乳酸诺氟沙星可溶性粉、恩诺沙星和诺氟沙星粉等，但必须对症、对因使用。

十六、弧菌病

弧菌病（Vibriosis）已成为海水养殖中危害最严重的流行性传染病，在全球范围广泛发生，几乎所有海水养殖鱼类，如石斑鱼、真鲷、牙鲆、大黄鱼和军曹鱼等均可感染发病，给水产养殖业带来巨大的经济损失。

【病原】 弧菌属（*Vibrio*）的病原菌，常见的有鳗弧菌（*V. anguillarum*）、副溶血弧菌（*V. parahaemolyticus*）、创伤弧菌（*V. vulnificus*）、溶藻弧菌（*V. alginolyticus*）、哈维弧菌（*V. harveyi*）、拟态弧菌（*V. mimicus*）等对水产动物危害最为严重。弧菌属细菌为革兰氏阴性短杆菌，有运动力，极端单鞭毛，菌体大小为 $(0.5~0.7)\mu m \times (1~2)\mu m$。在2216E琼脂、TCBS培养基上易生长，在普通培养基上形成圆形、边缘平滑、灰白色菌落；氧化酶、触酶阳性，对2,4-二氨基-6,7-二异丙基喋啶（O/129）敏感。培养温度10~35℃，最适温度25℃左右，生长需氯化钠范围0.5%~6%，最适氯化钠浓度1%左右，可耐受胆盐。副溶血弧菌、创伤弧菌等均是引起人兽共患病的重要病原菌，具有公共卫生上的重要性。

【症状与病理变化】 弧菌病共同的病症是体表皮肤溃疡和肠炎。感染初期，病鱼食欲不振，缓慢的游动于水面上，体色多呈斑块状褪色；中度感染，鳍基部、躯干部等发红或出现斑点状出血；随着病情的发展，患部组织浸润呈出血性溃疡，有的鳞片脱落，吻端、鳍膜烂掉，眼内出血，肛门红肿，常有黄色黏液流出。牙鲆、真鲷和黑鲷等苗种期感染后，可使病鱼胃囊特别膨大，出现"腹胀满症"，甚至使腹壁胀破胃囊突出至体外，常伴有腹水。牙鲆仔鱼期感染，患病群体聚集于鱼池的侧壁或池角处，不摄食，活力下降并出现"肠道白浊症"。最近也有报道，半滑舌鳎感染主要以腐皮症和腹水症为主，海马感染表现为肠炎和腐皮症状。

【流行特点】 弧菌病是由弧菌属的病原菌引起的一类疾病，为牙鲆、真鲷、石斑鱼、卵形鲳鲹、眼斑拟石首鱼、军曹鱼、大黄鱼、半滑舌鳎等多种海水鱼类最常发生的细菌性传染病，也可感染淡水鱼类发病。该病流行水温为15~25℃，5~7月和9~10月是发病高峰期。弧菌病严重发生时，鱼类死亡率高达90%以上。弧菌是典型的条件致病菌，弧菌病的发生，往往是外界环境条件恶化，从而使致病弧菌达到一定数量，同时是各种胁迫因素等多方面相互作用的结果。例如，捕捞、运输、选择等操作不慎，使鱼体受伤；或放养密度过大与水质不良等环境因素降低鱼的抵抗力；或投喂氧化变质的饲料，使鱼的消化道或肝脏受到损害，弧菌自肠黏膜的损伤处侵入组织。感染途径主要为经皮感染或经口感染。

【诊断方法】

（1）初步诊断：根据病鱼腐皮症状及流行规律可进行初步诊断。

（2）实验室确诊：取病鱼病灶组织进行细菌分离培养，用2216E琼脂、TCBS弧菌选择性培养基，进行生理生化特性和16S rDNA分子鉴定；也可采用间接荧光抗体（IFAT）技术和ELISA免疫检测进行快速诊断。

【防治方法】

（1）预防措施。

① 保持优良的水质和养殖环境，不投喂腐败变质的小杂鱼、虾。

② 疫苗是防治弧菌病安全有效的方法。根据鱼苗的规格大小、抗应激能力及环境、季节的不同选择注射或浸泡两种免疫方式。

第一，体长在3~9cm的鱼苗，采用浸泡方式进行免疫，将弧菌疫苗原液稀释100~200倍，然后把鱼苗放入稀释后的弧菌疫苗溶液里浸泡5~10min（必要时，可于两星期后再浸泡一次），经浸泡后的鱼苗可放到网箱或池塘中养殖。

第二，体长在10cm以上的鱼苗，采用注射方式进行免疫，根据鱼体的大小，每尾注射0.1~0.2ml弧菌疫苗，注射前使用适当麻醉剂减少鱼苗的应激及伤害。

（2）治疗方法。

① 内服用喹诺酮类药物进行治疗，每千克体重每日1次拌饵投喂盐酸小檗碱预混剂（100g：诺氟沙星9g+盐酸小檗碱2g）15~20mg，连用3天；或土霉素，每千克鱼每天用药70~80mg，制成药饵，连续投喂5~7天；磺胺甲基嘧啶，第一天每千克用药200mg，第二天以后减半，制成药饵，连续投喂7~10天。或10%的金霉素口服法使用时，预防剂量为每千克鱼50~200mg，治疗剂量为每千克鱼200~500mg，拌入饵料，投喂2~5天；或其他国家规定的水产养殖用抗菌药物，如甲砜霉素、氟苯尼考粉、复方磺胺嘧啶粉和乳酸诺氟沙星可溶性粉等。

② 在口服药饵的同时，用漂白粉或二氧化氯等消毒剂全池泼洒，视病情用1~2次，可以提高防治效果。

十七、链球菌病

链球菌病（Streptococcosis），在全球各大洲的主要鱼类养殖国家均有发生，危及各种海水、淡水鱼类，已成为一种世界性传染病。我国将其列为三类动物疫病。

【病原】 鱼类链球菌病病原为海豚链球菌、无乳链球菌、副乳房链球菌、格氏乳球菌等。链球菌属细菌为革兰氏阳性球菌，直径小于2μm，无运动力，菌体连接成链状，可在10~45℃生长，最适温度20~37℃。可在浓度为0~7%氯化钠培养液中生长。其毒力因子最重要的有溶血素、胞外酶等，其中溶血素对于菌株的致病力最为重要。按照溶血特性，可分α、β、γ三种溶血类型，其中β溶血素溶血能力最强。在链球菌对鱼体的感染过程中，毒力因子表现出重要的协同致病作用。其中，海豚链球菌为革兰氏阳性球菌，直径0.6~1.2μm，细胞呈长短不一的链状排列。无芽孢、无鞭毛，不运动。在TSA平板上培养24h后形成菌落直径为1~2mm，呈乳白色、光滑、圆形、隆起，边缘整齐。适宜生长盐度为0~4%，在28~37℃生长良好，最适宜生长pH为7.6。兼性厌氧，接触酶阴性，发酵葡萄糖的主要产物是乳酸，但不产气；不分解马尿酸，但可水解淀粉；在厌氧培养物中能观察到β溶血。对热较敏感，煮沸可很快被杀死；对庆大霉素、氨苄青霉素等抗生素敏感。

【症状与病理变化】 链球菌病的急性型病鱼以神经症状为主，出现C形或逗号样弯曲样旋转运动，慢性病例以眼球突出、混浊为特征。病鱼多呈急性嗜神经组织病症，体色发黑，吻端发红，体表黏液增多，食欲废绝，静止于水底，或离群独自漫游于水面，有时做旋转游泳状后再下沉于水底。最明显的症状是部分病鱼眼球突出、周围充血，鳃盖内侧发红、充血或出血，在夏季高温这些症状发展迅速。在低温时，各鳍均发红、充血或溃烂，体表局部特别是尾柄往往可见溃烂或带有脓血的疖疮。解剖病鱼可见幽门垂、肝脏、脾脏、肾脏或肠管均有点状出血，引起肠炎。组织病理学观察，肝脏脂肪变性，肾脏肿大、坏死，中肠道上皮的固有层破损，脑组织血细胞浸润、出血。链球菌通过头部或胃肠道感染鱼体后，逃避血液中巨噬细胞的吞噬、清除或存活、增殖于巨噬细胞内，并以其为载体穿透血脑屏障，进入血液循环和中央神经系统，进而传播到肝、肾、脾等器官引发全身性出血，同时引起脑组织病变，表现出游动失衡、定向障碍及眼球突出等症状。

【流行特点】 鱼类链球菌具有感染宿主广、传染性强和死亡率高等特点，目前已有美国、以色列、日本、巴西、科威特、泰国、越南、哥伦比亚、马来西亚、澳大利亚等均有该病暴发与流行。多种海水鱼类鰤、条石鲷、黑鲷、牙鲆、卵形鲳鲹、石斑鱼、鲈等和淡水鱼类罗非鱼、虹鳟、鳗鲡、香鱼、尖吻鲈、梭鱼等均可感染，现以罗非鱼最为易感。近年来我国罗非鱼链球菌病危害很大；流行水温25～37℃，尤其水温高于30℃时易导致疾病暴发，主要危害罗非鱼亲鱼及100g/尾以上的幼鱼和成鱼。该病的传染性强，发病率一般达到20%～30%，死亡率达80%以上，病程持续的时间比较长，死亡高峰可持续2～3周。从稚鱼到2～3龄鱼均可受感染，全年都可发病，但7～9月的高温期容易暴发，水温降至20℃以下时则较少发生。链球菌为典型的条件致病菌，常见于养殖水体及底泥中。在富营养化或养殖自行污染较为严重的水域中，该菌能长期生存。当鱼体抵抗力降低时，易引发链球菌感染。该病的发生与养殖密度大、换水率低、饵料鲜度差及投饵量大密切相关。

【诊断方法】
（1）初步诊断：一般从眼球突出和鳃盖内侧出血等典型的外观症状和内部组织器官的病理变化可初诊。
（2）实验室确诊：需从病灶组织分离链球菌、进行生理生化特性和16S rDNA的分子鉴定；采取环介导等温扩增技术（loop-mediated isothermal amplification, LAMP）可进行链球菌病快速诊断。此外，ELISA检测技术是目前检测鱼类链球菌较常用的方法。

【防治方法】
（1）预防措施。
① 清除池底过多淤泥，并用生石灰彻底消毒。
② 降低鱼养殖密度，可减少应激，减少鱼的发病和死亡。
③ 加强养殖环境管理，经常在池塘中加注新水，改进水体交换，增加水体溶解氧。
④ 高温季节，采取在鱼池建遮阳棚、夜间搅动水体等措施降低水温，有助于控制链球菌病。
⑤ 在饲料中添加维生素C等免疫增强剂，可有效抵抗链球菌感染。
（2）治疗方法：因链球菌会感染脑部，常规抗菌药物难以突破血脑屏障，且感染后期鱼几乎不吃料，效果一般不理想。因此，链球菌病发生早期用药才有效。

罗非鱼患链球菌病时使用规格为50%氟苯尼考预混剂，每日拌饵投喂，每次每千克饲料20mg，连用3～5天；或盐酸强力霉素，每天每千克鱼用药20～50mg，制成药饵，连用5～7天。也可使用四环素类盐酸多西环素粉、恩诺沙星粉和诺氟沙星粉等针对革兰氏阳性菌有抑制性作用的药物，按产品说明书使用。

十八、诺卡菌病

诺卡菌病（Nocardiosis）主要危害鰤、乌鳢等多种淡海水养殖鱼类，引起化脓性或肉芽肿性结节病变为主要特征。

【病原】 诺卡菌（Nocardia）是隶属放线菌目（Actinomycetales）、诺卡氏菌科（Nocardiaceae）的一类革兰氏阳性丝状杆菌，广泛分布于土壤和水体中，是人、兽和鱼类重要的条件致病菌。鱼类诺卡菌病病原体主要包括2种诺卡菌，即当初分离自淡水鱼类的星状诺卡菌（N. asteroids），和之后分离自海水鱼类的鰤诺卡菌（Nocardia seriolae）。迄今，还发现2种能引起水产动物诺卡菌病的病原，分别是粗形诺卡菌（N. crassostreae）、杀鲑诺卡菌（N. salmonicida）。鰤诺卡菌，又称卡姆帕其诺卡菌（N. kampachi）。菌体分枝丝状，无运动力，革兰氏阳性。培养后发育初期为无横隔的菌丝体，以后逐渐变为长杆状、短杆状、以至球形，有时产生气生菌丝。该菌生长的温度范围为12～32℃，最适温度为25～28℃，最适盐度为0～10%，最适pH为6.5～7.0。

【症状与病理变化】 患病鰤体表瘤状突起和出血斑，口周和头部出血、糜烂，肾脏和脾脏呈现无数粟粒状结节，有时患鱼仅鳃出现结节。牙鲆濒死患鱼体表呈现点状出血，可见口唇部位糜烂，脾脏、肾脏、心脏和鳃可见白色结节。组织学研究表明，大西洋鲑皮肤组织呈现亚急性炎症、早期肉芽肿形成和纤维样变性。一般来说，病鱼的典型症状有躯干结节型和鳃结节型两类。

（1）躯干结节型：在躯干的皮下脂肪组织和肌肉发生脓疡，在外观上膨大突出，形成许多大小不一、散在不规则的结节，形似疖疮。剖开疖疮后流出白色或稍带红色的脓汁，这是腐烂的肌肉或脂肪组织并混有血细胞和诺卡菌形成的。在病灶的周围多数有成层的纤维芽细胞。心脏、脾脏、肾脏、鳔等处也有结节。在所有的病灶处都有炎症反应。组织病理切片观察可见各内脏器官存在大量的结节性坏死灶，且该坏死灶具有典型的三层固定结构，同时也可发现串珠样诺卡菌体。

（2）鳃结节型：在鳃丝基部形成乳白色的大型结节，鳃明显褪色。内脏各器官也出现明显结节，特别容易发生在2龄鰤的鳔内。鳃结节型多发生在冬季。

【流行特点】 该病具有持续时间长，发病率、死亡率高等特点，主要危害养殖鰤、牙鲆、大西洋鲑和乌鳢，当年鱼和2龄鱼均可受感染。流行季节从7月开始，一直持续到第二年2月，流行高峰为9～10月。日本养殖鰤地区广泛流行，我国福建、广东沿海养鰤地区为疫区。该菌在海水中2天内死亡，在养殖场附近的海水中能生存1周左右，在富营养化的海水中可能生存更长时间。

【诊断方法】

（1）初步诊断：从病鱼结节处取少许脓汁制成涂片，进行革兰氏染色，镜检发现有阳性的丝状菌，基本可以诊断。

（2）实验室确诊：根据诺卡菌rpoB、secA1、16S rDNA基因序列设计引物，PCR方法检测确诊。

【防治方法】

（1）预防措施。

① 加强管理：选择健康的苗种，放养前将体表有损伤和已有病症的鱼种挑出并隔离。定时巡塘，观察鱼群的活力及摄食情况。在疾病流行季节应对养殖水体严格消毒。避免养殖水体富营养化或残饵积堆，一旦环境突变，应预防水质、底质的恶化。

② 养殖密度适宜，加强良种选育。

③ 使用新鲜饲料，投饵勿过量，且避免经常投喂冰鲜野杂鱼。

④ 提高鱼体免疫力：疾病流行季节到来之前，可在饲料中添加适量免疫增强剂。通过

增强水产动物的非特异性免疫力，达到预防疾病的效果。

（2）治疗方法。

① 首先大量换水，将池水的 3/4 排出，加入新水。再用三氯异氰脲酸 0.3mg/L 全池泼洒，隔天 1 次，连用 2 次。

② 同时用罗红霉素拌饲投喂，用量为每千克鱼体每天用 0.1g，连续服用 5~7 天；或土霉素每千克鱼每天用药 70~80mg，制成药饵，连续投喂 5~7 天；或链霉素每天每千克鱼用药 50~75mg，制成药饵，连续投喂 20 天以上；并加以维生素 C 护肝，用量为 1% 的预混料每天每千克鱼体用 0.2g，连续投喂 5~7 天。

③ 在口服药饵的同时，用漂白粉等消毒剂全池泼洒，视病情用 1~2 次，可以提高防治效果。

十九、分枝杆菌病

分枝杆菌病（Mycobacteriosis）俗称鱼结核病，主要危害水族馆鱼类和热带鱼类。

【病原】 海分枝杆菌（*Mycobacterium marinum*）、偶发分枝杆菌（*M.fortuitum*）。目前在分类学上已将其归属于放线菌目中分枝杆菌属（*Mycobacterium*），是一类细长或略带弯曲的需氧杆菌，因其繁殖时呈分枝状或丝状生长，故称为分枝杆菌。革兰氏染色阳性，无鞭毛、无芽孢、无荚膜。菌体大小不一致，为 $(0.2~0.6)\mu m \times (1~10)\mu m$。对营养要求较高，大多生长缓慢，最适生长温度为 30~32℃。

【症状与病理变化】 发病初期，病鱼体表皮肤形成小结节，随病情发展，在肝脏、肾脏和脾脏等内脏器官中亦形成许多灰白色或淡黄褐色的小结节，有时则形成小的坏死病灶，形成鱼结核病。较幼鱼的结节是类上皮细胞包围着细菌，外面又包一薄层纤维芽细胞，有的仅为摄入细菌的组织球，使患部形成许多大小不一的肉芽肿，慢性感染结节内部细胞已坏死，无细胞反应或炎症，形成"鱼结核"。雌鱼的卵巢受到侵害时，鱼卵发生退行性变性。

【流行特点】 该病流行范围广，危害 150 余种淡水和海水鱼类。主要危害水族馆鱼类和热带鱼类。可经卵、皮肤和口感染，该病变化主要因用患病鱼的内脏作为饲料而引起流行。

【诊断方法】

（1）初步诊断：主要根据临床症状及流行病学作出初步诊断。

（2）实验室确诊：需要细菌分离鉴定，常用的有罗氏（Lowenstein-Jensen）固体培养基，从病鱼肝、肾或血中分离纯化病原菌，进行细菌生理生化试验，或采用 PCR 方法进行 16S rDNA 分子鉴定。

（3）鉴别诊断：注意与诺卡菌加以区别。在病鱼的内脏中也形成结节，但诺卡菌是分枝的，可以区别。

【防治方法】 尚无有效的治疗方法。不用患分枝杆菌病的鱼做饲料，或先将病鱼煮熟后再喂，这是最有效的预防方法。

二十、巴斯德氏菌病

巴斯德氏菌病（Pasteurellosis），对日本鲕、黑鲷等养殖鱼类危害很大，病鱼内脏中的白点类似于结节，又称类结节症。

【病原】 杀鱼巴斯德氏菌病（*Pasteurella piscicida*），又称美人鱼发光杆菌杀鱼亚种（*Photobacterium damselae* subsp.*piscicida*）。革兰氏阴性，短杆状或球杆菌，大小为 (0.6～1.2)μm×(0.8～2.6)μm，无运动力，不形成芽孢。为兼性厌氧菌。生长温度范围为 17～32℃，最适温度为 20～30℃，最适 pH 为 7.5～8.0。

【症状与病理变化】 患病鱼离群独游，反应迟钝，体色变黑，食欲减退，体表、鳍基和尾柄等处不同程度充血，严重的全身肌肉充血。病鱼肾、脾、肝、心、鳔等组织器官上有许多小白点，直径多数为 1mm 左右，形状不规则，多数近于球形。病鱼内脏中的白点类似于结节，因此也称为类结节症，白点是由巴氏杆菌菌落外面包裹一层纤维组织形成的。病鱼的血液中有许多细菌；肾脏中白点数量很多时，肾脏呈贫血状态；脾脏中白点数量多时，肿胀而呈暗红色；血液中菌落数量多时，微血管内形成栓塞。

【流行特点】 该病对日本鰤养殖危害很大，主要危害幼鱼，流行季节从春末到夏初，发病最适水温为 20～25℃。一般在温度 25℃ 以上时很少发病，温度 20℃ 以下不发病。黑鲷、真鲷、金鲷、牙鲆、鳎、鲈均可被感染。

【诊断方法】

（1）初步诊断：主要根据临床症状及流行病学作出初步诊断。从肾、脾等内脏组织中观察到小白点，基本可以诊断

（2）实验室确诊：需要细菌分离鉴定，从病鱼肝、肾或血中分离纯化病原菌，进行细菌生理生化试验，或采用 PCR 方法进行 16S rDNA 分子鉴定；也可通过免疫荧光抗体技术进行早期快速诊断。

（3）鉴别诊断：要注意与诺卡菌病和鱼醉病的区别。巴斯德氏菌病在肌肉中没有病原菌寄生，因此没有肌肉白点类结节；肝、肾等不出现肥大或肿胀；制备病灶处压印片，如发现有大量杆菌，可作出进一步诊断。

【防治方法】

（1）预防措施。

① 保证水源清洁，及时捞出病死鱼，用二氯海因 0.2～0.3mg/L 的浓度，全池泼洒，在疾病流行季节每 15 天一次；或用三氯异氰脲酸 0.3mg/L 全池泼洒消毒。

② 养殖期间应经常换用新水或保持流水。

③ 勿过量投饵或投喂腐败变质的生饵。

（2）治疗方法。

用磺胺类药物进行治疗。每千克鱼体重每日 2 次，每次拌饵投喂复方磺胺二甲嘧啶钠粉（规格为 250g：磺胺二甲嘧啶 10g＋甲氧苄啶 2g）1.5g，连用 6 天；或盐酸土霉素，每千克鱼每天用量为 25～30mg，连用 6 天为 1 个疗程；或用四环素每天每千克鱼用药 20～50mg，连续投喂 5～7 天；或氨苄青霉素每天每千克鱼用药 20～50mg，连续投喂 5～7 天。

二十一、细菌性肾病

细菌性肾病（bacterial kidney disease, BKD），是由肾杆菌感染鲑鳟鱼导致的一种慢性传染病，因其危害严重曾被 OIE 列为必须通报的疫病。

【病原】 鲑肾杆菌（*Renibacterium salmoninarum*），是肾杆菌属（*Renibacterium*）的唯一种。为革兰氏染色阳性，棒状杆菌，大小为 (0.3～1.0)μm×(1.0～5.5)μm，多数呈双杆状

排列，无动力，不耐酸。该菌很难培养、生长缓慢，最适生长温度为15~18℃，在37℃不生长。

【症状与病理变化】 发病鱼体色发黑，眼球突出，部分鱼有上下翻转游动现象。鱼腹部膨大，腹腔积水，皮肤出血；解剖后可见肾脏、肝脏、脾脏肿大，肌肉有脓肿。肾脏普遍可见直径2~4mm的颗粒状肉芽肿，部分病鱼的脾脏或肝脏上也出现颗粒状肉芽肿或干酪样坏死灶。组织病理学观察，肉芽肿结节内可见组织坏死，细胞崩解，巨噬细胞、淋巴细胞浸润和革兰氏阳性双杆菌。

【流行特点】 1930年在苏格兰最早发现细菌性肾病。该病在北美洲太平洋西北海岸尤其严重，目前日本、欧洲及南美洲有报道，主要发生在鲑鳟鱼养殖场。2014年11月，我国北京市怀柔区某养殖场新引进的大鳞大麻哈鱼苗出现鲑肾杆菌流行。引起野生及养殖鲑科鱼类大量的发病死亡，一般呈慢性经过，持续时间长。但有时也会引起急性爆发，特别是在适宜温度（13~18℃）。各龄鱼都易感，但1龄以上鲑患病后期才出现明显症状，水温在4~20℃均能发病，常在7~18℃发病，在18℃以上死亡率降低。该病通过鱼卵垂直传播，饵料和带菌的水体接触传播，以及通过消化道、皮肤伤口感染、鱼之间的水平传播。

【诊断方法】

（1）初步诊断：根据症状和病理变化作出初步诊断，鲑死亡率增加、肉芽肿组织病理学变化，可取肾脏病变组织，涂片可见小杆菌。

（2）实验室确诊：可以急性细菌分离鉴定，普遍使用KDM2培养基，但此法耗时；或PCR快速检查到此菌而确诊。

【防治方法】 目前尚无有效的治疗方法，以预防为主。由于鲑肾杆菌难以培养，因此一般很少对鲑肾杆菌进行药物敏感性检测。预防该病的主要措施是鲑鳟鱼的监测及苗种检疫监督，控制病原菌的引入，做好隔离、封锁和消毒可以控制。

二十二、鳗赤鳍病

鳗赤鳍病（Red-fin disease of eel）是养鳗鲡场中常见的流行病，尤以露天鳗鲡池为多，可以形成急性流行，发病后死亡率较高。

【病原】 嗜水气单胞菌（*Aeromonas hydrophila*）。

【症状与病理变化】 病鳗胸鳍、臀鳍和尾鳍充血，腹部、头腹面有出血斑，肛门红肿，严重时腹部全面充血、红肿，背鳍充血。解剖可见肝脏、脾脏肿胀、淤血，呈暗红色，肾脏肿大、淤血，胃、肠发炎充血，胃、肠内充有黏性脓汁。白仔到黑仔阶段患病时，除各鳍充血外，鱼体相对比较僵硬。

【流行特点】 该病多发生于水温20℃以下，主要流行于季节交替的春夏及夏秋季，冬季发病率低，尤以霉雨期为甚，高水温的夏季较少流行。该病与气候、水质变化密切相关，饥饱不匀特别是饵料不足，在较长饥饿状态下，突然予以暴食，容易诱发此病。

【诊断方法】

（1）初步诊断：主要根据临床症状及流行病学作出初步诊断。

（2）实验室确诊：需要细菌分离鉴定，从病鱼肝、肾或血中分离纯化病原菌，进行细菌生理生化试验，或采用PCR方法进行Aer、16S rDNA分子鉴定。

【防治方法】

（1）预防措施。

① 保持水质清新，喂食均匀，勿过饱过饥，避免鱼体受伤。

② 鳗种入池后，二氧化氯用量为 0.2~0.3mg/L，或 10% 聚维酮碘溶液预防，每立方米水体 45~75mg，每隔 15 日一次。

（2）治疗方法。

① 发病池可用含氯消毒剂全池遍洒后，内服盐酸土霉素每千克鱼用量为 20~60mg，分上午、下午两次投喂，连喂 7 天为 1 个疗程。

② 用甲氧苄氨嘧啶+磺胺嘧啶合剂（1:5），每千克鱼用 15~20mg 混饲投喂，每天 1 次，连续 5 天 1 个疗程；或用复方新诺明，每千克鱼用 50mg，拌饲投喂，1 天 1 次，连用 5 天，首次用量加倍。

二十三、鳗红点病

鳗红点病（Red-spot disease of eel）主要发生在日本鳗鲡，在日本是危害较大的一种传染病，我国台湾省有报道。

【病原】 鳗鲡败血假单胞菌（Pseudomonas anguilliscptica），该菌在含盐分的水中存活期较长，可达 100 天以上，而在淡水中则仅能存活 1 天。

【症状与病理变化】 病鳗体色变浅，不摄食，体表黏液增生脱落，全身体表尤其是腹部皮肤、下颌、肛门周围具有明显的出血点，严重时出血小点连成片状，吻端充血，一般不伴随赤鳍现象。剖腹检查，肝脏、肾脏淤血呈暗红色，脾脏褪色，胆囊肿大，肾脏萎缩，肠壁、胃壁血管扩张，外观红色，肠内无食物。

【流行特点】 主要危害日本鳗，欧洲鳗不易感染，常发生于含盐分的鳗池。流行于 2~6 月和 10~11 月，4~5 月是流行高峰。水温 15~20℃ 时易流行发病，30℃ 以上疾病即可缓解或终止流行。该病在日本危害较大，我国台湾省也有报道，目前尚未发现于其他地区。

【诊断方法】

（1）初步诊断：主要根据临床症状及流行病学作出初步诊断。根据重病鱼体表各处点状出血，用手摸病鱼患部，即有带血的黏液玷污手，及组织病理变化的特点，即可作出诊断。

（2）实验室确诊：疾病早期，则必须作病原菌分离、鉴定才能确诊。从病鱼肝、肾或血中分离纯化病原菌，进行细菌生理生化试验，或采用 PCR 方法进行 Aer、16S rDNA 分子鉴定。

（3）鉴别诊断：该病与红鳍病充血发红症状不同。红点病为渗出性出血，用手或小网捞取病鳗时，手或网上有黏附的红色糊状物。

【防治方法】

（1）预防措施：除了严格执行养鳗鲡的饲养管理和消毒措施外，尽量控制水的盐度，养殖水温适当升高到 28℃ 以上。

（2）治疗方法：发病鳗鲡同样需外用内服结合进行治疗。各种外用消毒剂均可使用；内服则可选择盐酸土霉素（每千克鱼用量为 25~30mg）、四环素（每千克鱼用量为 30~50mg）、盐酸诺氟沙星（每千克鱼用量为 25~30mg），每天 2 次，拌饵投喂，连用 4~6 天。

第二节 虾蟹类细菌性传染病

一、虾蟹红腿病

红腿病（red appendages diseases），由致病性细菌感染虾蟹发病，临床主要表现为胸部步足和腹部游泳足变红等。

【病原】 已报道的有副溶血弧菌、鳗弧菌、溶藻弧菌、哈氏弧菌、气单胞菌和假单胞菌等，均为革兰氏染色阴性杆菌。

【症状与病理变化】 虾蟹活力较差，反应迟钝，厌食且消瘦。病虾外观表现为步足、游泳足、尾扇和触角等变为微红色或鲜红色，有的尾部腐蚀成不规则缺口呈烧焦状。有时并发败血症，死亡率60%以上。解剖可见肠空，肝脏呈浅黄色或深褐色，肌肉弹性差。蟹类步足的爪尖发红。

【流行特点】红腿病流行范围广，感染宿主广，发病率和死亡率高。流行季节为6～10月，8～9月为流行高峰，南方可持续到11月。

【诊断方法】

（1）初步诊断：取具有显著红腿症状的病虾，用镊子从头胸甲后缘与第一胸节的连接处刺破，再用吸管插入围心腔中吸取血液，滴于干净的载玻片上，盖上盖玻片镜检。

（2）实验室确诊：需要用PCR方法，或血清学方法，如免疫荧光法（IF）或酶联免疫测定法（ELISA）检测确诊。

【防治方法】

（1）预防措施：秋季、冬季清除池底淤泥，用生石灰、漂白粉或含氯消毒剂消毒。夏、秋高温季节，根据池底和水质情况，每667m^{2}水面可泼洒生石灰5～15kg。

（2）治疗方法：发病虾池全池泼洒三氯异氰尿酸、漂白粉、溴氯海因或二溴海因等水体消毒；同时拌饵投喂氟苯尼考粉、土霉素和大蒜等。

二、对虾瞎眼病

对虾瞎眼病（blind-eye disease of prawn），又称烂眼病，由非O1群霍乱弧菌感染导致对虾眼球肿胀、溃烂瞎眼等症状。

【病原】 非O1群霍乱弧菌（non-O1 *virbrio cholerae*）。

【症状与病理变化】 病虾伏于水草或池边，不时浮于水面做无方向性地狂游，或于水面旋转翻滚。对虾发病初期眼球肿胀，颜色逐渐由黑变褐，并进一步发展为眼球溃烂，严重者眼球脱落仅剩下眼柄。病虾血淋巴稀薄，失去原有浅蓝色，变混浊、凝固慢。

【流行特点】 瞎眼病流行范围广。主要发生于温度较高的7～10月，以8月最多发病，感染率30%～50%，最高死亡率可达80%以上。该病的流行与池底没有清除淤泥或清淤不彻底有密切关系。越冬亲虾的烂眼除了池底污浊以外，可能与光线强、亲虾沿池边不停地游动，眼球受伤后病原感染有关。

【诊断方法】

（1）初步诊断：根据病虾眼球的颜色和溃烂症状可作出初步诊断。

（2）实验室确诊：需要细菌分离进行细菌生理生化试验鉴定，或采用PCR方法进行16S

rDNA 分子鉴定。也可以采用血清学方法，如免疫荧光法（IF）或酶联免疫测定法（ELISA）检测确诊。

【防治方法】

（1）预防措施：养成池在放养虾前要彻底清淤消毒，养成期保持水质清洁。

（2）治疗方法：养成期、越冬期瞎眼病治疗与红腿病相同，但必须对症、对因使用。

三、甲壳溃疡病

甲壳溃疡病（shell ulcer disease）又称褐斑病，一种细菌引起的虾蟹类甲壳动物的传染病，影响蜕皮、生长。

【病原】 弧菌、假单胞菌、气单胞菌、螺菌和黄杆菌等，均为革兰氏染色阴性菌。

【症状与病理变化】 该病最显著的症状为体表甲壳表面有黑褐色斑块，又称褐斑病。患病的虾、蟹甲壳上出现小点，进而发展成溃疡小孔，并逐渐扩大，通常有黑褐色色素沉着，溃疡的边缘呈白色，溃疡可遍及全身，影响蜕皮、生长；严重时可引起大批死亡。

【流行特点】 甲壳溃疡病在我国越冬亲虾中流行广泛，其诱发原因主要是亲虾因捕捞、运输和选择等操作不慎，导致体表受伤，或在越冬期间跳跃碰撞受伤。此病流行于 4~9 月，尤以水温 17℃ 以上春末夏初发病较为严重。严重时可引起病蟹死亡；中国对虾、斑节对虾或越冬亲虾因发生褐斑病而大量死亡，危害幼体和成体，流行地区极广。

【诊断方法】

（1）初步诊断：通过体表甲壳和附肢上的黑褐色斑点状溃疡等外观症状进行初步诊断。

（2）实验室确诊：需要细菌分离进行生理生化试验鉴定，或采用 PCR 方法进行 16S rDNA 分子鉴定。

【防治方法】

（1）预防措施。

① 严格操作，避免蟹体受伤。及时更换池水，改善水质。全池泼洒五倍子 2mg/L。

② 用 0.5%~1% 食盐溶液浸洗病蟹 3~5min，每天一次，连用 5~7 天。

③ 养成池甲壳溃疡病的预防，主要是饲料营养齐全，水质不受污染，池水定期用含氯消毒剂消毒。

④ 越冬期亲虾甲壳溃疡病的预防，主要是操作过程中防止受伤。

（2）治疗方法。

① 养成期甲壳溃疡病的治疗，同红腿病。

② 越冬期亲虾甲壳溃疡病的治疗，拌饵投喂烟酸诺氟沙星预混剂；使用三氯异氰尿酸、漂白粉、溴氯海因等水体消毒。

四、荧光病

荧光病（fluorescent disease of prawn），又称发光病，是指濒死或已死的虾体在夜间或黑暗处可见淡蓝色荧光，主要引起对虾感染发病。

【病原】 亮弧菌（*Vibrio splendidus*）、哈维弧菌（*Vibrio harveyi*）。

【症状与病理变化】 患病的幼虾活力下降，游于水的中层、下层；患病的糠虾幼体或仔虾趋光性差或呈现负趋光性，摄食减少或不摄食。病虾头胸部呈乳白色，躯干部呈灰白色，不透明。在鳃、头胸部、腹部腹面发出荧光，严重时虾体全身发荧光。

【流行特点】 该病是我国南方对虾育苗和养成中最常见的细菌性疾病之一，其发病急，传播快，死亡率高。

【诊断方法】

（1）初步诊断：根据在夜晚或黑暗环境下患病幼体或幼虾可自发荧光可初步诊断。

（2）实验室确诊：需要细菌分离进行生理生化试验鉴定，或采用PCR方法进行16S rDNA分子鉴定；也可以采用血清学方法，如免疫荧光法（IF）或酶联免疫测定法（ELISA）检测确诊。

【防治方法】

（1）预防措施。

①在放卵前应洗刷育苗池，并用药物消毒，尤其是发生过弧菌病的育苗池更应严格消毒。

②育苗用水最好经过沙滤，并在投放幼体前接种金藻和角毛藻等有益单细胞藻类。

③产卵和育苗不要在同一个池塘中，以免亲虾将病原体带入育苗池，以及卵液污染水质。

④幼体投放密度不宜过大，投饵要适量，宜少量多次。

⑤育苗时每日换水，特别是人工投饵之后，更应加强换水次数，以保持水质清洁。

⑥若发现对虾游泳不活泼、下沉、体表挂脏现象时，应立即显微镜检查。

⑦育苗池的工具最好专池专用，若不能专用时，则必须彻底消毒后再用于其他池塘。

（2）治疗方法：关键在早发现、早治疗。

五、对虾急性肝胰腺坏死病

对虾急性肝胰腺坏死病（acute hepatopancreas necrosis syndrome, AHPNS）又称急性肝胰腺坏死综合征、早期死亡综合征（early mortality syndrome，EMS），该病在亚太对虾重要养殖区流行，引起国际范围广泛关注，已成为当前养殖对虾重要传染病之一。

【病原】 目前认为，副溶血弧菌（*Vibrio parahaemolytious*）与AHPNS的发生存在密切关系。该病是由某些副溶血弧菌菌株产生的一种对甲壳类具有很强致病性的毒力蛋白PirVP所导致的，研究表明该蛋白基因已转移到了部分哈维弧菌等弧菌菌株。盐度低于6及弱酸性环境不利于副溶血弧菌的生长繁殖。

【症状与病理变化】 该病常引起养殖早期的对虾发生急性死亡，发病对虾肝胰腺白色覆膜消失，肝胰腺颜色变浅至发白，体表色素细胞减少，肌肉轻微浑浊，体色发白或轻微发蓝，肠道内容物不连贯或空肠空胃，放苗后1个月内发病急，死亡率高。患病初期，对虾常表现出嗜睡，厌食，生长缓慢、空肠空胃，随后甲壳变软、变深和有黑点出现，甲壳易从肌肉上剥离下来，有时病虾在水面旋转游泳，后沉入底部最终在池底死亡。典型症状主要表现为肝胰腺发生显著萎缩，呈灰白色，有时出现黑点或黑色条纹，从病虾体内剥离的肝胰腺因组织发生纤维化病变，质地变硬、不容易碎。病理组织切片观察发现患病对虾肝胰腺出现大面积坏死，肝胰腺盲管从中段到末端变性，盲管上皮细胞坏死、脱落，细胞核肿大，在后期肝胰腺盲管间或盲管内发生血细胞浸润，进而肝胰腺出现继发性细菌感染。

【流行特点】 2010年，该病在越南、马来西亚以及我国南方对虾养殖地区出现，2011年上半年造成我国海南、广东、福建和广西80%对虾养殖场发病，2013年，在泰国、墨西哥养殖地区发现该病发生。该病可引起凡纳滨对虾、斑节对虾和中国对虾感染，其中凡纳滨对虾最为易感,而斑节对虾却表现出较强的抵抗力。通常在对虾养成期投苗后 30 天左右发生,严重情况下投苗后 10 天左右便会发生,但也有学者认为该病在整个对虾养殖周期内均能发生,在高温干旱季节的高盐养殖池中具有较高的发病率。此外,有人认为 AHPNS 发生可能是由多方面因素综合引起,如苗种带毒、池底污染、饲料残留等是该病发生的高风险因素。

【诊断方法】
(1)初步诊断:根据该病常表现为养成期放苗 30 天左右对虾出现大量死亡可初步诊断。
(2)实验室确诊:用 TCBS 平板分离细菌,进行生理生化试验鉴定;或采用 PCR 方法进行 PirVP 毒力基因、16S rDNA 分子鉴定;也可以采用血清学方法,如免疫荧光法(IF)或酶联免疫测定法(ELISA)检测确诊。

【防治方法】 该病尚无有效治疗方法,采取综合防控措施。
(1)在放苗前应对虾苗进行特定病原检测,选择健康的苗种。
(2)做好清池消毒,降低池底有机质的数量以减少细菌繁殖机会。
(3)配备好蓄水池,管理好蓄水池水质,保证在病害发生的高风险期也能利用蓄水池进行安全有规律的换水,以保证养殖水质和低水平的副溶血弧菌数量。
(4)采用"少吃多餐"的投喂方式,保证饲料投喂后 1h 内吃完,严格避免残饵。
(5)在水体中和饲料中多用和伴喂芽孢杆菌、乳酸杆菌、光合细菌、酵母菌等有益微生物,并适当施用蔗糖,避免用葡萄糖。
(6)混养或套养罗非鱼、梭鱼等能对池底有机质进行清理利用的鱼类。

第三节 贝类细菌性传染病

一、鲍脓疱病

鲍脓疱病(pustule disease)是由河流弧菌Ⅱ型引起的,主要发生在贝类水产动物上,以腹足肌肉上出现白色脓疱为特征。为我国水生动物三类疫病。

【病原】 河流弧菌型(*Vibrio flucialis* Ⅱ),为革兰氏阴性短杆状,大小为 $(0.6\sim0.7)\mu m \times (1.2\sim1.5)\mu m$,以单根极生鞭毛运动。生长温度范围为 15~42℃,最适生长温度为 30~37℃。可在 1%~7% NaCl 浓度范围内生长,2%~3% NaCl 浓度生长最好,无 NaCl 的培养基中不生长。在 pH6~11 范围内可生长,pH7~8 时生长最快。

【症状与病理变化】 发病初期,病鲍行动缓慢,摄食量减少,病鲍从养成板上的背面爬行至养成板的表面或养殖水池的侧壁。腹足肌肉表面颜色较淡,随着病情加重,腹足肌肉颜色发白变淡,足肌上有多处稍微隆起的白色脓疱,一般可维持一段时间不破裂,高温时病情加重,短时间内即破裂,流出白色脓液,足面肌肉出现不同程度的溃烂,鲍附着力下降,食欲降低,甚至死亡。组织病理学观察,患病鲍的腹足肌肉和结缔组织变性、坏死到逐渐瓦解消失。肌细胞核肿大,游离在脓汁中。脓汁中除了少量的肌细胞核、结缔组织细胞核、病原菌及许多组织细胞碎片等外,还有血淋巴细胞。

【流行特点】 夏季易发病,特别是连续高温时,发病频繁且持续时间长,死亡率可高达 50%~60%。养殖幼鲍剥离后 15~20 天是出现脓疱病的高峰期,此时鲍受外伤的概率较大,加之饲养条件变化较大,鲍的体质受到不同程度影响,易发病。

【诊断方法】

(1)初步诊断:根据病鲍临诊症状及流行情况,可进行初步诊断。检查鲍鱼附着是否牢固,足肌上是否有白色脓疱。若鲍附着不牢固或脱附,足肌上有1到数个微微隆起的白色脓疱,破裂脓疱流出白色脓液,并留下2~5mm的孔洞,则疑似感染鲍脓疱病。

(2)实验室确诊:可采用细菌学方法分离致病菌,或PCR法诊断鲍脓疱病。

【防治方法】

(1)预防措施。

① 严格选择健壮无病的亲鲍育苗,避免亲鲍携带病原菌,以减少鲍苗的染病机会。

② 避免鲍足受伤。

③ 采用噬菌体进行生物防治。

④ 隔离培养。

(2)治疗方法:目前无国家规定的水产贝类养殖用抗生类药物。笼式养殖鲍(亲鲍),因养殖密度高,鲍足受伤发病概率大,对此可采用抗生素类药物治疗。药物选择应根据药敏试验进行。此外,不要经常使用单一的抗生素药物,以免产生抗药性。

二、文蛤弧菌病

文蛤弧菌病(vibriosis of clam)是由溶藻弧菌(*Vibrio alginalyticus*)、副溶血弧菌(*Vibrio parahaemolyticus*)等多种弧菌感染引起的贝类细菌性传染病。

【病原】 溶藻弧菌、副溶血弧菌。

【症状与病理变化】 患病文蛤退潮后不能潜入沙中,壳顶外露于沙面上;对外来刺激反应迟钝,闭壳肌松弛无力,两片贝壳不能紧密闭合,壳缘有许多黏液。软体部十分消瘦,颜色由正常的乳白色变为浅红色,消化道内无食物或仅有少量食物,有的肠道坏死;外套膜黏性增加,紧贴于贝壳内面而较难剥离,外套腔内因桡足类寄生病情进一步加重。镜检肠壁、肝脏和外套膜黏液等组织,可见有大量细菌。

【流行特点】 该病的发病季节为温度较高的夏季和秋季,不分潮位高低及文蛤大小,都会死亡。

【诊断方法】

(1)初步诊断:根据文蛤的患病症状和病理变化可作出初步诊断。

(2)实验室确诊:需进行病原菌分离和鉴定加以确诊。

【防治方法】

目前无有效的治疗方法,只能采取预防措施。文蛤副溶血弧菌感染可用四环素、复方新诺明等抗生素治疗。

三、牡蛎幼体弧菌病

牡蛎幼体弧菌病(vibriosis of oyster larvae)是世界牡蛎育苗过程中最常见的细菌性疾病之一,以幼体面盘组织溃疡为特征。

【病原】 鳗弧菌、溶藻弧菌。

【症状与病理变化】 浮游的牡蛎幼体患病后即下沉,活力降低,突然大批死亡。光学显微镜检查，可见患病幼体体内有大量病原菌，面盘组织发生溃疡，甚至崩解。

【流行特点】 该病是各地牡蛎育苗过程中最常见的弧菌病之一，可感染美洲牡蛎、长牡蛎、欧洲扁牡蛎、褶牡蛎，以及我国养殖的巨牡蛎等牡蛎苗。

【诊断方法】

（1）初步诊断：根据患病牡蛎幼体的症状和流行情况可作出初步诊断。

（2）实验室确诊：取患病幼体做成水浸片，利用显微镜检查面盘等组织中是否有大量细菌，用PCR法或荧光抗体法快速准确地鉴定病原菌的种类。

【防治方法】

（1）预防措施。

①保持水质清洁卫生，加强水体沉积物的细菌学检查。

②良种培育提高抗病力；发现患病幼体后，应立即销毁处理。

③改善养殖环境，优化养殖模式。单独或联合使用过滤、臭氧或紫外线等方法消毒育苗用水；投喂的单细胞藻应保证无弧菌污染。

（2）治疗方法。

目前无国家规定的水产贝类养殖用抗菌类药物。

第六章 水产动物真菌和藻类传染病

水产动物真菌病主要危害鱼类成体、幼体及卵，病原是藻菌纲的一些种类，如水霉、绵霉、鳃霉、鱼醉菌、链壶菌等，同时还有半知菌类的镰刀菌以及丝囊霉菌等。目前对真菌类病尚无理想的治疗方法，主要是进行预防及早期治疗，有些真菌病是进境动物检疫疫病。通过本章学习，进一步掌握水产动物真菌性传染病的发生和流行规律、临床症状、病理变化、诊断及综合防治措施。

第一节 真菌和藻类传染病

一、水霉病

水霉病（Saprolegniasis）又称肤霉病或白毛病，是淡水养殖动物常见的真菌性传染病之一。

【病原】 水霉属（*Saprolegnia*）、绵霉属（*Achlya*）的一些种类，隶属于水霉科（Sapronlegniaceae）。水霉菌丝体一般由内外两种丝状的菌丝组成，菌丝为管状，为没有横隔的多核体，由内菌丝和外菌丝两部分组成。内菌丝像根样附着在水产动物的损伤处，分支多而纤细，可深入至损伤、坏死的皮肤及肌肉，具有吸收营养的功能。另一部分菌丝，伸出宿主体外，称为外菌丝，菌丝较粗，分支少，形成肉眼可见的灰白色的絮状物。当外菌丝长到一定阶段，或者环境条件不良时，部分外菌丝特化形成繁殖菌丝，包括无性繁殖和有性繁殖菌丝。

无性繁殖菌丝顶端膨大并产生横隔形成的厚壁孢子丝和菌丝膨大形成的孢子囊；有性繁殖菌丝是两条相互靠近的菌丝各自伸出侧支，形成隔膜与母菌丝隔离，并特化形成细长的雄器和球形的藏卵器。无论是无性繁殖还是有性繁殖，都是以产生孢子的方式进行繁殖。无性繁殖产生的孢子为厚壁孢子和动孢子，有性繁殖产生的孢子为卵孢子。水霉菌在pH4～11、水温5～30℃条件下均能生长繁殖，其最适生长pH范围和温度范围分别是6～9和25～30℃。

【症状与病理变化】 感染初期，病鱼无明显症状，此时伤口处的孢子开始萌发形成菌丝，并侵入组织向内生长，随着内生菌丝不断生长，分泌蛋白分解酶分解宿主蛋白质，刺激鱼体分泌大量黏液，使鱼焦躁不安。与此同时菌体吸收了鱼体的营养物质向外生长，形成肉眼可见的灰白色絮状的外菌丝，似灰白色棉毛状，又称为白毛病或肤霉病（dermatomycosis）。病鱼浮于水面，游动缓慢，食欲减退，最后瘦弱而死。鱼卵在孵化时被感染后，外菌丝呈放射状向外伸出，鱼卵呈灰白色绒球状。在鱼卵孵化过程中，若内菌丝侵入卵膜内，卵膜外则丛生大量外菌丝，故称为"卵丝病"；被寄生的鱼卵，因外菌丝呈放射状，俗称"太阳籽"。组织病理观察可见水肿、肌肉纤维坏死、发炎反应等。

【流行特点】 该病是一种世界性的传染病，在淡水水域中广泛存在，在国内外养殖地区都有流行。几乎所有水产动物都可感染发病，对淡水中的各种鱼类、虾、蟹以及鳖等都可感染。从卵到成鱼均受其害。主要在水温较低时易发病，水温在5~26℃范围内均可繁殖，流行水温13~18℃。受伤是该病发生的重要诱因，尤其在冬春两季，水温骤变频繁，拉网、冰冻等造成养殖动物损伤的概率高，免疫力也相对低下，因而水霉病容易高发，这也是主要流行于12月至翌年4月左右的主要原因。活的受精卵和未受伤的鱼一般不被感染。河蟹、鳖等也可患病，往往因无法蜕壳，最后死亡。

【诊断方法】

（1）初步诊断：用肉眼观察，根据症状即可作出初步诊断。水霉病常感染病鱼尾部、头部吻端及鳍条，一般凭肉眼看到灰白色棉絮状丝状体即能初诊。

（2）实验室确诊：必要时可用显微镜检查进行确诊，取病灶处组织制作水封片发现大量菌丝能确诊。如要鉴定水霉的种类，则必须进行人工培养，观察其藏卵器及雄器的形状、大小及着生部位等；或利用PCR方法进行ITS rDNA分子鉴定。

【防治方法】

（1）预防措施。

① 在放苗前做好池塘的清淤工作，除去池底过多的淤泥，并用200mg/L的生石灰或20mg/L的漂白粉彻底消毒。

② 加强亲鱼培育，提高鱼卵的受精率。鱼苗放养时浸洗消毒，可选用碘制剂或食盐水溶液浸泡。

③ 加强饲养管理，严防鱼体受伤。

（2）治疗方法。

① 用聚维酮碘溶液，或者选用水杨酸、硫醚杀星（复合丙烯基二硫醚溶液）、二硫氰基甲烷全池泼洒或浸泡处理，病情严重的，连续2天或多次用药。

② 全池泼洒抗真菌药物（如复方甲霜灵粉主要成分为甲霜灵和硫酸亚铁或大蒜素等），有试验表明，可以替代禁用渔药孔雀石绿。

③ 用3%~4%的食盐水浸洗病鱼5min，或过氧化氢（双氧水）浸浴；全池遍洒食盐及小苏打（碳酸氢钠）合剂（1:1），使池水成8mg/L的浓度；或全池泼洒亚甲基蓝2~3mg/L，隔2天1次，连用2次。

④ 内服抗细菌药物（如磺胺类、氟苯尼考等），以防细菌继发性感染，疗效更好。

⑤ 中草药单用黄连、川楝子或乌梅的煎煮液，用量4g/L浸浴25~30min，连续使用3~4天；对于五倍子、虎杖、黄芪等，其用量为黄连（或川楝子、乌梅）用量的2~3倍。

二、鳃霉病

鳃霉病（branchiomycosis）是鳃霉菌引起的鳃出现出血、坏死和脱落等病理变化的传染性疾病。我国将其列为三类动物传染病。

【病原】 鳃霉（*Branchiomyces* spp.），属水霉目（Saprolegniales）。

国外报道寄生在鱼体上的鳃霉有血鳃霉（*B. sanguinis*）和穿移鳃霉（*B. demigrans*）两种类型。在我国，前者多寄生在草鱼鳃上的鳃霉，菌丝较粗直，少弯曲，分支较少，不进入血管和软骨，仅在鳃小片的组织中生长；后者多寄生在青鱼、鲮、鳙等鳃上的鳃霉，菌丝较细，菌丝壁较厚，分支很多，常弯曲成网状，并沿着鳃丝血管或穿入软骨生长，纵横交错地充满鳃丝和鳃小片。

【症状与病理变化】 病鱼失去食欲,游动缓慢,呼吸困难,鳃上黏液增多,并有出血、淤血或缺血斑块,俗称"花斑鳃",部分挂淤泥而发黑。发病严重时,鳃高度贫血呈青灰色,严重时鳃上皮细胞坏死脱落。

【流行特点】 该病在我国广东、广西、湖北、浙江、江苏和辽宁等地均有流行。草鱼、青鱼、鳙、鲮、银鲴、锦鲤、黄颡鱼和鳗鲡等鱼类易感,其中鲮鱼苗最为敏感,主要危害鱼苗、夏花鱼种阶段,发病后死亡率可达50%以上。主要流行于夏秋季热天,发生在水温超过20℃,呈暴发性死亡,流行季节为5~10月,尤以5~7月为甚。该病往往急性暴发,几天内即可大批死亡,是通过孢子与鳃直接接触感染。当水中有机质含量高、水质恶化时容易发病。

【诊断方法】

（1）初步诊断：用显微镜检查鳃,当发现鳃上有大量鳃霉寄生时,即可作出诊断。

（2）实验室确诊：取鳃组织用沙保劳氏葡萄糖琼脂培养基或玉米粉琼脂培养基进行鳃霉菌分离培养。用灭菌镊子取少许鳃丝,经50~100g/ml氯霉素溶液漂洗后在培养皿中剪碎,均匀涂布于培养基上,25~30℃培养5~7天。如生长出霉菌,再进行显微镜观察鉴定；或利用PCR方法进行ITS rDNA分子鉴定。

（3）鉴别诊断：鳃霉菌丝和鳃丝上的黑色素细胞很容易被混淆,易被误诊为鳃霉菌丝。鳃霉菌丝呈明显的分支状,体积较大,粗细较均匀,在低倍镜和高倍镜下均可见菌丝内有大量孢子,部分菌丝呈半透明状。而黑色素细胞一般呈黑色星芒状似雪花,树突状分支很多,粗细不均匀,细胞内的色素颗粒只在高倍镜下可见。

【防治方法】 目前尚无有效的治疗方法,主要是采取预防措施。

（1）预防措施。

① 清除池中过多淤泥,并用生石灰或漂白粉彻底消毒。

② 严格执行检疫制度

③ 加强饲养管理,保持水质清新。生病时加大换水量,改善水质。

（2）治疗方法。

① 全池泼洒生石灰,浓度为20~30mg/L；或漂白粉,浓度为1mg/L；硫酸铜、硫酸亚铁5:2,0.7mg/L,全池泼洒一次；或泼洒硫醚沙星、高碘酸钠,连用2天。

② 在饵料中按0.05%~0.5%添加制霉菌素投喂,连喂5~7天；可内服氟苯尼考预防细菌继发感染,连续投喂3~5天。

三、流行性溃疡综合征

流行性溃疡综合征（Epizootic ucerative syndrome,EUS）,又称红点病和霉菌性肉芽肿,目前统一称为丝囊霉菌感染（infection with *Aphanomyces invadans*）。EUS是一种对野生及养殖的鱼类危害性极大的季节性流行病。我国将其列为二类动物疫病,为OIE必须通报疫病。

【病原】 由侵入丝囊霉菌（*Aphanomyces invadans*）以及其他和EUS有关的丝囊霉菌（如 *A. piscida*、*A. invaderis*）引起。常继发气单胞菌感染,弹状病毒也和该病流行有关。

【症状与病理变化】 发病早期,患鱼不吃食,体色发黑,漂浮在水面上,有时变得不停地游动。在体表、头、鳃盖和尾部可见红斑,又称红点病。在后期会出现较大的红色或灰色的浅部溃疡，并常伴有棕色的坏死，大块的损伤发生在躯干和背部。除了乌鳢和鲻外，大多数鱼在这个阶段就会死亡。存活的病鱼，其体表有不同程度坏死和溃疡灶，有的红斑呈火烧样焦黑疤痕，有的红斑呈中间红色四周白色的溃疡灶。对于特别敏感的鱼，如乌鳢，常感染损伤身体较深的部位，或者头盖骨组织坏死，最后使活鱼脑部暴露。组织病理切片可见肌肉组织有大量侵入菌丝，以及丝囊霉菌典型的肉芽肿坏死灶；肝脏表现为颗粒变性、脂肪变性，肾小管上皮透明样变性，肠上皮细胞变性、坏死，鳃小片肿胀。

【流行特点】 EUS 是野生及养殖的淡水与半咸水鱼类季节性流行病，长期流行于澳大利亚、南亚、东南亚和西亚等地区。该病于 1971 年首次在日本养殖的香鱼（*Plecoglossus altivelis*）中流行，随后在澳大利亚的灰鲻（*Mugil cephalus*）、美国的鲱（*Brevoortia tyrannus*）暴发。EUS 大多发生在低温时期和大降雨之后。低温和暴雨等条件可促进丝囊霉菌孢子形成，EUS 暴发时，各种野生和养殖的淡水鱼（包括在稻田、河口、湖泊和河流）有很高的死亡率。乌鳢和鲃科鱼特别易感，但罗非鱼、遮目鱼、鲤等不易感。

【诊断方法】
（1）初步诊断：主要根据流行季节、临床症状作出初步判断。
（2）实验室确诊：该病仅检测有病症的鱼，无临诊症状的鱼不作为检测对象。用 Czapek Dox 琼脂、GPY 琼脂培养基进行丝囊霉菌的分离鉴定；可取有损伤的活鱼或濒死鱼的皮肤和肌肉，包括坏死部位的边缘和四周组织，用 10% 的福尔马林固定，组织切片 HE 染色后，观察到骨骼肌中有丝囊霉菌菌丝和典型的真菌肉芽肿可确诊；或者从病灶四周肌肉中分离到真菌并经 PCR 确认为侵入丝囊霉菌，也可确诊。
（3）鉴别诊断：注意 EUS 与水霉病的区别。水霉病症状为体表肉眼可见白色絮状菌丝体，组织病理见水肿、肌肉纤维坏死、发炎反应等；流行性溃疡综合征病鱼的体表无白色絮状菌丝体，组织病理切片可见丝囊霉菌典型的坏死灶肉芽肿。

【防治方法】 在鱼类可以自由运动的条件下，控制该病几乎是不可能的。若该病在小水体和封闭水体里暴发，采用清除病鱼、石灰消毒用水以及改善水质等方法，防止疾病传播，可以有效地降低死亡率。一旦暴发，疫区应隔离病鱼、消毒水体、用具和周围环境，对病死鱼就地加石灰深埋、销毁处理。根据水域和流域自然隔离情况划区，实施划区管理。

四、鱼醉菌病

鱼醉菌病（ichthyophonosis）是由霍氏鱼醉菌感染虹鳟、红点鲑、鲥鱼等多种海水、淡水鱼类引起大批死亡的一种传染病。目前我国尚未发现有此病流行。

【病原】 霍氏鱼醉菌（*Ichthyophonus hoferi*），属藻菌纲（Phycomycetes），分类位置尚未明确。在鱼体组织内看到的主要有两种形态：较为常见的一种为球形合胞体（或称为多核球形体），直径为 10~250μm，合胞体内含有许多圆形的核及原生质，最外面有一层由寄主形成的结缔组织膜，形成白色的胞囊；另一种是胞囊破裂后，合胞体伸出粗短或有分枝的菌丝状体，细胞质移至菌丝状体的前端，形成许多球状的内生孢子。

【症状与病理变化】 患病稚鱼除体色发黑外，轻者几乎看不出外部症状，严重时肝脏、脾脏表面有小白点。成鱼一般表现为体色发黑，腹部膨大，眼球突出，脊椎弯曲，大多内脏及肌肉都有白色结节。皮肤被大量寄生时，皮肤上密布白点；寄生于卵巢时，鱼体丧失繁殖能力；寄生于神经系统时，导致失去平衡，在水中做翻滚运动。病灶处随着菌体的发育产生炎症或坏死，是疖疮或溃疡。

【流行特点】 该病主要危害虹鳟、红点鲑、各种热带鱼及野生海水鱼（鳕、鲐、大西洋鲱等）等，在欧洲、美洲、日本、英国均有流行。稚鱼及成鱼均能感染，一般不会引起急性批量死亡，但有时也会引起虹鳟、鲑的养殖鱼类大量死亡，流行于春季、夏季，水温10~15℃时较为流行。该病可通过摄食病鱼或病鱼内脏而引起感染，直接摄取球形合胞体或通过某种媒介（如哲水蚤等）被鱼摄入也可以引起。

【诊断方法】
（1）初步诊断：根据症状及流行情况进行初步诊断。
（2）实验室确诊：用显微镜进行检查，发现有大量霍氏鱼醉菌寄生时，即可确诊为患此病。

【治疗方法】 目前尚无有效的治疗方法，主要以预防为主。加强检疫制度，不从疫区输入鱼饲养。鱼池要及时清除过多的淤泥，并用生石灰清塘。鱼池及工具都要进行严格消毒。

五、虹鳟内脏真菌病

虹鳟内脏真菌病（visceral mycosis of salmon），由异枝水霉及半知菌类等寄生虹鳟等鲑科鱼类体内引起的传染病。病鱼主要表现为腹部膨大，内脏器官寄生大量真菌、肌肉坏死等症状。

【病原】 异枝水霉（*Saprolegnia diclina*）以及半知菌类（fungi imperfecti）。

【症状与病理变化】 病鱼一般腹部明显膨大，腹部体表有红斑，剖开鱼腹可见消化道、肝、脾、肾、鳔、腹腔体壁内有大量真菌寄生，内脏团表面覆盖细的菌丝，胃、鳔、肝有红斑。最初感染胃部，在胃内大量繁殖，菌丝穿越胃壁，在腹腔内寄生发育，引起腹腔内出血、腹水，并侵入附近器官以及腹膜、肌肉。病鱼死后，菌丝伸出腹壁。

【流行特点】 日本、美国饲养的虹鳟、红大口大马哈鱼、银大马哈鱼、大鳞大马哈鱼等，我国辽宁养殖虹鳟鱼均有此流行，死亡率高。

【诊断方法】
（1）初步诊断：根据症状及流行情况进行初步诊断。
（2）实验室确诊：用显微镜检查患处，如发现有大量真菌寄生，即可诊断；如要鉴定真菌的种类，则要进行分离培养。

【防治方法】 目前尚无有效治疗方法，主要是进行预防。有报道，亚甲基蓝能够阻止其发育，用其消毒鱼池可以减少感染。

六、嗜酸性卵甲藻病

卵甲藻病（oodiniosis），由嗜酸卵甲藻引起，病鱼体上白点遍布全身及鳃内，肉眼看去像沾了一层米粉，故称"打粉病"。

【病原】 嗜酸卵甲藻（*Oodinium acidophilum*），是一种寄生性单细胞藻类。从分类地位上而言，该藻归属于甲藻门，是分布于淡水中的浮游藻类，但目前在水产疾病研究领域里，均视其为原生动物的鞭毛虫类。该藻分布广泛，适宜于偏酸性的养殖水体，可侵害多种鱼类。

【症状与病理变化】 发病初期，病鱼在池中成群拥挤在一起，摄食减少或停止，反应迟钝，驱赶后病鱼缓慢潜入水中，并分成小群在水面转圈式环游。病鱼的背鳍、尾鳍和背部出现白点，严重者体表全身变白或体色发黑，体表黏液增多。病鱼体上白点堆积并连接成片，肉眼看去像包裹了一层米粉，俗称"打粉病"。仔细检查可见白点之间有充血斑点，以尾部尤为明显；打开鳃盖亦可见白色斑点，严重个体鳃丝、鳍条亦溃烂；有的病鱼在"粉块"脱落处发炎溃烂并伴有水霉菌寄生。

【流行特点】 该病发生于 pH 为 5.0～6.5 的鱼池中，放养密度大，鱼池水浅而又投喂不足，鱼体偏瘦的农村山塘养鱼最易患此病。水温在 22～32℃时均可发生，以春、秋两季为主要发病季节。在我国，嗜酸性卵甲藻病首次发现于江西万年县，此后广东、福建、浙江等地也逐渐发生，但均以养殖食用鱼发病为主，尤以丘陵、山区的池塘养鱼中较多见。主要危害幼鱼，发病后死亡率较高，冬片鱼种和 2 龄以上成鱼（或者亲鱼）感染死亡比较少见。

【诊断方法】
（1）初步诊断：根据病鱼的发病症状、养殖水体水质指标偏酸可初步诊断。
（2）实验室确诊：水玻片镜检和解剖观察，可见多个呈肾形、体外有一层透明纤维壁、体内充满淀粉粒和色素体、中央有一圆核的生物（卵甲藻），即可确诊。
（3）鉴别诊断：注意与小瓜虫区别。肉眼观察，容易误诊为小瓜虫病，但仔细检查，嗜酸性卵甲藻病可见白点之间有充血斑点，以尾部尤为明显。

【防治方法】 全池泼洒生石灰，用量为 20～30mg/L，每隔 7～10 天 1 次，调节水体 pH 到 8.0；同时每日泼洒 0.8～1mg/L 聚维酮碘 1 次，连用 5 天。

第二节 甲壳类真菌性传染病

一、链壶菌病

链壶菌病（lagenidialesosis）在虾、蟹育苗地区都有发生，主要危害卵及幼体，尤其是溞状幼体。

【病原】 链壶菌(*Lagenidium* sp.)。该菌的菌丝有分枝，偶有分隔，黄绿色，菌丝内有许多折光的圆形油滴。菌丝成熟后，从菌丝上长出细长的放出管，伸出宿主体外；放出管呈直线状，其先端膨大成球形顶囊，在顶囊内形成许多有 2 根侧生鞭毛的动孢子；动孢子呈梨形，动孢子放出后，顶囊消失。动孢子为一次游泳性，脱掉鞭毛，发育成休眠孢子；当休眠孢子遇到宿主后，就发芽长出菌丝。在 5～35℃，含盐 0～6%，pH6～10 中均可以生长。

【症状与病理变化】
发病初期，患病幼体表现为活力下降，趋光性降低，停止摄食，空肠胃，后期患病个体变为灰白色，肌肉棉花状，弯曲分支的菌丝布满全身，并逐渐下沉至池底，引起卵和幼体大量死亡，在死亡的卵或幼体内有大量病原的菌丝。

【流行特点】
链壶菌病为全球性传染病，其宿主范围很广，可感染对虾、龙虾、蟹及贝类的卵和幼体，对无节幼体、溞状幼体和糠虾幼体危害尤为严重。在水温 26～32℃，染病后 16～24h，死亡率可达 100%。

【诊断方法】
（1）初步诊断：根据症状及流行情况进行初步诊断。可直接取患病卵或幼体做成水浸片镜检，在卵表面或幼体头胸甲边缘和附肢上可发现菌丝，或在成熟的菌丝体上发现顶囊及其散放的动孢子。

（2）实验室确诊：若要鉴别诊断病原的具体种类，需使用真菌培养基分离培养病原，并经无菌海水处理后，用显微镜观察其孢子的形成和排放管的形态等来判断。

【治疗方法】 目前尚无有效药物治疗，只能采取预防措施。

（1）预防措施。

① 育苗用水必须经过沉淀、过滤，最好采用微流水生态育苗。

② 对沉淀池、育苗池及工具彻底清洗，并用二氧化氯或聚烯吡酮碘（又称碘伏，PVP-I）消毒。

③ 严格执行检疫制度，选择健壮的亲体进行育苗。当发现卵上有链壶菌寄生时，应将病体及时捞出销毁，对其余的抱卵虾蟹用35～100mg/L的制霉菌素药浴1～2h。

④ 加强饲养管理，投喂鲜活饲料，池水中定期泼洒益生菌，及时排污，保持水质优良。

（2）治疗方法：发现患病要及早池泼制霉菌素治疗，有一定效果。

二、镰刀菌病

镰刀菌病（Fusariumsis）是全球海水和淡水虾类养殖的常见疾病之一，多为条件致病。

【病原】 镰刀菌（*fusarium*），在中国对虾已鉴定有腐皮镰刀菌、尖孢镰刀菌、三线镰刀菌和禾谷镰刀菌等。菌体呈丝状分支，常有分隔。生殖方式是形成大分生孢子、小分生孢子和厚壁孢子。大分生孢子呈镰刀形，故称为镰刀菌。

【症状与病理变化】

镰刀菌多主要寄生于虾的鳃、头胸甲、附肢、体壁和眼球等部位，被寄生处的组织有黑色素沉淀而呈黑色。寄生于鳃部时引起鳃组织坏死变黑，俗称"黑鳃病"。幼虾与成虾镰刀菌病的最明显症状是外观出现"黑斑"或"褐斑"。但不同对虾的黑斑表现部位有一定差异，日本对虾、中国对虾患病后以黑鳃多见，严重时可伴有鳃盖的溃烂变黑，而桃红对虾则很少出现黑鳃。

【流行特点】

镰刀菌病主要感染海水和淡水虾、蟹类，其宿主种类和分布地区都很广，危害很大。在海水中的各种对虾、龙虾和淡水中的罗氏沼虾易感，一些蟹类也可被感染。据报道，美国加利福尼亚州对虾死亡率高达90%以上。我国目前主要发生在人工越冬亲虾，对虾养殖期很少见。多为条件致病，往往与对虾创伤、擦伤或寄生虫等其他伤害等有关。

【诊断方法】

（1）初步诊断：根据症状及流行情况进行初步诊断。镰刀菌感染后，最明显的外观症状为感染部位变黑。

（2）实验室确诊：需从病灶处取受损组织做成水浸片确诊。

（3）鉴别诊断：镰刀菌病与甲壳溃疡病或黑鳃病的外观症状相近，注意加以区分。

【治疗方法】 同链壶菌病。

第七章 水产动物立克次体病及衣原体感染

立克次体(Rickettsia)属于立克次体目(Rickettsiales)、立克次体属(Rickettsiella)，是介于细菌和病毒之间的一类微生物，革兰氏阴性、细胞内原核生物。立克次体具有类似细胞样的结构，有一层薄的细胞壁，厚7~10nm，细胞膜厚6~8nm，含有RNA和DNA两种核酸，但缺乏多种自营生活所必需的酶，故具有严格的寄生性，不能在人工培养基中生长，必须在活细胞内生长繁殖，但与病毒所不同的是，立克次体必须在代谢不活跃或代谢机能遭受障碍的组织细胞中才能生长。目前，水产动物中立克次体(Rickettsia)及类立克次体(rickettsia-like organism, RLO)的研究相对较少。

衣原体(Chlamydia)是介于立克次体和病毒之间的一类微生物，有典型的革兰氏阴性细胞壁，并具有衣原体的多型性特征。衣原体含有RNA和DNA两种核酸，具有严格的寄生性，必须在生活的细胞内生长繁殖，导致宿主细胞破裂。衣原体至少已在35种淡水和海水鱼类中发现，但是这些衣原体状生物(chlamydia-like organisms, CID)都没有被分离出来。

通过本章内容学习，进一步掌握鱼类立克次体病的发生和流行规律、临床症状、病理变化、诊断及综合防治措施。

一、鱼立克次体病

鱼立克次体病(piscirickettsiosis)又称鱼立克次体败血症(salmonid rickettsial septicemia, SRS)，是由鲑立克次体引起鲑科鱼类的传染性疾病，1989年首次在智利养殖的银大马哈鱼中发现该病。

【病原】 鲑立克次体(Piscirickettsia salmonis)，属鱼立克次体科(Piscirickettsiaceae)的鱼立克次体属(Piscirickettsia)。为革兰氏阴性细菌，呈多形性，但主要是球形的，直径为0.5~1.5μm，专性细胞内增生，在宿主细胞有膜结合的胞质空泡内复制。鱼立克次体可在敏感细胞(如CHSE-214、EPC、CHH等)中培养增殖，产生致细胞病变效应(CPE)，但不能在任何已知的无细胞培养基中增殖。最适培养温度为15~18℃，在20℃以上或10℃以下生长缓慢，在25℃以上不生长。对红霉素、噁喹酸、四环素等抗生素敏感，但对青霉素不敏感。鱼立克次体重悬于海水中14天仍保持感染性，在淡水中则迅速失活。

【症状与病理变化】 病鱼体色发黑、食欲减退、精神不振，聚集在网箱的边缘水面上，个别银鲑出现异常的游泳行为，皮肤出现小的白色斑块或出血性溃疡，严重贫血导致的鳃苍白。解剖可见肾脏肿胀和变色，脾脏肿大，腹腔积水，内脏脂肪、胃、鱼鳔和肌肉出血。严重感染鱼的肝脏苍白，有时出现肝脏肉芽肿和幽门盲囊的点状出血。严重感染以侵害多器官和组织的全身性败血症为特征。组织病理学观察，急性期病鱼肝脏、肾脏和脾脏造血细胞的多灶性坏死，肠固有层常见坏死、出血和慢性炎症；脾脏、肾脏有炎症细胞浸润，造血组织广泛坏死，伴水肿和纤维化，肾间质和脾脏坏死伴随肉芽肿性炎症；肝脏有多灶性坏死、炎症和嗜酸性物质增加，肝中血管和血管周围的坏死明显。一些小血管存在坏死血栓，血管内皮细胞有坏死病变。慢性感染鱼可观察到苍白圆形病灶、局部坏死，肿大的巨噬细胞内的鱼立克次体聚集，以及形成脑膜炎、心内膜炎、腹膜炎、胰腺炎和鳃炎。鳃呈多灶性上皮增生，伴轻度至中度增生组织坏死；肠道组织严重受损，上皮细胞坏死脱落，真皮和表皮坏死以及皮下肌肉组织变性。此外，感染类立克次体的罗非鱼各器官广布粗糙不圆整的白色小结节，这些结节为肉芽肿坏死灶，分层不典型，与周围健康组织的界限不甚明显；严重病变的组织坏死区域较大，与周围明显增生的细胞形成清晰的巨大"肉瘤"状肿物。

【流行特点】 该病在智利、爱尔兰、挪威、英属哥伦比亚、美国和加拿大东西海岸流行。鱼立克次体主要宿主是鲑科鱼，感染鱼主要有银大马哈鱼、大鳞大马哈鱼、马苏大马哈鱼、虹鳟、细鳞大马哈鱼和大西洋鲑。银大马哈鱼对它最敏感，在智利海水网箱养殖的银大马哈鱼死亡率可达30%～90%。也有报道可能感染非鲑科鱼，如白鲈鱼、石斑鱼、台湾养殖的5种罗非鱼。

该病的传播方式还不清楚，一般认为可以进行海水和淡水水平传播，皮肤和鳃可能是鱼立克次体的入侵途径，在海水中的鱼立克次体可能有足够长的细胞外存活时间使它进行水平传播时可以不需要载体参与。虽然在鱼性腺中发现鱼立克次体，但目前仍不能确定是否存在垂直方式，能否通过媒介传播还不清楚。

【诊断方法】

（1）初步诊断：根据病鱼的症状及流行情况进行初步诊断。鱼立克次体初步诊断通常是病鱼肾脏印片或涂片进行革兰氏、姬姆萨、亚甲蓝或吖啶橙染色检查。

（2）实验室确诊：用易感鱼类细胞系分离立克次体，所用细胞株为CHSE-214或EPC，取病鱼肾脏组织加入无抗生素生理盐水匀浆、稀释，接种到单层细胞中，于15～18℃培养28天，观察CPE，形成空斑或细胞变圆、脱落、溶解坏死。用血清学方法，如免疫荧光或免疫组化进行确诊；或用巢式PCR检测16S rDNA或PCR对16S～23S rDNA的ITS检测方法。

【防治方法】 鱼立克次体病以预防为主。

（1）保持养殖水体的流动性及良好的水质，减少应激（如减少鱼密度、鱼网变化次数和分检次数等）。

（2）及时隔离清除受感染的鱼，立即从网箱中清除死鱼和垂死鱼，减少养殖密度，预留水体休渔。

（3）鱼立克次体在体外对链霉素、庆大霉素、四环素、红霉素、土霉素、氟甲喹、恶喹酸、沙拉沙星和克拉霉素敏感，在养殖生产中防治效果不理想。

（4）鱼卵用碘伏（PVP-I）消毒，是实际采用的有效防治方法。

二、类立克次体病

类立克次体病（infeciton with rickettsia-like organism）是由类立克次体引起的贝类的传染性疾病，呈世界流行分布。

【病原】 类立克次体（rickettsia-like organism, RLO）。

【症状与病理变化】 深水扇贝的闭壳肌呈灰白色、松软、胶化，外套膜脱落，也变灰白色。组织切片观察闭壳肌变性，包括肌纤维破碎、玻璃样变（失去横纹），有变形细胞浸润的坏死病灶。在鳃、褶膜和体表的其他上皮细胞中有嗜碱性包涵体。被感染的细胞肥大，核偏于一边。而在海湾扇贝肾脏上皮细胞中观察到许多嗜碱性包涵体。也有报道立克次体主要存在于栉孔扇贝的肝胰腺、肠和鳃组织，侵染这些组织细胞的核周隙（perinuclearspace）及核膜周围的膜状结构，使核膜及膜状结构出现水肿、膨大，引起严重病变。类立克次体感染鲍主要表现为萎缩病、溃疡病变等。

【流行特点】 1977年，首次报道贝类类立克次体病以来，目前全世界已在大约25种贝类体内发现RLO，如太平洋牡蛎（*Crassostrea gigas*）、近江牡蛎（*Crassostrea ariakensis*）、栉孔扇贝（*Chlamys farreri*）、贻贝（*Mytilus galloprovinciallis*）、海湾扇贝（*Argopecten irradias*）、大西洋深水扇贝（*Placopectenm magellanicus*）、紫贻贝（*Mytilusedulis linnaeus*）、大扇贝（*Pecten maximus*）、缀锦蛤（*Tapes conspersus*）、文蛤（*Meretrix lusoria roding*）、砗磲（*Tridacna gigas*）、荚蛏（*Siliqua Patula*）、美国黑鲍（*Haliotis cracherodii*）、日本黑鲍（*Nordotis discus discus*）、皱纹盘鲍（*Haliotis discus hannai*）等，其中在扇贝、珍珠贝、巨蛤、鲍、牡蛎等已有报道发生过感染和死亡。随后，陆续发现该病在法国、西班牙、加拿大、美国、日本、澳大利亚等国家的贝类养殖地区都有流行。1997年以来，RLO引起我国北方地区栉孔扇贝的大规模死亡。有人认为该病的病原主要是经水媒介水平传播。

【诊断方法】 根据外观症状及流行情况即可初诊，确诊需要电子显微镜观察和分子鉴定。

【防治方法】 目前无国家规定的水产养殖用针对该病的药物，只能采取综合预防措施。

三、上皮囊肿病

上皮囊肿病（epitheliocystis）是淡水、海水鱼类一种常见传染病，在世界范围内流行。

【病原】 衣原体（chlamydia-like organisms，CID），为严格的细胞内寄生细菌，革兰氏染色阴性，目前尚无法在体外培养。近年来，通过16S rDNA序列比对分析，确定这些衣原体均隶属于衣原体目（Chlamydiales），但分属于不同的科和属。也有报道由RLO或疱疹病毒感染引起。

【症状与病理变化】 感染早期，病鱼一般不表现出症状，当病原逐渐增殖增多，便会对鱼产生影响，临床症状主要表现为昏睡、鳃盖张合无规律、呼吸急促，病鱼反应迟钝，不集群游动，食欲严重下降。病症严重的鱼鳃盖短缺或者变形，嘴巴持续张开，呼吸困难，分泌大量黏液，体表和鳃丝会有白色节点。病鱼的鳃、表皮等组织的上皮细胞因衣原体寄生而增生、肥大，最后形成囊肿，严重影响鱼体的呼吸功能和气体交换。后期病鱼呼吸困难，代谢机能紊乱，会陆续死亡。被衣原体感染的鱼体上皮组织除出现囊肿外，还表现为发炎、细胞坏死、分泌黏液增多等病理现象。据报道，感染衣原体的斑石鲷（*Oplegnathus puncatus*）幼鱼，临床剖检可见病鱼鳃表面覆盖着大量黏液，鳃丝有损伤，肠道无食物。组织病理学观察，病鱼次级鳃丝末端粘连，许多上皮细胞膨大呈囊肿状，囊肿嗜碱性，内部均质化；扫描电镜观察，病鱼鳃丝呈棍棒化，鳃小片被大量黏液覆盖，表面光滑的囊肿细胞镶嵌其间。

【流行特点】 1920年最早关于该病的报道，1969年在蓝鳃太阳鱼（*Lepomis macrochirus*）发现。该病在全世界90余种海水、淡水野生和养殖鱼类中被发现，感染鱼类主要有鲑科、鲤科、鲷科、狼鲈科、纯科、鲻科和鲽科等，多发生在稚鱼和幼鱼上，在大鱼中引起死亡的病例不多，稚鱼容易死亡。2015年，我国山东某养殖场工厂化养殖的斑石鲷幼鱼上皮囊肿病发生，15天内累积死亡率达40%以上，发病池水温为21℃、盐度为30%。鱼类上皮囊肿病发病速率较慢，发病初期不易被发现，感染上皮囊肿病的北极红点鲑（*Salvelinus alpinus*）累积死亡率超过44%，尖吻重牙鲷（*Diplodus puntazzo*）仔鱼死亡率最高可达100%。该病主要是水平传播，目前尚未发现垂直传播现象。

【诊断方法】

（1）初步诊断：根据病鱼的症状及流行情况进行初步诊断。发现病鱼皮肤和鳃中有许多小圆球形白点，即可初诊。该病原主要侵染鱼体的鳃和表皮的上皮细胞，在宿主细胞质内不断分裂增殖，形成一个大包涵体。

（2）实验室确诊：取病鱼鳃丝制成水浸片，在光学显微镜下观察，鳃丝上可见到许多直径为 30~70μm 的囊肿物，外观圆形或卵圆形，呈浅黄棕色；确诊需在电镜下发现上皮囊肿细胞内具有菌丝状的或小的圆形、卵圆形或蝌蚪状的细胞；或用 PCR 检测病原 16S rDNA 进行分子鉴定。

【防治方法】 目前，对该病尚无有效治疗方法。

（1）合理饲养，加强前期的检测和预防，是防治该病暴发的关键。

（2）用紫外线对养殖区域的水体进行杀菌消毒，能够在琥珀鱼和珊瑚鲑上皮囊肿病中起到控制作用。

（3）选用四环素、金霉素或红霉素等敏感药物，如用 25mg/L 的氧四环素药浴大嘴鲈，每天 2 次，持续 3 天，可有效治疗其上皮囊肿病。

第八章 蛙、鳖类动物传染病

蛙、鳖类动物传染病主要有病毒、细菌和真菌性病，由此造成很大经济损失，在养殖生产过程中不可忽视。本章主要内容包括蛙和龟鳖类动物几种常见的疾病，有些真菌病是进境动物检疫疫病。通过本章学习，进一步掌握两栖和爬行类动物常见传染病的发生和流行规律、临床症状、病理变化、诊断及综合防治措施。

第一节 蛙类传染病

一、蛙病毒病

蛙病毒病（infection with Ranavirus），是指两栖类动物感染虹彩病毒科蛙病毒属中除EHNV病毒外的任何成员，一般都称作蛙病毒感染。

【病原】 虹彩病毒科(Iridoviridae)蛙病毒属（*Ranavirus*）的蛙病毒（*Rana grylio virus*, RGV；*Frog virus 3*, FV3）、虎纹蛙病毒（*Tiger frog virus*, TFV）、蟾蜍蛙病毒（*Common midwife toad ranavirus*, CMTV）等十几种不同的病毒毒株。也有报道疱疹病毒（*Herpesviridae*）感染。虹彩病毒科是一类DNA病毒，电镜观察可见有很多病毒颗粒在细胞中可聚集并呈晶格状排列，球形，有囊膜，二十面体对称，直径120~350nm。虹彩病毒的基因组大小为100~240kb，病毒粒子主要由衣壳、中间脂质层及核心体组成。

【症状与病理变化】 蛙病毒急性感染通常没有明显的外部病变，慢性感染以皮肤溃疡和远端肢体坏死为特征。由RGV所引起的疾病流行于变态不久的幼蛙群中，发病前，主要表现为精神不振，行动迟缓，食欲减退，并伴有四肢发红、体表出血症状。发病初期，蛙的体表有出血点，幼蛙头背部皮肤开始仅局部脱落腐烂，很快烂斑扩大，病势不断加重；其头背部皮肤失去光泽、出现白色花纹，表皮脱落、腐烂并露出背肌；腹部皮肤有出血点，四肢发红、溃烂；有的指部及趾部充血、出血或溃烂；病重的蛙体型非常消瘦，解剖发现肠壁严重充血，肠内无食物，有的肝或胆囊肿大，不久即死。组织病理学观察可见多个坏死病灶，在肾脏、肝脏和脾脏中有局部坏死灶。

【流行特点】 该病只在淡水中发生，在美洲、亚洲、大洋洲、欧洲都有流行，温度高时较为严重。淡水蛙病毒病主要危害美国青蛙（又称沼泽绿牛蛙）、变态不久的幼蛙及虎纹蛙，对所有两栖爬行类动物都易感。据报道，RGV感染病程短，蔓延极快，在部分池塘中，蛙的死亡率可高达90%。

【诊断方法】

（1）初步诊断：根据临床症状和流行情况即可作出初步诊断。突然发生两栖类动物高死亡率，并伴随皮肤溃疡、远端肢体坏死的慢性病迹象即能初诊蛙病毒感染。

（2）实验室确诊：利用PCR方法检测病毒衣壳蛋白（major capsid protein, MCP）和免疫荧光技术确诊。

【防治方法】 该病尚无有效的治疗方法，以预防为主。

（1）养蛙场地、水体、工具及食台进行消毒，尤其是食台及工具要定期消毒。

（2）严格执行检疫制度，不从疫区购进蛙种。

（3）加强饲养管理，投喂营养全面的优质饲料，泼洒微生态制剂等，保持环境优良、稳定，提高蛙体抵抗力。

（4）注射蛙病毒疫苗（灭活细胞疫苗），免疫保护率高达95%。

二、蛙脑膜炎败血金黄杆菌病

蛙脑膜炎败血金黄杆菌病（Chryseobacterium meningosepticum of frog），是青蛙、牛蛙等蛙类的一种细菌性传染病。病蛙以眼膜发白、运动和平衡机能失调为特征。我国将其列为三类动物疫病。

【病原体】 脑膜炎败血伊丽莎白菌（*Elizabethkingia meningoseptica*），曾称为脑膜炎败血黄杆菌（*Flavobacterium meningosepticum*），或脑膜炎败血金黄杆菌（*Chryseobacterium meningosepticum*）。

【流行特点】 病原菌最早分离于患脑膜炎的美国青蛙，我国各地蛙类养殖地区均有本病报道。该菌可感染牛蛙、美国青蛙、虎纹蛙等多种养殖蛙类。各种规格的牛蛙及蝌蚪均可发病，其危害的主要对象是50g以上的养殖成蛙；发病季节一般为4~11月，流行水温为20℃以上。该病传染性强，死亡率可达90%以上。主要经水体接触感染和饵料传播传染。

【症状及病理变化】 白内障、歪脖子和腹水是该病常见的典型症状。病蛙发病后精神不振，头低垂，行动迟缓，食欲减退或不摄食。病蛙以外观体表褪色、呈浅黄色、全身浮肿、瘫软、腹部膨大，双眼呈白内障状，某些个体头歪向一侧，剪开双腿皮肤，可见双腿肌肉呈黄绿色、似被胆汁所染为主要症状。肝、肾肿大，肝、肾、肠、膀胱充血，有的肝呈青灰色或花斑状。

【诊断方法】

（1）初步诊断：根据临床症状、特征可作出初步诊断。

（2）实验室确诊：需要进行细菌的分离培养进行生理生化试验，采用PCR方法进行16S rDNA分子鉴定。

【防治方法】

（1）预防措施。

① 严格执行检疫制度，加强饲养管理，投喂优质饲料，泼洒复合光合细菌等微生态制剂，保持环境优良、稳定。

② 定期换水、消毒，以保持水质清新，不投喂腐败变质的饵料，及时扫清食台上残留的饵料，避免腐败的饵料对蛙的危害。

③ 脑膜炎败血伊丽莎白菌疫苗通过肌内注射和喷雾法免疫有较好的免疫保护效果。

（2）治疗方法。

① 在疾病流行季节，采用含氯石灰（漂白粉）、30%三氯异氰脲酸粉、8%二氧化氯等消毒剂全水体均匀泼洒，每隔15天1次。

② 在蛙的饵料中拌药物投喂，可以选择磺胺嘧啶，一次量，每千克体重蛙第1天为

200mg，每天1次，从第2天开始，用药物剂量减半，连用3~5天。

三、箭毒蛙壶菌病

箭毒蛙壶菌病（chytridiomycosis）引起全球两栖类种群的急剧下降，甚至引起一部分两栖类物种的灭绝。该病得到许多国家的高度重视，目前为OIE必须通报的疫病。

【病原】 该病的病原是蛙瓦罐属箭毒蛙种（trachochytrium dendrobatis），是根生壶菌目（Rhizophydiales）类蛙瓦罐属的一种真菌，也是该属中唯一的一个种，简称为箭毒蛙壶菌。该菌的生长温度范围为4~25℃，最适宜的温度为17~25℃，在超过28℃时生长停止；在生活用水和去离子水里可以分别生存3周和4周，在湖里，7周以上仍有传染性。

【症状与病理变化】 感染壶菌死亡的两栖类表现为后肢肿胀，前肢、下颌部、足部、大腿等多处皮肤脱落、角化、蜕皮，表皮的腐蚀，偶尔出现溃疡。意大利撒丁岛南部感染壶菌病的蝾螈还出现一些包括缺少足趾，行动不协调，皮肤褪色等临床症状。蝌蚪期感染壶菌可影响其觅食行为和降低觅食效率，大大延缓蝌蚪的正常发育速度。

【流行特点】 该病在澳洲、美洲、欧洲和亚洲都有流行，主要感染两栖类动物的蝌蚪期（幼体期）、变态期和变态后期（稚体、成体前期和成体期）。一般认为所有的两栖类均可感染，包括无尾目（青蛙和蟾蜍）、有尾目（蝾螈）、水螈、鳗螈和蚓螈目（真蚓）所有成员。壶菌传染的高峰季节在春季和秋季，并且与气温有关。主要通过淡水中的游动孢子水平传播，尚未发现通过卵的垂直传播的现象。

【诊断方法】
（1）初步诊断：主要根据流行季节、临床症状作出初步判断。
（2）实验室确诊：利用PCR方法检测和免疫荧光技术可确诊。

【防治方法】 目前对该病尚无有效的疫苗和理想的治疗方法，必须采取严格的检疫措施杜绝疾病的发生。

第二节 鳖传染病

一、鳖病毒病

鳖病毒病（viral disease of turtle）是由病毒感染引起的一种传染病，以病鳖出血为主要临床特征，是一种新现病毒病。

【病原】 病原目前尚不确定，有报道是由中华鳖病毒（*Trionyx sinesis virus*, TSV）及虹彩病毒引起。TSV病毒颗粒呈球形，直径约为30nm，结构蛋白由5条多肽组成，无囊膜。对氯仿、酸（pH3）、碱（pH9）敏感。

【症状与病理变化】 发病初期，病鳖行动迟缓，不摄食，体色发黑，口腔发红，有的因腹甲布满细小的出血点而呈红色（红底板），严重时口鼻有血水渗出。解剖可见内脏、肌肉充血，咽、颈、肠呈血红色，肝呈红土色，有时还伴有出血点，脾、肾均为红黑色，肺黑色。

【流行特点】 该病流行于全国各养鳖地区，在越冬复苏后的成鳖、种鳖及温室出来的种鳖都有发生，死亡率很高。

【诊断方法】
（1）初步诊断：根据症状及流行情况进行初步诊断。
（2）实验室确诊：进行超薄切片或病毒分离培养作出进一步诊断。
（3）鉴别诊断：注意与赤斑病鉴别诊断。此类病鳖用各种杀菌药物治疗均无明显好转，病鳖的病程比赤斑病长，后因呼吸困难而死去。

【治疗方法】 目前尚无有效的治疗方法，主要以预防为主。
（1）对养殖池放养前要彻底消毒，特别是池底有泥沙或淤泥的池子，一定要翻动冲洗，室外土池要放干水，池底翻晒。消毒药物一般用生石灰，或用漂白粉、氯制剂8～10mg/L带水清塘。
（2）鳖入池前要严格检疫，剔除病鳖隔离观察。
（3）加强饲养管理，注意饲料卫生；经常换注新水，注意水质污染（特别是温室）。
（4）发病期，最好彻底清理一次鳖池，做一次消毒处理，剔除病鳖隔离治疗或销毁。

二、鳖细菌病

目前，龟鳖类动物细菌病引起的病名大多数都只是对症状的描述，如红脖子病、穿孔病、白板病、胃肠溃疡出血病等。这些疾病的预防治疗与其他水产动物细菌病的防治有许多类似或相同之处，在本教材中不再赘述。

（一）红脖子病（red neck disease of soft-shelled turtle）

【病原】 嗜水产气单胞菌，也有人认为是病毒引起的。

【症状与病理变化】 发病初期，病鳖常食欲剧减，漂于水面，常爬上岸，反应迟钝。随后，鳖颈部皮肤呈带状充血发红，腹甲部出现多个大小不一的红斑，并逐渐溃烂、坏死，有的眼睛失明、口鼻流血，不久死亡。脖子伸缩困难是该病的主要症状。病鳖尸体消瘦，背甲部溃烂，腹甲部有红斑或烂斑，口腔、食管、胃和肠的黏膜呈斑点状或弥漫性出血；有的消化道黏膜充血，肝脏、脾脏肿大。因此，该病又称赤斑病、红点病。

【流行特点】 流行于全国各地，主要危害成鳖、亲鳖，幼鳖也能感染。该病发病率高，死亡率达20%～30%，最高可达60%以上。一般越冬之后4月发病，5～6月是发病高峰季节，流行温度20～30℃。水质恶化、饵料营养不良或者饵料腐败变质也是该病发生的影响因素。

【诊断方法】
（1）初步诊断：根据症状及流行情况进行初步诊断。根据病鳖颈部皮肤呈带状充血发红，腹甲部出现多个大小不一的红斑，并逐渐溃烂成烂斑可作初步诊断。
（2）实验室确诊：需要进行细菌的分离培养进行生理生化试验，采用PCR方法进行16S rDNA分子鉴定。

【防治方法】
（1）预防措施。
① 改善水体环境，定期水体消毒。用浓度10～20mg/L的生石灰或1.5mg/L的漂白粉进行全池泼洒。
② 可接种鳖嗜水产气单胞菌灭活疫苗人工预防。
③ 科学投喂，加强管理。不要投喂单一、营养不全和高脂肪不易消化的饵料，人工配

合饵料要注意添加维生素 E，增强抗病力。

（2）治疗方法：对病鳖隔离治疗，并采用内外结合的方法治疗。

① 遍洒浓度 0.5～0.8mg/L 的三氯异氰脲酸粉，或其他含氯或含碘的消毒剂。

② 在饲料中拌入氟苯尼考粉，每天每千克鳖体重 5～6mg；或诺氟沙星粉，每天每千克鳖体重 20～30mg 投喂，连喂 5～7 天。

③ 磺胺类药物，如复方磺胺甲𫫇唑粉，按第 1 天每千克鳖体重 200mg 拌入料中，第 2～7 天减半。

（二）穿孔病（caverned disease）

【病原】 嗜水产气单胞菌、普通变形杆菌、肺炎克雷伯菌及产碱菌等。

【症状与病理变化】 发病初期，稚鳖行动迟缓，食欲减退。病鳖的颈部、背腹甲、裙边、四肢等处有一个或数个白点或白斑，呈疖疮状。随后，疖疮逐渐增大，向外突出，最终表皮破裂，流出黄色颗粒状或脓汁状腥臭味的干酪状内容物。随病情发展，病灶扩大，烂透骨骼，出现穿孔，留有一个洞穴，故也称打洞病、洞穴病。疖疮出现后，病鳖全身不安、不摄食，活动减弱或静伏食台，最后头不能缩回，眼不能睁开，衰竭死亡。病鳖尸体消瘦，体表有特征性的疖疮，解剖可见腹部和颈部皮下胶胨样浸润，肺充血，肝脏黑暗或深褐色，轻度肿大，胆囊肿大，脾淤血，肾充血或出血，肠道空虚有丝状充血，体腔有较多量液体。

【流行特点】 该病是鳖养殖中最常见的细菌性传染病，流行于全国各地养鳖场。流行季节一般在水温 20℃ 以上的 5～11 月，呈现慢性死亡。在温室中的鳖（稚鳖、幼鳖、成鳖）一年四季亦受到此病的危害，尤其是每年的 3～5 月。该病呈暴发流行，通常水质偏酸、溶氧偏低、放养密度高易患此病。该病若不及时治疗可引起大量死亡，稚鳖死亡率可达到 95% 以上。饲育环境的恶化（水质、残饵和饲料中维生素缺乏等），也会引发此病。

【诊断方法】

（1）初步诊断：根据症状及流行情况进行初步诊断。

（2）实验室确诊：需要进行细菌的分离培养进行生理生化试验，采用 PCR 方法进行 16S rDNA 分子鉴定。

【防治方法】 预防措施同红脖子病，可采用内服外用结合治疗。

（1）发病时，用聚维酮碘溶液 5～10mg/L，全池遍洒。

（2）每天按每千克鳖体重投喂 20～30mg 诺氟沙星粉，使用 5～7 天；同时，在饲料中适量添加维生素。

（3）每千克饲料中加入板蓝根 10g，三黄散 20g，辣蓼 10g，地锦草 10g，连喂 5～7 天。

（三）胃肠溃疡出血病（gastrointestinal hemorrhage）

【病原】 该病病原较复杂，由细菌和病毒引起。细菌性病原有嗜水气单胞菌、迟缓爱德华氏菌、假单胞菌等。也有人认为主要病原是普通变形杆菌（*Proteus vulgaris*）。革兰氏阴性杆菌，大小为 $(0.4～0.6)\mu m \times (1～3)\mu m$，多数为单个存在，也可见成对或短链排列，周身鞭毛、无芽孢、无荚膜。在麦康凯琼脂平板上形成圆形、扁平、无色的半透明菌落。

【症状及病理变化】 病鳖外观体偏厚，可见鳖腹甲呈乳白色，表现鳖失血、贫血，俗称"白底板病"。解剖可见明显的胃肠壁溃疡，胃、肠内出血，靠近肛门处为黑色血块。有的病程较慢，表现为溃疡处长期出血，即胃肠出血，便血，靠肛门处具硬黑色血块，内脏中各脏器严重贫血，心脏呈粉红色，肝呈青灰色。有的病程较快，急性发病，病鳖可出现胃肠内大出血，引起鳖急性死亡，或胃肠溃疡可转为穿孔，胃肠壁穿孔等。

【流行特点】 该病流行于全国各养鳖地区，一般发生在100g以上的成鳖养殖中，最早发病为同批中生长较快的个体。一年四季均可出现。该病发生也与饲料营养问题有密切关系。

【诊断方法】

（1）初步诊断：根据症状及流行情况进行初步诊断。

（2）实验室确诊：需要进行细菌的分离培养进行生理生化试验，采用PCR方法进行16S rDNA分子鉴定。

【防治方法】 预防措施同红脖子病。

（1）全池泼洒含氯消毒剂，然后全池泼洒大黄（5～8mg/L）或五倍子（2～5mg/L），连用3～5次。

（2）在每千克饲料中加入诺氟沙星粉1～2g投喂，同时，每千克饲料加三黄粉20mg煮水拌饲料，7～10天为一个疗程。

（3）若病鳖贫血、缺血严重，可在治疗中增加新鲜活饵和维生素C，并适量添加硫酸亚铁内服5～10天。

（四）鳖腮腺炎病

鳖腮腺炎病（parotitis），是鳖的一种急性传染病，以腮腺缺血糜烂或出血为特征。我国将其列为水生动物三类疫病。

【病原】 病原不清，一般认为由病毒和细菌引起。

【症状及病理变化】 典型患病鳖颈部肿大、全身浮肿、脏器出血，腹甲上有出血斑，但体表光滑。病鳖因水肿导致运动迟缓，不愿入水，常静卧食台或晒台引颈呼吸，不食不动，最后伸颈死亡。临床上存在两类不同症状：一类是胃肠道出血型，表现为鳃腺灰白糜烂，胃部和肠道有大块暗红色淤血或凝固的血块；另一类是鳃腺出血型，表现为鳃腺红色，糜烂程度较轻，胃部和肠道贫血，呈纯白色，腹腔则积有大量的血水。

【流行特点】 该病在湖南、广东、江苏、浙江等养殖地区都有流行。浙江中华鳖腮腺炎病主要发生于池塘养殖鳖中，部分大型中华鳖养殖场因腮腺炎病造成90%以上死亡。该病主要发生于5～9月，发病水温25～30℃。其中5～6月越冬甲鱼移入池塘时可出现明显的发病和死亡高峰。患病中华鳖、发病池排出水均可成为疾病传染源，一些捕食水生动物鸟类也可传播疾病。

【诊断方法】

（1）初步诊断：根据症状及流行情况进行初步诊断。根据患病鳖出现颈部肿大，全身浮肿，解剖病鳖可发现胃、肠道大块淤血、肝呈点状充血、腮腺充血出血呈红色等症状，可初步诊断。

（2）实验室确诊：尚无实验室诊断方法，对典型腮腺炎病症状需要进行细菌的分离培养进行生理生化试验，采用PCR方法进行16S rDNA分子鉴定。

【防治方法】 此病主要出现在稚幼鳖阶段，发病急、死亡快，一旦发病，鳖就不吃食，外用药物不能见效，目前尚无有效的治疗方法。预防措施同红脖子病，应严格采取预防措施，防止该病发生。

【治疗方法】

(1)在确诊由细菌感染引起的疾病时,采用乳酸诺氟沙星可溶性粉、诺氟沙星粉拌饲投喂。乳酸诺氟沙星可溶性粉或诺氟沙星粉每天一次,每千克体重用20～30mg,连用3～5天,或中药免疫制剂及维生素等拌料投喂,结合水体消毒,有一定的控制效果。

(2)对典型症状大规模发病时,发病池中华鳖应全部扑杀,有发病史鳖池禁止用于育苗、放流或直接作为水产饵料。

参 考 文 献

蔡宝祥. 1996. 家畜传染病学 [M]. 北京：中国农业出版社.

陈昌福. 2010. 陈萱. 淡水养殖鱼类疾病与防治手册 [M]. 北京：海洋出版社.

陈石娟. 2014. 虾体系专家解读对虾"偷死病" [J]. 海洋与渔业，(2): 36-37.

陈之航，董浚键，叶星. 2015. 罗氏沼虾白尾病研究进展 [J]. 广东农业科学，42(17): 124-129.

褚秋芬，朱晓荣，孙东亚. 2013. 鱼类细菌性败血症疫苗的应用 [J]. 水产养殖，34(3): 36-37.

范超. 2016. 斑石鲷卵鞭虫病和上皮囊肿病的研究 [D]. 上海海洋大学硕士学位论文.

韩红梅. 2015. 南美白对虾病害防治要点 [J]. 产业与科技论坛，14(2): 67-68.

何培民，郭媛媛，贾晓会，等. 2016. 对虾白斑综合征病毒免疫防治研究进展 [J]. 海洋渔业，38(4): 437-448.

胡宗福，任绍杰，李树国. 2017. 牡蛎疱疹病毒（OsHV-1）研究进展 [J]. 水产科技情报，44(5): 259-264, 267.

黄琪琰. 1993. 水产动物疾病学 [M]. 上海：上海科学技术出版社.

黄文，陈偿，赵哲，等. 2016. 海水养殖鱼类病毒性神经坏死病防控技术研究进展 [J]. 渔业研究，38(5): 419-426.

江育林，陈爱平. 2012. 水生动物疾病诊断图谱 [M]. 北京：中国农业出版社.

蒋新益. 2016. 射阳地区异育银鲫大红鳃病与鲫造血器官坏死病病原研究 [D]. 上海海洋大学硕士学位论文.

雷燕，肖洋，戚瑞荣，等. 2015. 南美白对虾杆状病毒病的防治技术 [J]. 科学养鱼，(2): 62.

李登来. 2007. 水产动物疾病学 [M]. 北京：中国农业出版社.

李贺密，徐晓丽，姚学良，等. 2014. 天津地区观赏鱼养殖新发疾病调查研究 [J]. 中国水产，(4): 66-70.

李恒彬. 2017. 浅谈南美白对虾养殖中常见病害及防治 [J]. 农民致富之友，(22): 239.

孟庆显. 1996. 海水养殖动物病害学 [M]. 北京：中国农业出版社.

戚瑞荣，唐绍林，崔龙波，等. 2016. 罗非鱼类立克次氏体病的组织病理学观察 [J]. 水产学杂志，29(3): 21-24.

秦志清，樊海平，薛凌展，等. 2017. 半刺厚唇鱼嗜酸性卵甲藻病的防治 [J]. 科学养鱼，(4): 64-65.

邱洋洋，王金胜，凌君芬，等. 2015. 建湖县水产养殖病害特点及分析 [J]. 渔业致富指南，(19): 43-46.

孙秀秀. 2016. 鲍脓疱病 [J]. 海洋与渔业，(6): 56.

唐小千，徐洪森，战文斌. 2016. 对虾急性肝胰腺坏死综合症研究进展 [J]. 海洋湖沼通报，(2): 90-93.

汪建国. 2013. 鱼病学 [M]. 北京：中国农业出版社.

汪开毓，肖丹. 2008. 鱼类疾病诊疗原色图谱 [M]. 北京：中国农业出版社.

王德芬，李清，孟蝶. 2014. 我国水生动物防疫工作现状、存在问题及对策建议 [J]. 中国水产，(12): 7-15.

王团记，牛慧军，郭向辉，等. 2017. 金鱼鳃霉病诊治一例 [J]. 科学养鱼，(11): 71-72.

王忠良，王蓓，鲁义善，等. 2015. 水产疫苗研究开发现状与趋势分析 [J]. 生物技术通报，31(6): 55-59.

吴清民. 2002. 兽医传染病学 [M]. 北京：中国农业大学出版社.

伍远安，廖伏初，王冬武. 2013. 淡水鱼类疫病防控手册 [M]. 长沙：湖南科学技术出版社.

夏春. 2011. 水产动物疾病 [M]. 北京：中国农业出版社.

辛年香，蔡延渠. 2017. 鱼类链球菌病的研究进展 [J]. 科学养鱼，(9): 61-63.

徐承旭. 2015. 黄海所发现对虾偷死病疑似病原 [J]. 水产科技情报，42(1): 52.

徐立蒲，王静波，张文，等. 2016. 鲤鱼浮肿病流行情况的初步研究 [J]. 检验检疫学刊，26(5): 14-16.

徐立蒲，王小亮，张文，等. 2017. 养殖锦鲤鲤鱼浮肿病的检测与鉴定 [J]. 中国畜牧兽医，44(2): 613-618.

徐晔，段宏安，周毅，等. 2013. 鱼立克次氏体病研究进展 [J]. 安徽农业科学，41(23): 9662-9666.

袁霞，范秋惠. 2015. 危害养殖鱼类的四种疾病与防治 [J]. 科学养鱼，(5): 86.

战文斌. 2011. 水产动物病害学 [M]. 北京：中国农业出版社.

张奇亚，桂建芳. 2008. 水生病毒学 [M]. 北京：高等教育出版社.

张志. 2015. 对虾传染性肌肉坏死病 [J]. 海洋与渔业，(11): 63.

郑曙明，刘娟. 2015. 2015年执业兽医资格考试（水生动物类）考点解析及考前冲刺练习题 [M]. 北京：中国农业出版社.

Ahne W. 1980. Fish diseases [M]. Berlin: Springer.

Austin B. 2012. Bacterial fish pathogens: Disease of farmed and wild fish. 5th ed [M]. Berlin: Springer.

Axelrod H R. 1989. Handbook of fish diseases [M]. Neptune:T.F.H. Publications.

Edward J N. 2010. Fish disease: Diagnosis and treatment [M]. New York:Wiley-Blackwell.

Exell A. 1999. A-Z of tropical fish diseases and health problems [M]. New York: Howell Book House.

Hamish D R. 2010. Fish disease manual [M]. Ireland: Galway.

Jeney G. 2017. Fish diseases: Prevention and control strategies [M]. Northland:Elsevier.

Patrick T K W. 2011. Fish diseases and disorders: Viral, bacterial and fungal infections. 2th ed [M]. Oxfordshire: Cabi Series.

Sindermann C. 1990. Principal diseases of marine and shellfish. 2th ed [M]. New York: Academic Press.